道と社会

現代〝事情〟を思案する

離婚　ひきこもり　児童虐待　安楽死・尊厳死　地球環境　DV　脳死　移植医療　インターネット　高齢社会

天理やまと文化会議◎編

天理教道友社

道と社会

——現代〝事情〟を思案する

おたすけの一助に――「まえがき」に代えて

天理やまと文化会議議長　上《う》田《え》嘉《だ》太《よし》郎《たろう》

立教百六十一（平成十）年四月、真柱様がその理を継承され、十月二十五日には真柱継承奉告祭が執り行われました。その折に真柱様は『諭達第一号』を発表され、本教の目指すところと、よふぼくの歩むべき道筋をあらためて明示されました。

その中で、よふぼくが働きかけるべき、あるいは「おたすけの現場」である現在の世のありさまについて、「世界は未《いま》だ争いの絶え間なく、飽くなき欲望は生命の母体である自然環境をも危《あや》うくして、人類の未来を閉ざしかねない。人々は、我《われ》さえ良くば今さえ良くばの風潮に流れ、また、夫婦、親子の絆《きずな》の弱まりは社会の基盤を揺るがしている。まさに今日ほど、世界が確かな拠《よ》り所を必要としている時はない」と指摘され、「今こそ人々に元なるをやを知らしめ、親心の真実と人間生活の目標を示し、慎みとたすけ合いの精神を広めて、世の立て替えを図るべき時である」と、よふぼくの奮起を促されました。

当、天理やまと文化会議は、この諭達が発布された半年後の平成十一年四月に発足、改訂された教庁規程の第二十条に「表統領に直属」する諮《し》問《もん》機関として新たに位置づけられました。その所管事項は、「現代社会に対する布教伝道の資料作成に関すること」と、「陽気ぐらし文化についての啓発に関すること」となっています。

すなわち、主たる使命は、現代社会が抱えるさまざまな課題や問題点について、天理教の教えに照らしてどう考えることができるのか、あるいは天理教者としてどう行動すればよいのか――などを検討し、その成果を表統領に答申するとともに、さまざまな機会を通して教会長・よふぼくに提供して、にをいがけ・おたすけに役立ててもらうということです。

さらに、そうした天理教の教えに基づくものの見方・考え方、対応の仕方を、社会に提示するという役割もあります。実際、これまでにも、脳死・臓器移植、生殖医療などの問題に関連して、マスコミが宗教団体としての見解を尋ねてきた際に、「統一見解ではない」と断りながらも、当会議における討議を踏まえて対応したことも一度ならずあります。

こうした当会議の使命・役割を果たすために、規程第二十条は「天理やまと文化会議に議長一人、委員若干人をおき、表統領が任免する」と定めていますが、当初は教会長、弁護士、医師、天理教学や宗教学・倫理学の専門家など、私のほかに教内有識者十三人をもって発足しました。その後、臨床心理士や教育カウンセラー、小学校教諭などの参画を得て、平成十六年五月からスタートした第三期は委員十六人で構成し、現代社会の抱えるさまざまなテーマに取り組んでいます。

発足から平成十六年四月までの間に、本会議の開催は六十一回、「家族問題」「社会問題」

の二分野に分かれて事前討議を重ねた分科会は七十九回におよびました。その中で取り上げられたテーマは、「脳死」「臓器移植」といった社会全体を巻き込んでの論争となった問題をはじめ、「虐待《ぎゃくたい》」「離婚」「不登校」といった夫婦・家族の問題、教育問題、さらには「環境問題」「情報化社会」など、多様化、複雑化する現代社会の現況を反映して、多岐にわたっています。

討議を通して一応のまとまりをみたものは、その要約を平成十二年五月から順次、教団機関誌『みちのとも』(月刊)誌上に、「道と社会――現代の事情への思案」と題して四十回にわたって発表しました。

また、教内外の専門家を招いて、道友社ホールを会場に、以下のテーマで「ようぼくフォーラム」を開催し、多くの教友と共に思案を深める機会を持ちました。

第一回「インターネット新時代――布教活動のあり方を探る」

第二回「現代社会における夫婦・親子の絆――〝引きこもり〟から見えてくるもの」

第三回「現代社会における夫婦・親子の絆――児童・思春期の理解と接し方」

第四回「現代社会における夫婦・親子の絆――生殖医療が提起するもの」

こうしたフォーラムの成果は、『みちのとも』に加えて、機関紙『天理時報』でも大きく紙面を割《さ》いて紹介。来場できなかった教友の方々にも情報を提供しました。

また、平成十三年八月に開催した第二回フォーラムの後、ひきこもりに悩むご家族や、おたすけに携わる人たちの強い要望を受け、教内の臨床心理士の方々の協力を仰いで同年九月に「ひきこもり学習会」を開催。その後、十四年、十五年とそれぞれ年四回「天理ファミリーネットワーク――〝ひきこもり〟を考える親の集い」を開催し、十六年度も三回開催することになっています。

こうした活動に続く本書は、『みちのとも』に連載した中から二十のテーマを選び、その後の事態の推移や変化を考慮して加筆・訂正を加え、まとめ上げたものです。

発行の意図は、混迷する現代社会にあって、さまざまな身上・事情と向き合う教会長・ようぼくの方々が、おたすけ活動を進めるうえでの参考に供したい――との思いに尽きます。本書が、そうした教友の手掛かりになれば、これに過ぎる喜びはありません。

教祖百二十年祭に向かう「たすけの旬・たすかる旬」にふさわしい世界たすけの一層の伸展を念じつつ、刊行のごあいさつといたします。

もくじ

第一章 夫婦の問題とおたすけ

DV――夫婦および親密な男女間における暴力

近年、「DV＝Domestic Violence」（夫婦および親密な男女間における暴力）が表面化、深刻な社会問題となっている。ところが、その実態は、外からなかなかうかがい知ることができず、たとえ分かっても第三者には手が出しにくいという難しさがある。

しかし、DVは繰り返されるうちに頻度《ひんど》が高まり、暴力の度合いもひどくなるといわれ、傷害、さらには殺人に至ることもある。警察庁の調べによると、毎年二百人近くがDVによって殺されており、傷害で検挙されるケースも増加の一途をたどっている（左表参照）。その深刻さは、単なる〝夫婦げんか〟や〝痴話《ちわ》げんか〟で片づけられるものではない。

一方、近年になって社会的認識が高まっているストーカーも、DVと深くかかわっている。ストーカー行為の中には、男性側からの一方的な思い込みによるものもある。しかし、もともと夫婦や内縁関係、恋人同士といった間柄にあった男女間で起こることが少なくない。

過去の離別の原因にDVがあり、ようやく逃れた後も、つきまといや言葉の暴力が執拗《しつよう》に続き、やがては殺人事件に至る――そんなケースもある。

〝ごく普通の家庭〟で起きている

ひと口に暴力と言っても、その様態はさまざまだが、共通することは、子どもへの虐待《ぎゃくたい》と同じように、力の

配偶者からの殺人、傷害
および暴行事件の検挙状況の推移

	平成10年	11年	12年	13年	14年	15年
殺　人 （うち夫から妻）	189 （129）	170 （105）	197 （134）	191 （116）	197 （120）	215 （133）
傷　害 （うち夫から妻）	295 （273）	403 （375）	888 （838）	1,097 （1,065）	1,250 （1,197）	1,269 （1,211）
暴　行 （うち夫から妻）	35 （33）	36 （36）	127 （124）	156 （152）	219 （211）	234 （230）
合　計 （うち夫から妻）	519 （435）	609 （516）	1,212 （1,096）	1,444 （1,333）	1,666 （1,528）	1,718 （1,574）

※配偶者間の暴力事件では、「相手を犯罪者にしたくない」「世間体《せけんてい》が悪い」などといった理由から、告訴や被害届を出すことをためらうことが少なくないといわれている。ここに現れた数字は、氷山の一角かもしれない。（資料＝警察庁調べ）

強い者が弱い者に繰り返し暴力を振るい、心身にさまざまな傷を負わせるということだ（次ページのコラム参照）。

ＤＶと聞くと、アルコール依存症や不就労といった、特別な家庭の問題だと考える人も少なくない。ところが、専門家によると、こうしたケースはひと握りで、圧倒的多数は〝ごく普通の家庭〟で起きているという。

それを裏づけるように、内閣府が平成十四（二〇〇二）年度に実施した「配偶者からの暴力に関する調査」では、配偶者や恋人から身体への暴行を受けたことがある女性は一五・五パーセント、恐怖を感じるような脅迫を受けたことがある女性は五・六パーセント、嫌《いや》がっているのに性的な行為を強要されたことがある女性は九パーセントで、これらの行為のいずれかを一度でも受けたことがある女性は約五人に一人を占める。

これらの事実は、ＤＶが私たちの〝身近な〟所で〝日常的に〟起きていることを示している。それが、あまり大きな社会的問題とされなかったのは、一つには「家庭の問題」という意識があったことと、男女ともに「家庭の恥を表に出したくない」といった日本人的心情が、問題を見えにくくしてきたことによる。
　さらに、ＤＶの被害者の多くが女性であることから、ＤＶを放置したり、問題だと認識しない根底には、いまだ根強い「家制度」や男尊女卑の考え方と、男性優位の社会構造がある、との指摘もなされている。
　たとえば、家庭外では人当たりも良く明るい人が、自宅に戻ると家庭に君臨し、妻に暴力を振るうというケースが少なくない。
　それを助長するように、姑《しゅうとめ》や周囲からも「男は仕事、女は家庭」とか、「仕事で大変なんだから、どんなことがあっても大目に見てあげて」などと、外でのストレスを家庭で発散することや、暴力そのものを容認する発言さえ出てくる。
　こうした男性に都合のいい論理だけが無批判に許容される雰囲気が、妻に対する暴力を「しつけ」と強弁させたり、「女性は暴力を振るわれても耐え忍ぶもの」

DVの諸相

　ＤＶは、大きく次のように分けられる。現実には、家庭という〝密室〟の中で、これらが複合し、反復して行われ、長期間にわたることが多い。

身体的暴力

殴る、ける、首を絞める、刃物を突き付ける、髪を持って引きずる、タバコの火を押し付ける、熱湯をかける、車でひく、突き落とす……

性的暴力

セックスを強要する、避妊に協力しない、殴ったり縛《しば》ったりして暴力的なセックスをする、中絶を強要する、無理にポルノビデオを見せたり不快なポーズで写真を撮る……

心理的暴力

ばかにする、ののしる、殴るそぶりをして脅《おど》かす、外出や電話を細かくチェックする……

言葉の暴力

人格や女性をおとしめる言葉を使う、それらを延々と怒鳴り続けたり説教したりする、子どもに聞かせられないような言葉をあびせ続ける……

経済的暴力

生活費を入れない、酒・ギャンブル・女性などに生活費を使い込む、健康保険証を渡さず病院に行かせない、財布や定期券を取り上げて通勤や外出をできなくする、顔を殴ってあざだらけにし仕事を休まざるを得なくする……

といった意識を育ててきた。事実、長年にわたって夫の暴力に耐えてきた妻の多くは、「私が至らないから」と考えていたという。

さらに、男性の「精神的未熟さ」が原因の一つ、という指摘もある。幼いころから感情を表に現すことを抑えられて育った男性は、激高すると心の内を言葉で表現することが不得手だといわれる。また、攻撃性を〝男らしい〟と受けとめる誤った風潮が、親密な間柄の男女間で口論になった際、知らず識《し》らずのうちに暴力を振るわせた、との見方もある。

逃れ難い暴力のサイクル

DVを見聞きすると、周囲は痴話げんかとして取り合わないか、あるいは「別れればいいのに」などと簡単に言ってしまいがちである。また「なぜ逃げ出さないのか」と、いぶかることもある。

しかし、事はそう簡単ではない。暴力を振るわれている女性が、「自分の側にも落ち度がある」と、自分を責めているケースも少なくないという。

また、逃げたら殺されるのではないかという恐怖心や、暴力を振るわれ続けることにより「誰もたすけてくれる人はいない」といった無力感にとらわれたり、逃げ出したくても子どもの将来を懸念したり、経済的な理由や、自らの仕事や人間関係を失う怖さ、世間体など、さまざまな要因によって、身動きできなくなっていることが多い。

これらの要因が複合する中で、「暴力を振るうのは私のことを愛しているからだ」「いつか変わってくれるのではないか」といった思い込みから、被害者であることを自覚することさえ困難になっているケースもある。こうした場合には〝DVのサイクル〟が形成されていると専門家は指摘する。

DVのサイクルでは、まず、お互いの間がピリピリとしてくる「緊張の蓄積期」があり、やがて緊張がピークに達して激しい暴力が振るわれる「暴力爆発期」がくる。その後、加害者の側が、時に涙すら浮かべて詫《わ》びを言い、花などを贈ったりする「ハネムーン期」がある。そのときには、自殺未遂を起こすこともあり、被害者である女性は「本当に悔《く》やんでいるんだ」とか、

「本当は私を愛しているんだ」「もうこんなことはないだろう」といった希望を抱くことになる。

その場合、「あんな夫でも、私がいなくては……」と、夫に献身的に仕えることに生きがいさえ感じる〝共依存〟の心理状況に陥っていることもあるという。

だが、根本的には問題は何も変わっておらず、間を置いて「緊張・爆発・ハネムーン」が繰り返されることになる。人によって、それぞれの期間や間隔に差はあるが、このサイクルが繰り返されるうちに間隔が短くなり、度合いは深刻化し、ついには殺されたり、自己防衛のために夫を殺してしまったりという悲劇に至ることもある。

見ている子どもへの影響

さらに深刻な問題は、子どもの心に及ぼす影響である。父から母への暴力の場合、子どもまで巻き込まれて被害者になることがある。子どもにとっては理解しがたい状況の中で、身近な家族から受ける暴力は、身体の痛みはもとより、心にも深い傷を残す。

また、幼児期に、自分の母が父から暴力を振るわれる様子を目の当たりにして育った子どもは、自らの感情を暴力によって表現することを学習してしまう、という点も指摘されている。こうして育つと、子どものころから暴力という表現手段を取るようになり、成長してからも、妻や子どもに暴力を振るうケースもあるという。

つまり、子ども時代の親（夫婦・家庭）の姿が自己表現のモデルになったということであろう。こうして、世代から世代へと、暴力という自己表現の様式がつながっていくのである。

法整備と社会の対応

DV対策の〝先進国〟アメリカでは、七〇年代後半から、DVを犯罪とする法律の整備が進められ、警察、病院、裁判所などが連携し、被害者の保護や援助、加害者への再教育の強化、一般市民の意識の啓発などが進められており、全国に約千五百カ所の「シェルター」（暴力から逃れた女性や子どもを保護する施設）が設けられているという。

わが国でも平成十三年四月、暴力の防止と被害者の保護を図るための「配偶者からの暴力の防止及び被害者の保護に関する法律（配偶者暴力防止法）」が制定され、同年十月に施行された。この法律では、国および地方公共団体に対して、内縁関係などの事実婚を含む配偶者間での暴力を防止し、被害者を保護することを義務づけている。これにより、都道府県が設置している婦人相談所などに「配偶者暴力相談センター」としての機能を果たすよう求め、各種相談に応じ、被害者の心身の健康を回復させるための指導、被害者および同伴する家族の一時保護などを行うよう定めている。

相談窓口

◇「配偶者暴力相談支援センター」……各都道府県に設けられており、相談や相談機関の紹介、カウンセリング、被害者およびその同伴家族の一時保護、自立して生活することを促進するための情報提供その他の援助、被害者を居住させ保護する施設の利用についての情報提供、裁判所による保護命令制度の利用についての情報提供などを行う。利用に際しては、都道府県に尋ねること。

◇「婦人相談所」……全国の都道府県に設けられており、配偶者暴力防止法ができる前から、婦人保護事業の一環として被害者の保護を行ってきた。同法により、配偶者暴力相談支援センターの機能を担う施設として位置づけられている。利用に際しては、都道府県に尋ねること。

◇「女性センター（婦人会館）」……全国の都道府県・市町村にある。女性のための相談員やカウンセラーが相談に応じており、弁護士や医師による専門相談を行っているところもある。まず電話で相談を。

◇「福祉事務所」……市町村や県が設置している。暴力から逃げて家出した際、頼る人がなく経済的に自力で生活できない場合などは、母子生活支援施設への入所や生活保護法による住宅扶助の申請ができる。直接出向くか、まず電話で相談を。

◇「保健所・保健センター・精神保健福祉センター」……繰り返される暴力で精神的に不安定になった場合や、暴力を振るう原因が精神疾患によるものではないかと危惧《きぐ》する場合など、保健師や心理職員に相談できる。地元の保健所に、まず電話で相談を。

◇「警察」……警視庁および各道府県の警察本部では「犯罪被害者の相談窓口」「警察総合相談電話番号」で被害者の相談に応じている。暴力の危険があるなど緊急の場合は、110番通報するか最寄りの警察署・交番に。

※このほか、子どもに関する相談は「児童相談所」、人権相談・離婚などの法律相談は各地の「法務局」へ。
　また、弁護士会で「犯罪被害者支援窓口」「法律相談センター」を設けているところもある。

また、警察や自治体の女性センター、福祉事務所、児童相談所なども相談窓口となっている（前ページのコラム参照）。配偶者暴力防止法では、被害者への適切な保護がなされるよう、これらの関係機関が相互に連携を図りながら協力することを求めている。

また、暴力を受けた被害者が一時的に緊急避難できる「民間シェルター」も、自治体が把握《はあく》している分だけで全国に七十カ所余り設けられており、そこでは一時保護にとどまらず、被害者の自立に向けたサポートなども行われている。

しっかり「聴く」ということ

身近な所でＤＶを知ったり、被害者や加害者から相談を受けたら、よふぼくや教会はどう応対したらいいのだろうか。

まずは先入観を持たず、決して焦《あせ》らず、じっくりと相談相手の話を聴くことが大切である。話すうちに思い詰めていた気持ちが楽になったり、自分自身を客観的に見ることができるようになる。

その際、十分に状況を見極めるまでは、信仰的なお諭しも含めて、コメントを控えたほうがいいだろう。夫婦間の感情の機微は、周囲からは見えにくい。たとえば、被害者が逃げ出さずに苦しんでいるとしたら、「逃げられない」と思っている理由、あるいは逃げようとも思わない理由があるからだ。

過去のおたすけのケースでは、ＤＶのサイクルの爆発期とハネムーン期の間に相談に来て、相談を受けたよふぼくの発言が、ハネムーン期になって被害者の口から加害者に伝わり、事態がさらにこじれてしまったということもある。

また、話を十分に聴かずに、女性としての役割や、「いんねんだから」などと諭して、苦しんでいる被害者の心を、さらに傷つけてしまったというケースもある。何をどう思っているのか、どうしたいのか、しっかりと聴き取り、確かめることが大切である。

専門機関の活用も視野に

話を聴いて、暴力の頻度や程度を「危険」と判断したら、引き離して保護することが急がれる。暴力が激しい場合には、警察など公的機関への相談や保護の要請を世話する必要も出てくる。

また、こうした機会を見計らって、修養科に入ることを勧めるのもいいだろう。存命の教祖《おやさま》の膝元《ひざもと》で心身を癒《い》やし、信仰に基づく生き方や、子どもの将来のことなど、ゆっくりと思案を深めてもらうのも大切なことである。

いずれにしても、引き離す際には十分な配慮と準備が必要である。引き離した後で、必ずといっていいほど配偶者が探しに来る。その際には、親類や知己をたどって、時には脅して行き先を聞き出すこともあるので、親兄弟にも情報を秘匿《ひとく》するといった対応が必要になる場合もある（左コラム参照）。

おたすけの目標は夫婦の治まり

だが、教会やよふぼくがＤＶに対応する際、単に避難させるだけで目的を達したことにはならない。まず暴力から引き離すことができたら、その時点から、夫

緊急避難の際の留意点

暴力が繰り返され、緊急避難させることを考慮している場合は、子どもたちや親、避難先の関係者といった人に危害が及ばないよう、事前に加害者の知らない人・機関・場所などを確保する。近親者が行き先を知っていると、見つかって引き離しに失敗した場合、暴力がさらにエスカレートする恐れがある。

また、事前に関係の公的機関（15ページのコラム「相談窓口」参照）に暴力の程度や実態、緊急避難の方法や避難先などを相談するのもよい。

実際に緊急避難させる際には、以下の物を持って出るようにアドバイスする。

現金、本人・子ども名義の預金通帳、銀行印、各種保険証書、健康保険証（コピーで可）、服用中の薬・処方箋《しょほうせん》、携帯電話、アドレス帳（友人の連絡先など）、運転免許証・パスポートなどの身分証明書

※携帯電話やアドレス帳、年賀状等の私信など、かかわりのある人の住所・電話番号が書かれたものを家に残さないこと。迷惑が及ぶ恐れがある。

※現住所の移転、子どもの転校手続きなどは、関係先に事情を話して当分の間、現状のままにしておくか、移転先を秘匿するよう要請する。

婦双方へのおたすけが始まる。

夫婦とは、みかぐらうたに、

このよのぢいとてんとをかたどりて
ふうふをこしらへきたるでな
これハこのよのはじめだし
（第二節）

と示されるように、人間社会の最小単位であり、社会を構成する基本的要素として重要な意味を持っている。

そして、

ふたりのこゝろをさめいよ
なにかのことをもあらはれる
（四下り目　2）
ふうふそろうてひのきしん
これがだいゝちものだねや
（十一下り目　2）

と教えられるように、人間関係の基本である二人の心を治めること、さらには心をそろえて道のうえにつとめることが、親神のお働きを頂く根本であり、いつまでも変わることなく、過不足ないご守護を頂戴《ちょうだい》するための〝ものだね〟でもある。

つまり、ＤＶのおたすけの目標は、夫婦の治まりであり、それを願い、双方に働きかけていくことが大切なのである。なぜなら、

せんしよのいんねんよせてしうごふする
これハまつだいしかとをさまる
（一　74）

と、おふでさきに示されるように、単に本人たちの思いで連れ添ったのではなく、それぞれにふさわしく親神が組み合わせてくださったお互いだからである。

夫婦双方がよふぼくの場合、事態が沈静化するまで待ち、冷静に物事を考えられるようになった時点で、「元の理」に基づく夫婦の根源的意味と、原典に基づく夫婦それぞれの心の治め方を諄々《じゅんじゅん》と諭し、悟り取れるように促したい。

しかしながら、被害者だけがよふぼくである場合は難しい。暴力がおさまるような理づくり、心づくりは大切なことだが、「いんねんだから、果たさねばならない」などと暴力を容認したり、あきらめるように説いたりすることは、教えに基づく正しい諭し方とはいえない。

「元の理」に示されるように、夫婦は五分五分の理であり、人はみな一名一人《いちめいいちにん》に心の自由を許されている。

そのうえで、
夫婦一つの理……夫婦の中たんのう一つの理、

（明治30・7・19）

と、男性と女性という相反する二人が、お互いを尊重し、補い合って通る中に成人への道があると教えられる。どちらかが相手を一方的に従わせたり、暴力を振るうというのは論外である。

時には、努力を重ねたうえで、なお暴力がおさまらない場合は、親神にお詫びをして離婚し、新しい歩みを始めるという決断をしなければならないこともあるだろう。

おたすけは、その場限りのものではなく、長い生涯にわたって導き、共に成人していくものである。ＤＶを「ふし」と捉《とら》え、教祖の思召《おぼしめし》に近づけるような歩みを進めることが肝要である。

参考文献および資料

●フェミニストカウンセリング堺ＤＶ研究プロジェクトチーム編『「夫・恋人（パートナー）等からの暴力について」調査報告書』フェミニストカウンセリング堺ＤＶ研究プロジェクトチーム、１９９８年

●日本ＤＶ防止・情報センター編『ドメスティック・バイオレンスへの視点　夫・恋人からの暴力根絶のために』朱鷺書房、１９９９年

●なだいなだ・吉岡隆・徳永雅子編『依存症（アディクション）　35人の物語』中央法規出版、１９９８年

●吉広紀代子『殴る夫逃げられない妻』青木書店、１９９７年

●原田恵理子「妻への暴力根絶のために」――日本弁護士連合会『自由と正義』１９９９年8月号

●道友社編『心の病と癒し』天理教道友社、２０００年

●「夫（恋人）からの暴力」調査研究会『［新版］ドメスティック・バイオレンス　実態・ＤＶ法解説・ビジョン』有斐閣、２００２年

●内閣府発表資料『「配偶者からの暴力防止及び被害者の保護に関する法律」の円滑な施行について』大成出版社、２００２年

●内閣府男女共同参画局「配偶者からの暴力被害者支援情報」
http://www.gender.go.jp/e-vaw/index.htm

●同全国「婦人相談所一覧」
http://www.gender.go.jp/e-vaw/advice/advice03.htm

●警察庁「生活安全の確保」
http://www.npa.go.jp/safetylife/

アルコール依存症のおたすけ

第一部　アルコール依存症とは

平成十六（二〇〇四）年六月の新聞各紙の報道によると、厚生労働省の研究班（班長＝樋口進《ひぐちすすむ》・国立病院機構久里浜《くりはま》アルコール症センター副院長）が世界保健機関（ＷＨＯ）の基準に基づいて行った初の全国調査で、アルコール依存症者は推計八十二万人に上ることが明らかになった。また、久里浜アルコール症センター（旧国立療養所久里浜病院）が作成した、ＷＨＯよりも依存症を幅広く捉《とら》えた基準による調査では、四百二十七万人という推計値も公表されている。

また新聞各紙は、アルコールによる「暴言や暴力」「飲酒の強要」「セクハラ」といった問題行動の被害について調査した結果、飲酒関連の被害者は三千四十万人に上るとの推計を公表した（左コラム参照）。

深刻な状況にあるアルコール依存症をめぐる問題。天理やまと文化会議における討議でも、ほとんどの委員がアルコール依存症の人とかかわった経験があり、実に身近なおたすけの課題であることを実感した。と同時に、そのほとんどのケースで、有効な手立てを講じられなかったという苦い経験も共有していた。

その理由の一つは、アルコール依存症は〝否認の病〟

といわれるように、本人のみならず家族までもが単に「酒癖《さけぐせ》が悪い」「酒さえ飲まなければ」などと考え、依存症となかなか受けとめられないことにある。また、たとえ依存症かもしれないと思っても、「家の恥」と考えて周囲に隠すことが多く、家族では手がつけられない深刻な状態になってから、教会関係者に分かるという実情もあるようだ。

一方、アルコールが原因で苦しんでいると相談されても、教会関係者自身が依存症に関する知識を十分に持っていないと、本人の「意志が弱い」と判断して、本人に説諭するといった対処をしがちである。しかしそれでは、なかなか解決には至らない。

おたすけに掛かる前に

当文化会議で数次にわたって討議した成果の第一は、まず委員自らが「アルコール依存症について、いかに知らなかったかを再認識した」ということである。飲酒行動が身近なものである一方で、アルコール依存症に関する正確な情報がほとんど行き渡っていないとい

厚生労働省研究班の全国調査から

平成14年度から３年間にわたって成人の飲酒実態を調査しているもの。対象は全国から無作為に抽出した成人男女3,500人。15年６月に面接調査を行い、2,547人から回答を得た。

質問項目は「飲酒のためにスポーツ、仕事、あるいは友人や親類とのつきあいをあきらめたり、大幅に減らした」「飲んでいる時に、誤ってけがをしたことが３回以上ある」「飲酒が原因で不眠、憂うつな気分、神経過敏、幻視、幻聴、他人に対して疑い深くなるといったような心の問題を経験したことがある」など17項目について、その有無を聞き取り調査。その結果を、ＷＨＯの国際疾病分類（ＩＣＤ10）の診断ガイドラインに沿って分類し、確定診断したもの。

依存症の割合は、男性1.9％、女性0.1％で、全体では0.9％。世代別では70歳代が2.9％で最も比率が高く、60歳代0.9％、50歳代0.7％と続く。

また、飲酒にかかわる問題行動については、職場の人との飲酒が原因で困った経験のある人は9.5％もおり、「からまれた」「飲酒の強要」がそれぞれ49％と36％であった。問題行動により「人生や考え方に影響を受けた」と答えた人も、被害者の13.4％に上っている。　（平成16年６月17日『朝日新聞』夕刊から。厚生労働省の研究班作成）

う現状に気づかされたのである。それは、アルコール依存症についての一般の関心の低さをも示唆している。

だが、アルコール依存症は決して稀《まれ》な病ではなく、看過《かんか》できる簡単な病でもない。依存症は本人の心身をむしばむだけでなく、家族の心身をも苛《さいな》み、やがては家庭崩壊に至らしめる。

その結果、配偶者が離婚や別居を決断することもある。しかしそれは、配偶者自身にとっても真の解決にはならない。というのも、アルコール依存症の人と別れて再婚したら、その人も依存症であったというケースをままま、耳にするからである。

また、依存症の親を持つ子どもが成長してのちにアルコール依存症に陥ったり、依存症の人を配偶者に持つというケースが少なくないことも知られている。これらは決して偶然ではない。

その一方で、早期に適切な対処ができたならば、平穏な家庭を取り戻し、本人も家族も通常の社会生活を営めるまでに回復する例も多い。

つまり、依存症のおたすけでは、いまの時点だけでなく、子どもや孫の世代をも視野に入れた〝病の根を切る〟ような取り組みが求められるのである。そしてそのためには、おたすけに掛かる人自身がまず、アルコール依存症に関する正しい知識と対処の仕方を身につける必要があるだろう。

依存症の病態と経過

①依存症となる過程

アルコールは脳に麻痺《まひ》をもたらす薬物である。このため、嫌《いや》な出来事を忘れ、解放感に浸《ひた》ることができる。ストレスの多い現代人にとっては、手軽なストレス解消の手段であり、少量のアルコールは血行を良くし、身体的疲労の回復にも役立つ。酒を飲むのは、この快感を求めているのである。

初期は毎日飲むわけではなく、何かの折に飲む「機会飲酒」だが、やがて毎日飲む「習慣性飲酒」となる。これは、依存性薬物の特徴であり、薬物に対する「耐性」が体に生じてくるため。同じ量では快感が得られなくなり、だんだんと量を増やさないと酔えなくなるのである。

そのまま飲酒量が増え続けると、「ブラックアウト」という症状が現れる。これは、普段と同じような飲酒量で、言動もおかしくなかったのに、翌日その時のことを全く忘れているというもの。

さらに量が増えると、やがて「離脱症状（＝禁断症状）」が出るようになる。これはアルコールが切れたときだけでなく、減量したときにも出現することがあり、イライラや不眠、手指の震えといった症状から、ひと晩中大声で叫んだり、幻覚や幻聴、妄想《もうそう》、さらには時間や場所の認識の欠落といったことも起こる。こうなると、完全に「身体依存が形成された」と見なされる。

そして、この「離脱症状」の不快感から逃れるために酒を飲み続けるようになり、悪循環に陥るのである。

②どこからが「依存症」か

「これで飲むのをやめよう」とか、「きょうは飲まないでおこう」と考えているにもかかわらず、それができない状態がある。過剰な飲酒がもたらす害を知りながらも、自らの意志で飲酒の量をコントロールできないこのような状態を「強迫的飲酒」といい、そのために、酒を探して飲む「探索行動」などが見られるようになる。

さらに進むと、一定限度を超えて飲むと、目が覚めている間は飲み続ける「連続飲酒発作」と呼ばれる状態となる。この発作も回を重ねると、やがて、少しでも飲めば必ず「連続飲酒発作」を引き起こすようになる。

こうした「強迫的飲酒」や「連続飲酒発作」が見られれば、「アルコール依存症」と診断される。「習慣性飲酒」から「依存症」に進行する期間は、男性で約十年、女性では六年ほどといわれている。

③アルコールの影響

依存症となり、長期間、過剰に飲み続けていると、精神的・身体的・社会的な面でさまざまな障害が引き起こされるようになる（次ページの表参照）。

こうしたアルコール関連障害は個人差が大きく、本人が自覚しないまま身体疾患として内科や循環器科などを受診していることが多い。だが、あくまでもアルコールを大量に摂取した結果であるから、真の原因である飲酒をやめない限り、身体症状だけを治療しても、体調が良くなると「また飲める」ということになり、さらに状態を悪化させる。

飲酒行動は、一度深みにはまると、自分の意志ではコントロールできなくなる。これに伴い、右表のように身体的・精神的・社会的な面で悪化の一途をたどる。

時として、飲酒量が停滞しているような状態が数カ月から、稀に数年続くこともあるが、飲酒を続けている限り必ず悪化し、段階的に症状が進行していくとされている。そして、第三期のような精神病症状を呈するようなレベルになると、治療が難しく、社会復帰は

アルコール関連障害（身体・精神・社会）

第１期

●**消化器系**：慢性胃炎、胃潰瘍《かいよう》、大腸障害、アルコール性肝炎（脂肪肝）、肝硬変、膵炎《すいえん》、膵石《すいせき》、糖尿病

●**精神不安定**：情動的敏感、焦燥感、衝動性、気分易変、憤怒、抑鬱《よくうつ》気分、不眠

●**家庭不和**：暴言、暴力、夫婦不和、親子断絶、孤立、家出、別居、離婚

第２期

●**神経・筋肉系**：神経機能低下、小脳変性、振戦《しんせん》、言語障害、多発性神経炎、眼筋麻痺、アルコール性弱視、腱《けん》反射減退・消失、インポテンツ、筋脱力、筋炎・筋肉痛、筋硬直、けいれん

●**人格レベル低下**：倫理道徳感減退、自己中心的性向、虚言、無責任、無関心、無頓着《むとんちゃく》、感情爆発、感情失禁、意欲低下、注意力低下、記憶障害、思考力低下、作業能率低下、否認

●**職場問題**：飲酒して出勤、怠業、欠勤、無責任、仕事上のトラブル、失業、経済的破綻《はたん》

第３期

●**循環器系**：血管拡張、脳動脈硬化症、高血圧症、循環障害、アルコール性心筋症、アルコール性脚気《かっけ》心、脂肪心

●**精神病症状**：振戦譫妄《せんもう》、アルコール幻覚症、アルコールパラノイア（妄想型）、アルコールてんかん、コルサコフ病、ウェルニッケ脳炎、アルコール痴呆《ちほう》、他の精神病と合併症

●**地域社会問題**：暴言、暴力、迷惑行為、他人に酒を要求、他人の財産・公共物等の破壊、警察の保護、救急車の出動、犯罪、無銭飲食、窃盗《せっとう》、恐喝《きょうかつ》、傷害、殺人、自殺未遂・自殺

※小宮山徳太郎著「アルコール依存症とは」（『アルコール依存症』太陽出版、1997年刊から）

かなり困難になるといわれている。

④平均寿命五十四歳

アルコール依存症という「病気」のために、過剰な飲酒を続けているとの自覚ができない限り、飲酒行動を他人のせいにし、自己中心的、わがまま、他罰的性格傾向などが強まり、正常な人間関係が保てなくなる。その結果、職を失ったり、家庭崩壊を招くことになる。

一方で、自らを過剰に責め、罪悪感や後悔、不安、孤立感から自殺に走ることもある。

こうした身体上のさまざまな合併症や、自殺だけでなく、交通事故や転落事故などで死亡する人も多いため、アルコール依存症の人の平均寿命は五十四歳という報告もある。

だが、政府の死亡統計などではアルコール依存症という病名が出ることはなく、死因欄には他の身体疾患や事故、自殺と記載されることになる。このため一般の認識は低いが、アルコール依存症が〝死に至る病〟であるというのは一面の事実である。

〝治る〟とは断酒を続けること

いったん形成されたアルコール依存の体質は、元に戻らないという。たとえ数年にわたって断酒していても、飲酒すると、またたく間に元の状態に戻るといわれている。

つまり、アルコール依存症が〝治る〟とは、再び普通に飲めるようになるということではない。断酒を継続し、素面《しらふ》で生活できるようになることであり、身体的・精神的・社会的な障害から回復することである。

そのためにも、ほかの病気と同じように、早期発見・早期治療が望ましい。一日も早く「病気」であると〝自覚〟し、回復の方向に向かうことができれば、それだけ障害は軽くて済み、回復の過程でスリップ（再飲酒）する危険も少なくなるという。

医療機関での治療が必要

依存症から回復するためには、まず医療機関での治療が必要となる。先述したように、アルコールがもたらす障害は、身体と精神をむしばみ、社会的にも大きなダメージとなって本人の立ち直りを阻《はば》む。まずはアルコールを抜き、次いで身体的・精神的側面の医学的治療を行うのが手順となる。

この治療には、外来治療と入院治療がある。歩いて病院に通える程度で、かつ近くに外来治療を実施している医療機関があれば、外来治療を選ぶのもよい。まだ仕事を失っていなければ、仕事を続けながら治療できるというメリットもある。

しかし、外来治療を行っている医療機関は都市部に限られるため、地方在住者や生活環境が悪い人の場合（飲み友達が多い、仕事柄飲む機会が多いなど）は難しい。

また、飲み続けていて自力で通院できないといった重度の場合や、合併症の治療が必要なケースも、入院を選ぶことになる。

①アルコールを抜く

治療では、まず断酒をさせ、酩酊《めいてい》から醒《さ》ます。ここで問題となるのが「離脱（禁断）症状」である。それまで食事も取らずに、数日から数週間も飲み続けていたという場合もあるから、入院してアルコールが切れてくると、さまざまな症状が現れる。

軽度でも、手足の震え、発汗、頻脈《ひんみゃく》、血圧上昇、不眠、嘔吐《おうと》、下痢《げり》、けいれん発作、一過性の幻覚などが二、三日続く。

重度の場合、断酒後二、三日目から興奮状態やうわごとを言うといった意識障害、幻覚、身体の震え、発熱などが数日続くことがある。

さらに程度が重くなると、幻聴、不安、不眠、不穏状態が一、二週間続くこともある。

いずれにしても、依存症者に断酒をさせる場合は、医療機関で、医師の管理下で行うことが望ましい。

治療の初期段階では、断酒の継続は想像以上に困難である。そのため「抗酒剤」などを使うこともあるが、これは〝飲めなく〟する薬ではない。酒に弱い人が飲酒したときのように気持ち悪くなり、血圧が低下するというもの。断酒しようと思っている人が、一瞬の誘惑に抗するためのものであり、〝自覚〟していない人に使うのは危険ですらある。

②身体・精神症状の治療

断酒と並行して、適切な食事や薬などで栄養障害、肝臓や胃などの疾患を治療する。うつ病などの精神疾患を合併している場合も、それぞれに応じた治療を進める。

③社会復帰へ

アルコールを断ち、身体的・精神的に回復してきたら、社会復帰プログラムへと進む。このプログラムでは「病気」についての学習や、回復には仲間が必要であることを実感させるため、講義やグループ療法などが行われる。

こうした入院治療は、通常三カ月程度といわれている。だが、医療機関での治療はあくまで第一段階であり、退院後、自助グループに参加することが、断酒を継続し、この病気から回復するためには不可欠である。「断酒会」などに通って仲間の話を聞き、また自らの話を聞いてもらう中で、疎外感やストレスから解放され、同時に回復の可能性を実感して、アルコールを飲まない新しい生き方を学ぶことが望まれる。

どこから手をつけるのか

それでは、こうした回復過程＝治療に、どうしたら結びつけられるのだろうか。実は、これが一番難しい。

アルコール依存症に対する偏見や誤解が根強いこともあって、本人だけでなく家族も「病気」だと認識しにくい（認めたくない＝否認）のが、依存症の特徴である。そのため、教会や公的機関など外部に相談したり、救いを求めたりするのは、症状がかなり進行し、状態が悪化してからということが少なくない。

しかも、教会やよふぼくにアルコール依存の相談を持ち込んでくるのは、ほとんどが配偶者や子ども、親《しん》戚《せき》、親しい友人といった人たちである。そのため、おたすけの対象となるのは、依存症の人の前に、まずは悩み苦しんでいる相談者ということになる。

アルコール依存症の人を抱える家庭は悲惨である。家族は依存症者の感情爆発や暴力におびえ、常に緊張状態にさらされている。その中で、職場や近隣の人に露見することを恐れて、さまざまな努力を重ねてきているはずである。さらに、職を失っていれば、経済的な困窮《こんきゅう》もあるだろう。

そこで、これまでの努力をねぎらい、いたわる〝聴きだすけ〟から始めたい。相談者の胸の内には、依存症の身内に対する恨《うら》みや嘆き、自分自身の努力が報われなかったことへの複雑な気持ちが渦《うず》巻いている。それらをすべて聴き取り、「よく頑張ってきたね」と丸ごと受けとめるのである。

胸の内にあるさまざまな思いを聴き取ると同時に、相談に訪れた人が「酒乱」「酒癖」程度に考えているのか、それとも「病気」だと認識しているのかを見極めることも必要である。また、依存症の人に対して、さらに自分自身について、どのように認識しているかをしっかりと把握《はあく》したい。

そして、日数をかけて信頼関係を築く中で、相談者の心に事態を改善したいとの思いが強まっていったとき、「一緒にどうしたらいいか考えましょう」「アルコール依存症かもしれないから一緒に勉強しませんか？」と、専門機関への同行を勧めるとよい。

というのも、まず相談者が、アルコール依存症についての認識を深め、治療・回復への道筋を理解するためには、公的機関や専門家から客観的事実として提示してもらうほうが、納得しやすいからである。

しかしこのとき、それまでの〝聴きだすけ〟が不十分であったり、相談者自身が「この状態からたすかりたい」、あるいは依存症の身内を「たすけたい」との思いに至っていない場合、「悪いのはあの人」「治すべきはあの人」「なぜ私が行かなければならないのか」などと、外部機関へ相談することを拒まれることがある。相談者との信頼関係を築くこと、さらには夫婦・親子のいんねんの自覚を促すことが、成否を左右する〝最初の一手〟となる。

どこに相談を持ち込むか

一緒に訪れる機関として、親里には布教部福祉課の「酒害相談室」（左コラム参照）がある。おぢば帰りを勧めて、一緒に話を聞いてみるのもいいだろう。

また、家庭内暴力や児童虐待《ぎゃくたい》などを伴っていて緊急性がある場合などは、地元の警察や保健所、自治体に設置されている精神保健福祉センターを訪ねてもいい。そこでは、酒害相談だけでなく、酒害教室などの教育プログラム、専門医療機関や断酒会といった自助グループの紹介などもしてくれる。

また、失職などで経済的な問題がある場合は、地元の福祉事務所に相談を。生活保護などの公的扶助《ふじょ》を受けて生活を安定させ、子どもたちの就学などを可能にしてから、治療、社会復帰、家庭の再建といった道筋を考えてもいいだろう。

〝真のたすかり〟のために

このような公的機関の活用は、〝真のたすかり〟に向かうための〝地ならし〟ともいえる。医療が「修理肥」であるように、利用可能なさまざまな機関・制度を活用して、まずは緊急避難的に状況の安定を図ることが第一歩だからである。

真のたすかりに向かうには、相談者および依存症の人が、自らの心の内とこれまでの言動を心静かに省み、己を変えていくことが必要不可欠である。当然、夫婦の間柄や家族のありようも自省し、改めていく決意と行動が求められる。

そのときには、お道の教えに基づく真の生き方や夫婦・家族のありようを知り、納得するとともに、実践していけるよう根気よく導くことが肝要である。そのためにも、まず環境作りとしての〝地ならし〟から取り組みたい。

天理教酒害相談室

- 毎月25・26日
  25日は午後1時30分～5時
  26日は午後1時30分～3時
  （1月26日は2時30分～4時）
- 毎週土曜日
  午後1時～3時

〒632-0017　天理市田部町510-10
福祉課分室内「酒害相談室」
※詳細は布教部福祉課へ
0743（63）1511（内線5321～3）

第二部　「依存症」としての認識

以前は「アルコール中毒」と呼ばれていたが、この病の実態が明らかになった結果、「依存症」と改められるようになった。

食中毒、鉛《なまり》中毒、水銀中毒など、「中毒」という言葉は、薬物や細菌などによって神経や器官などに障害が起こることを指す。アルコールを短時間のうちに大量摂取して起こる「急性アルコール中毒」は、この範《はん》疇《ちゅう》に入る。

しかし「依存症」と呼ぶ場合は、「酒にとらわれた心」に目を向けている。仕事があろうが、家族が苦しんでいようが、ほかのことはどうでもよくなり、「酒を飲むこと」だけに心がとらわれている状態である。

そうした「心の状態」や「周囲との人間関係」のあり方は、麻薬や睡眠薬といった薬物への依存、クレジットカードなどによる買物依存、ギャンブル依存、DV（家庭内暴力）などとも共通している。

そのために、酒や薬を隠す、自己破産させる、夫婦を引き離すといった対処をしても、心の状態や人間関係、つまり依存症そのものを治さない限り〝再発〟するのである。

アルコール依存症の人が入院し、禁断症状に耐えてアルコールを抜いても、退院後に再飲酒してしまうことが少なくないのは、この「とらわれた心」に問題があるからである（左上のグラフ参照）。

では、なぜ心がとらわれるのか。依存症の人の多くは、育ってきた過程に問題が見られるという。乳幼児期に母子関係を通して、人間や社会に対する「基本的信頼感」を獲得できなかった人が多く、そのことによる寂しさ、むなしさ、怒り、自己肯定感の低さなどが依存症にのめり込ませるのである。

過保護、虐待《ぎゃくたい》、アルコール依存症の家庭で育った体験は、過度の依存欲求や愛着欲求を形成するので、人生で出合うさまざまな拒絶体験が他の人の何倍もの強さで迫ってくるという。そのため自分を肯定的に捉《とら》え

退院後の断酒率の推移

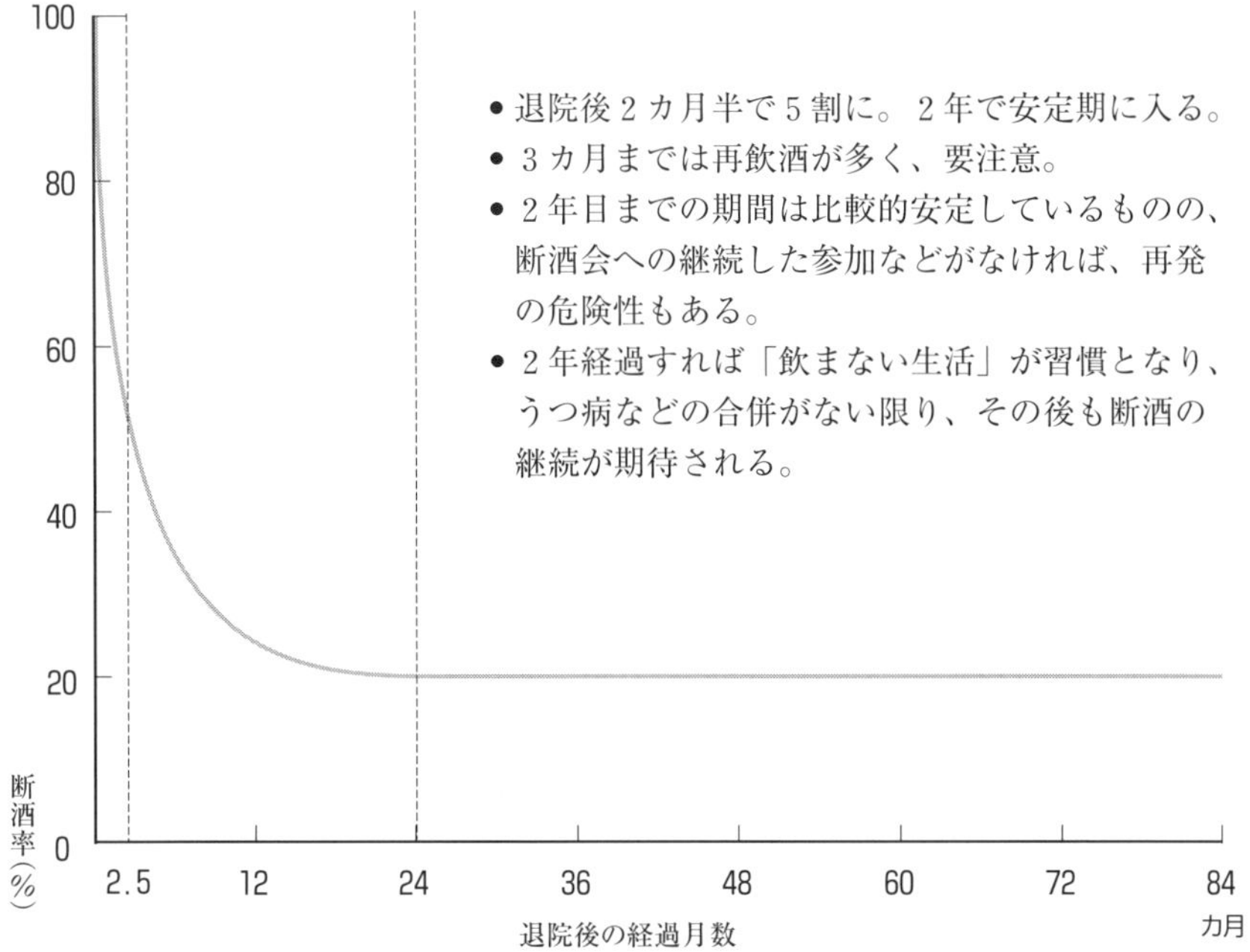
100
80
60
40
20
0
断酒率（%）
2.5
12
24
36
48
60
72
84
カ月
退院後の経過月数
●退院後２カ月半で５割に。２年で安定期に入る。
●３カ月までは再飲酒が多く、要注意。
●２年目までの期間は比較的安定しているものの、断酒会への継続した参加などがなければ、再発の危険性もある。
●２年経過すれば「飲まない生活」が習慣となり、うつ病などの合併がない限り、その後も断酒の継続が期待される。

※鈴木康夫著「アルコール依存症の回復と転帰」『こころの科学91』（日本評論社）から

ることができず、その反動として誇大な思考に陥り、人間関係で失敗を重ねてしまう。そんな自らを責め、罪悪感を抱き、訳もない寂しさや怒りなどから逃れるために酔いを求めるのである。

　こうしてみると、虐待する親の中に虐待されて育った人が少なくないこと、アルコールや薬物やギャンブルなどに次々と依存する人がいること、アルコール依存症でＤＶや幼児虐待をする人がいることなども理解できよう。

　たとえば、父親がアルコール依存症で、気に障《さわ》ることがあれば暴言を吐《は》き、暴力を振るうといった環境で育つ子どもは、常に緊張しビクビクしている。子どもらしい欲求を抑え、安心してものを言うこともできない。

　母親は、そうした夫に振り回されて子どもに目が向かないか、あるいは夫に失望して、子どもに過剰な関心や期待を持つ。いずれにしても子どもは、安心や信頼といった感覚を親から得ることができない。

世代間連鎖の恐ろしさ

夫婦・親子の間柄に問題を抱える〝機能不全家庭〟に育つ子どもには、先に述べた共通の特徴が見られるが、アルコール依存症者の家庭で育つ子どもは、三重の苦しみを味わって育つといわれる。

第一の苦しみは、父親から受ける酔ったうえでの暴言・暴力や、素面《しらふ》と酩酊《めいてい》が交代する人格のはざまで振り回される心理的混乱によるものである。〝親モデル〟としても不適切な状態であることはいうまでもない。これは〝心理的虐待〟とさえいえる。

そして、第二の苦しみは、母からの共依存的支配、つまり母を支える・支えなければいけないという思いからくる、子どもとは思えないような振る舞い、それがもたらすものである。

さらに、第三の苦しみは、そのような父と母が日常的に繰り広げる葛藤《かっとう》のドラマの目撃者としての苦しみである。

だが、子どもにとっては、たとえそれがどんな家族であっても、掛け替えのないものである。だから、そこで懸命に生き抜こうとする。そうした中で、性格や出生順位、家庭内に問題が起きたときの年齢などによって、次のようなタイプが形成される。

「お世話」型は、幼いうちから母親に代わって家事や弟妹の世話をしたり、父の酒の相手や母の愚痴《ぐち》を聞いたりする。

「よい子」型は優等生タイプで、家族の期待を一身に担う。一方では、家出や万引き、暴力行為といった問題行動で家族の関心を繋《つな》ぎ留めようとする「問題児」型となる。

また、家庭内の緊張感をほぐそうと、おかしなことを言ったり、おどけたりする「ピエロ」型。無関心を装い、ひっそりとなりを潜《ひそ》める「見捨てられ」型。そして、これらの何役も一人でこなす子もいる。

さらに、ストレスからくる多動、チック、夜尿、小児喘息《ぜんそく》、アトピー、かんしゃく、不登校やひきこもり、友人関係がうまくいかない、いじめたりいじめられたりといったことが、依存症の親を持つ子どもに多く見られる。

長じては、人間関係の〝生きづらさ〟を抱えて生きる「アダルト・チルドレン」となる可能性が高い。また、「親のようにはなるまい」と思って育っても、無意識のうちに学んだ家族像、父親像、母親像、夫婦像などから、自ら依存症となったり、依存症の配偶者を持ったり、結婚後に配偶者が依存症になったりする。子どもは、親が生きたように生きてしまうのである。

家族が〝支え手〟を演じる

依存症者が飲み続けるのは、結果として飲み続けることが可能な環境があるからである。

欧米では、アルコールに依存し続けることを可能にしている「支え手」（主に配偶者）の存在が、早くから指摘されてきた。

依存症の人には、幼児的な自己中心性や他者への過度の依存性とともに、対立性と力の誇示が同居している。依存症者はアルコールを飲むことで、家族の心配や世間体《せけんてい》への配慮を刺激して家族をコントロールし、家族にもたれかかって生きている。

一方、家族は依存症者と暮らす中で、この病的人間関係の相手役としての役割を演じるようになる。依存症者の言動が家庭外に影響を及ぼすのを食いとめようと、要求通りに酒を与えたり、暴力に耐えたり、あるいは酒を取り上げたり隠したりする。さらには先回りして、職場や近隣との問題を処理したり、尻拭《しりぬぐ》いをしたりもする。

その多くは、献身的な〝いい人〟である。「私がいないと、どうなるのだろう」とか、「これだけ世話をしてもダメなのだから」と言いつつ、世話を焼く。

ところが、「善《よ》かれと思って」する解決への努力が、かえって依存症者の欲求を満たし、居心地のいい状況をつくりだし、悪循環を強化し、定着させているのである。

「共依存」という問題

こうした依存症者と配偶者（あるいは老いた母親な

ど）との病的ともいえる人間関係は、近年「共依存」と呼ばれている。

これは、家庭内暴力の少年と母親、暴力夫と殴られる妻、ヒステリーの妻とその夫などにも共通しており、依存症者と支え手が共に「相手をコントロールしようとしている」関係である。

依存症者は、逆説的であるが、自分が必要とするケアを引き出すために酒を飲む。一方の支え手は、これ以上問題行動を起こさせないため、また自分が関与できる範囲内に問題をとどめようと、相手をコントロールしようとする。そして、この支え手の行動が刺激となって、依存症者の問題行動が促進される。

つまり、双方が「支配」と「被支配」をめぐって刺激と反応を繰り返す悪循環なのである。どちらかが反応をやめない限り続いていき、事態はさらに悪化していく。

その場合の特徴は、お互いが相手の言動に左右されるといった、主体性の欠如した依存的な人間関係であるということだ。支え手は、相手を心配し自ら主体的に行動していると思い込んでおり、依存症者も自らすべてをコントロールしていると思い込んでいる。

こうした支え手の認知や情動、行動特性には共通点が見られる。

一つは〝自尊感情の低さ〟。人間関係のトラブル等をすべて自分の失敗と捉え、さらに自己肯定感を失っていく。

こうした自尊感情の低さの裏返しが〝必要とされることへの希求〟、つまり、常に「この人には私が必要だ」との確認を求め、そのように行動してしまうことになる。

また〝変化への抵抗〟も特徴の一つだ。もし問題のない生活になると、それまでの支え手としての役割を失い、不安感や理由のない落ち込み、うつ状態やさまざまな依存症に陥るケースも多いという。そのため、依存症者の回復を無意識に阻止《そし》することさえある。

そして〝他者へのコントロール願望〟。飲酒行動だけでなく、相手のすべてをコントロールしようと行動することである。

こうした言動の根底にあるのが〝自己犠牲的な意思〟。これによって自らを正当化しているので、共依存の自覚はない。「自ら進んで」や「善かれと思って」の行動は、一般的には好意的に受けとめられるため峻《しゅん》別《べつ》しにくく、当人に理解させるのも難しい。

諭すより気づかせる

支え手のこうした心的傾向は、長い間アルコール依存症者と生活を共にする中で強まるとされ、依存症者が回復するのに伴って緩和したケースも少なくない。

アルコール依存症者との暮らしに疲れ果てて離婚しながら、また同じような人と再婚する、あるいは再婚相手が依存症になる例も、よく見られる。自らの心理特性に気づいていないため、無意識のうちに新たな共依存関係を求めているのである。

そうした支え手に対して、「あなたも依存症ですよ」と諭すのは、効果がないばかりか、逆に「苦しんでいるのは私だ」と怒りを買い、信頼関係を壊すことになりかねない。

なぜなら、依存症は「否認の病」だからである。さらに、こうした問題を抱えて相談に訪れる人の多くは、熟年に達しており、それまでの価値観や心のありようを変えるのは決してたやすいことではない。

解決のポイントは、支え手が気づくことである。そのために、専門医療機関や保健所などに設けられている「家族教室」などへの参加、断酒会に夫婦や家族で参加することを勧めるのもいいだろう。

また、近年は「アルコール依存症者の配偶者のための自助グループ」といったものも各地にある。保健所や断酒会などで情報を得て、参加するといい。

こうした自助グループの多くは、断酒会などのアルコール依存症者の自助グループと、ほぼ同じスタイルを取っている。会合は「言いっ放し、聞きっ放し」。発言に対する議論や解説、助言、解釈などは一切なし。ただ、一方的に聞くだけである。

同じような境遇の人の話を聞く中で、自らの行動や思いを振り返り、共感し、自らの心の病（癖性《くせ》分）に気づくのである。

これは、アルコール依存症者本人にも当てはまることである。結局、酒を飲むのも断酒するのも、本人の意志にかかっている。

そのために、まず配偶者や家族が自らの病に気づき、アルコール依存症について、自分の心や行動について、依存症者への対処について学ぶことが大切である。

おたすけに際しての注意点

依存症者の「否認」には、飲酒問題の否認、アルコール依存症の否認、断酒の必要性の否認がある。依存症者がこれらを突き崩し、現実を認識し、真の断酒に踏みきるまでには、家族の決断と支えが必要となる。

具体的には、家族が、飲酒にかかわるのを一切やめ、飲んだ結果としての欠勤や不義理といった問題の尻拭いをやめる。放り出すのである。その際、家族の身を守るため、関係機関に相談して「シェルター」などに避難することも考慮に入れる必要がある。

こうした対応で肝心なのは、家族や周囲が一致団結することである。誰か一人でも構ってしまうと、依存症者との新たな共依存関係が始まってしまう。

一方、放り出された本人は地獄の苦しみを味わう。孤独感に苛《さいな》まれ、時として自殺をはかることすらある。

そのうえで、本人が素面のときに「断酒しないなら本当に離婚する」との決意を伝え、併せて「酒をやめて、かつての温かい家庭にしたい」との思いを伝えるのである。

ところが、飲酒問題に振り回され、疲れ果てて「死んでほしい」とさえ思っている家族には、相手の悪い面しか見えず、心には憎しみや恨《うら》み、怒りが渦《うず》巻いている。そのときは、依存症になる前の相手の美点を数え挙げたり、幸せだった日々を振り返ってもらう。嬉《うれ》しかった記憶を掘り起こし、感謝の心を取り戻すことが第一歩となる。

そして、本人の心が断酒へと傾いたら、専門の医療機関および断酒会に導く。身体面の対処はもとより、断酒を継続することは、家族だけでは到底無理だからである。

断酒会などでは、同じように歩んできた他者の話を聞く中で、回復への希望をつなぎ、自らの心に残っている「否認」を完全に捨て去るよう努めてもらう。

その際も「夫婦揃《そろ》って」が原則。断酒会への継続した参加は、一人ではなかなか難しく、夫婦揃っての参加が最も定着率が高いからである。と同時に、家族も自らの「共依存」を自覚し、相談や治療を継続することが重要だからである。

そばについて共に歩く

こうした依存症者本人、そして家族に対するおたすけは、実に困難なものとなる。

なぜなら、共依存は他人を支配し、他人に依存するという、込み入った〝関係性の病〟だからである。従来のおたすけと同じように、「諭す」「導く」といったあり方だけでは、おたすけに携わる人と相手との間に、「諭す・諭される」「導く・導かれる」「世話する・世話される」といった、新たな「支配・依存」関係を生み出すことにもなりかねない。

アルコール依存症のおたすけで、おたすけに携わるよふぼくが、依存症者本人や家族の言動に振り回されてへとへとになりながらも、「なんとかたすけたい」と頑張っている姿は、依存症者と家族の関係の〝写し絵〟や〝相似形〟にも見える。

おたすけを志す人は、使命感を持ち、病める人や苦しむ人に「たすかってもらいたい」との深い思いを持つ。ところが、「たすけたい」との思いが強ければ強いほど、共依存に絡《から》め取られる危険性が高まるという、実に厄介《やっかい》な問題なのである。

そこで、「私がたすける」のではなく、たすけてくださるのは親神であり、教祖《おやさま》であると、まずは肝に銘じることである。そして可能ならば、同じ「きょうだい」として共におつとめを勤め、「たすかり」を願うのである。

人間というは、身の内神のかしもの・かりもの、
心一つ我が理。　（明治22・6・1）

と教えられるが、その心の自由《じゅうよう》を失っている姿がアルコール依存症である。本人と家族に、そうと気づいてもらう端緒を開くためには、いまのところ、同じ病による痛みを味わった人に、間に入ってもらうしかない。

第一部で紹介した布教部福祉課の酒害相談室や、地域の専門機関、断酒会に共に赴《おもむ》き、気づくまで、じっと待つ。そして、家族や本人が自らの病に気づき、回復に向けて歩み出すときも、前を歩くのではなく、そ

ばにつくようにしたい。さらに、本来の人としてのあり方、夫婦や親子のあり方に気づいてもらえるように努めたい。

その際、基本となるのは、

をやこでもふう/\のなかもきよたいも
みなめへ/\に心ちがうで （五 8）

と示されるように、親子も夫婦もそれぞれ独立した人格の持ち主である、との認識である。相手を意のままにしようと思うことは、夫婦であれ親子であれ、誤りなのである。

また、「夫婦皆いんねんを以《もっ》て夫婦という」（明治24・11・21）と教えられるように、夫婦は、前生いんねんと今生の通り方にふさわしく、親神によって引き合わされたお互いであることを自覚したい。

夫婦の中たんのう一つの理、互い/\とも言う。さあこれより一つしっかり治めるなら、いかなる事も皆《み》んなこれ思うように事情成って来るという。
（明治30・7・19）

ふたりのこゝろをさめいよ
なにかのことをもあらはれる （四下り目 2）

と教えられるように、五分五分である夫婦が心を一つにして共に祈り、感謝するとともに、お互いにたすけ合い、支え合うことが家庭の治まりの元となるからである。

人は支え、支えられて生きている。お互いが感謝し合い、安心できるような信頼関係を築くことが大切である。

しかし、それを履《は》き違えると、己の満足のために周囲に害を及ぼし、子どもや孫の代まで苦しみを受け渡してしまうことにもなりかねない。それが「依存症」であり「共依存」だと認識したい。

まさに、「やまひのもとハこゝろから」（十下り目10）である。

たすかるためには夫婦・親子のいんねんを自覚し、「病の根を切る」ために心を入れ替え、夫婦の心を治めて、ひのきしんに勤《いそ》しむことであろう。

参考文献および資料

●天理教福祉課酒害相談室編『警鐘の宴　酒害から命と心の健康を守る』１９９３年

●榎本稔・安田美弥子編『アルコール依存症』太陽出版、１９９６年

●渡辺登『「依存」する心理』日本実業出版社、１９９７年

●小宮山徳太郎『アルコール依存症』太陽出版、１９９７年

●なだいなだ『アルコール問答』岩波書店、１９９８年

●なだいなだ・吉岡隆・徳永雅子編『依存症（アディクション）　35人の物語』中央法規出版、１９９８年

●渡辺登『よい依存、悪い依存』朝日新聞社、２００２年

●榎本稔編「特別企画アルコール依存症」――『こころの科学』91号、日本評論社、２０００年

●道友社編『心の病と癒し』天理教道友社、２０００年

●西村勝嘉「異文化の中で酒害を考える『自己中』と心の病」２００１年

●厚生省研究班「アルコール依存症　診断・治療ＧＬ作成」２００１年

●独立行政法人国立病院機構「久里浜アルコール症センター」
http://www.hosp.go.jp/~kurihama/

●特定非営利活動法人ＡＳＫ（アスク＝アルコール薬物問題全国市民協会）
http://www.ask.or.jp/

「離婚」の増加をめぐって

近年の社会・経済構造の変化は、社会システムのみならず、家族や人間関係に至るまで、人々の価値観の変化をも余儀なくしている。

なかでも先進諸国では、離婚の増加が深刻な社会問題になりつつある。ヨーロッパやアメリカ合衆国では、一九七〇年代から増加傾向が強まり、今日では日本を含む世界中の多くの国々に及んでいる。

こうした現状を踏まえて、天理やまと文化会議では、現代社会における家族形態と離婚の現状、離婚が及ぼす影響、離婚が増加している社会的・内的要因などを検討し、さらに健全な夫婦関係の指標など、さまざまな側面から思案を重ねてきた。

その中から、教理に基づく結婚および夫婦のあり方、さらには離婚問題への対処の仕方、やむを得ぬ事情により離婚に至った場合の心の治め方や教会の役割などについて、討議内容の一端を紹介したい。

離婚をめぐる実情と影響

日本における離婚率（人口千人当たりの一年間の離婚件数）の推移を見ると、昭和三十八（一九六三）年に戦後最低の〇・七三となったが、その後は増加に転じ、五十八年には倍の一・五一に達した。

以後、なだらかな減少傾向を見せていたが、平成二（一九九〇）年に一・二八で底を打つと再び急増。十四年には過去最高の二・三、総件数にして二十八万九千八百三十六組が離婚するという事態を迎えている。

しかも、この離婚率の上昇傾向は、あらゆる年代層にわたっており、近年は結婚二十年以上という夫婦の離婚が目立って増えている。

一方で、依然として離婚率が特に高く、離婚率の上昇傾向が著しいのは、十代から二十代といった若い年代層である。当然、子どももまだ幼く、乳幼児・児童といった幼子が、夫婦のぶつかり合いの中で板ばさみとなるケースも少なくない。夫婦の不仲が長期にわたり、その結末が離婚であるとすれば、その過程で、子どもたちは最愛の両親のけんかや断絶を目の当たりにして育つことになる。幼い心が受ける痛みや傷の深さには、計り知れないものがある。

また、夫婦仲が治まらず、離婚に至った場合、最も深刻な影響を受けるのも子どもたちである。子どもは両親のいずれかを失うばかりでなく、心身の拠《よ》り所であった住み慣れた生活空間をも失うというケースが少なくない。

ちなみに、親が離婚した未成年の子の実数および率（二十歳未満人口一千対）は、昭和四十五年に約九万人（二・六七）であったのが、二十年後の平成二年には約十七万人（五・二四）、十二年には約二十七万人（一〇・四三）、十四年には約三十万人（一一・九五）という深刻な事態に至っている。

加えて、経済的困窮《こんきゅう》も大きな問題となっている。日本弁護士連合会が平成十六年三月に出した「養育費支払いのための意見書」によると、昭和二十五年から四十年までは「夫がすべての子どもの親権を行う」ケースが、「妻がすべての子どもの親権を行う」ケースより多かったが、四十一年を境に、その比率が逆転した。さらに、平成十三年には「妻がすべての子どもの親権を行う」ケースが七九・九パーセントを占め、一部の子どもの親権を行う場合も含めると、八四パーセントに上っている。

しかし、離別母子世帯の平均年収は二百二十九万円で、一般世帯の平均年収六百五十八万円、父子世帯の平均四百二十二万円と比べても著しく低い。ところが、離別母子世帯で養育費を受け取っているのは二割ほどしかなく、新たな社会問題ともなりつつある。

教えの理から「夫婦」のあり方を考える

＊夫婦の理に関するおことば

このよのぢいとてんとをかたどりて
ふうふをこしらへきたるでな
これハこのよのはじめだし　（第二節）

このよふのぢいと天とハぢつのをや
それよりでけたにんけんである　（十　54）

せんしよのいんねんよせてしうごふする
これハまつだいしかとをさまる　（一　74）

＊結婚・夫婦のあり方に関するおことば

ふたりのこゝろをさめいよ
なにかのことをもあらはれる　（四下り目　2）

ふうふそろうてひのきしん
これがだいゝちものだねや　（十一下り目　2）

この度、夫婦揃《そろ》うて、心一つに定めて貰《もら》いたい。家内の処《ところ》、一つのさづけも渡さんならんように成りてある処、夫婦一つの心に定めて貰いたいと。（明治21・7・15）

兄弟の中の兄弟の理を結ぶ　（明治28・7・23）

縁談一条尋ねる。繋《つな》いだ日結んだ一日の日を生涯の理に治めるなら、十分なれど、中にどんな事情神に尋ねてしたなれど、こんな事言うような事ありてはならん。（明治28・4・4）

人《にん》と人と心合わねばどうもならんとは、前々よりも縁談事情に皆諭したる。分からんやあろうまい。（明治32・6・27）

＊夫婦のお互いの役割や相違を尊重するおことば

をやこでもふうふのなかもきよたいも
みなめへ／＼に心ちがうで　（五　8）

教えに見る「夫婦」のあり方

さて、こうした離婚の問題を考えるときに、よふぼくとしては、まず「夫婦」とはいかなるものなのか、原典に基づいて押さえておく必要がある（右コラム参照）。

「みかぐらうた」第二節に示されるように、親神は天地の理によって夫婦を拵《こしら》えてくださった。夫婦は社会の基盤となる基本的かつ重要な人間関係であり、夫婦の和合が、すべての治まりの基であると教えられている。

また、結婚は「生涯の理」と説かれ、本人同士の心だけでなく、親や周囲の心も合っていることが大切である。私たちがそれぞれ配偶者を得て夫婦になるのは、すべて親神の守護と各自のいんねんによるということを、十分に自覚することが肝要である。

この生涯の理を貫くためには、夫婦は「二つ一つ」の理を心に治めなければならない。すなわち、五分五分の夫婦がたすけ合って、十分となるところに親神の十全なる守護を頂くことができる。

夫婦は心を一つに談じ合い、ひのきしんに励み、たすけ合って、夫婦の治まりが家庭の治まり、世の治まりの基であることを自覚し、陽気ぐらしへ向けて、心の成人を進めることが、理にかなった夫婦関係のあり方といえる。

健全な夫婦関係の指標

こうした夫婦関係は、一般的には家族全体の中での夫婦関係の満足度、親子・親戚《しんせき》関係における夫婦のコミュニケーション能力など、さまざまな面から考えることができる（次ページのコラム参照）。

また、よふぼく家庭であれば、「夫婦揃《そろ》うて」と教えられるうえから、以下の諸点を振り返ってみたい。

A、夫婦、家族で朝夕のおつとめをしているか。共に神様に心が向いているか。

B、夫婦、家族が身上を頂いたとき、おさづけの取り次ぎをしているか。

C、夫婦のいんねんを自覚し、配偶者に感謝と尊敬の念を持っているか。

D、夫婦の談じ合いの時間を持っているか。思いを伝え合っているか。

E、夫婦揃って本部や所属教会の月次祭、行事などに参加しているか。

F、親孝心を常に心掛けているか。

G、地域社会において、たすけ合いの精神を発揮しているか。

離婚回避に最大限の努力を

しかしながら、最近の先進国社会では、夫婦間で深刻な食い違いや不和があると、徹底的な話し合いによる夫婦仲の修復や回復のための努力をすることなく、離婚を選択してしまう傾向がある。法的・経済的枠《わく》組みが整った現代社会においては、離婚があまりにも容易なため、問題を抱えた若い夫婦は、すぐに絆《きずな》を断ってしまいがちである。

そんな社会だからこそ、よふぼくとしては、夫婦の

夫婦関係を考える八つの指標

家族は、夫婦の力関係によって父権家族（父親優位型）、母権家族（母親優位型）、同権家族（一致型・自律型）の三つのタイプに分類することができるという。

どのタイプの家族が最も理想的かを結論づけることは難しい。各国や各家庭の文化、伝統、価値観などの違いによって、夫婦の構造にも違いが生じる。財布のひもは夫と妻のどちらが握るのか、子どもの教育、家事、町内会行事の参加、親戚や友人付き合いなどに関する重要な最終決断をするのは夫か妻か、といった見地から、夫婦の勢力構造を探ることができる。

しかしながら、最も大切なのは、夫婦仲が健全か、円滑に機能しているかどうかである。佐藤悦子《さとうえつこ》著『家族内コミュニケーション』(勁草書房)を参考に、それを探る指標を提示してみよう（⇔カッコ内は問題のある夫婦の場合)。

①夫婦間で包み隠さず何でも話し合う。（⇔夫婦間であまり話し合わない。お互いに秘密があったり、配偶者への報告を怠る)

②夫婦の対話の際に相手に対する感謝や思いやりや誉《ほ》め言葉などの肯定的な表現が多く含まれている。（⇔口を開けば、相手に対するけなし言葉や批判的意見が多い)

③悪循環的行動の繰り返しが少ない。（⇔売り言葉に買い言葉が飛び交い、いつも喧嘩《けんか》ごしの悪循環的行動が多い)

④夫婦の結合が家庭の中心となっている。（⇔母と子ども、父と娘といったように偏った親子関係が強調されている)

⑤妻や夫の主体的判断が相手に認められている。（⇔お互いの主体的判断が相手の反感を呼び、ネガティブな結果を招く)

⑥夫婦間で子育てや家庭内外の仕事・役割に共同で取り組んだり、分担したりする協調体制のバランスがとれている。（⇔夫が家庭内のことを何も手伝わなかったり、妻が家庭外の役割が果たせないといった不均衡が存在する)

⑦夫婦関係が親密でセックスもうまくいっている。（⇔夫婦関係が疎遠である)

⑧夫婦間の黄信号に早く気がつき、夫婦問題が生じてもすぐ対処できる。（⇔夫婦間が険悪になっても関係を修復する努力をしないし、その能力にも欠ける)

協力と和合こそが本来あるべき姿であることを明確に示したい。そして、周囲に夫婦関係の危機に直面している〝兄弟姉妹《きょうだい》〟がいる場合には、関係修復の道を談じ合い、夫婦和合の回復のために、あらゆる手立てを模索することが必要であろう。

また、教会や布教所は、相談に訪れた人の心に耳を傾け、離婚を回避する方法を談じ合うとともに、心が真にたすかる道を提示することが肝要である。それぞれの夫婦が、結婚当時の幸せな時期、結婚に至った原点を思い返すなら、健全な夫婦仲を再び取り戻すことも不可能ではないはずである。

したがって、よふぼくは教理に基づいて夫婦和合の道を説き、教会としては、離婚問題を台として、現代社会に警鐘を鳴らすことが課せられた責務といえよう。

「兄弟という縁は結んでくれ」

離婚を回避しようと懸命に取り組んだにもかかわらず、離別を迎えることもある。夫婦は「生涯の理」であることが望ましいが、やむを得ない場合には、例外中の例外として離婚も許されてはいる。

その際に大切なことは、人間は皆等しく親神の子供であり、すべての人間は兄弟姉妹であるという根源的な真実を心に治めることである。

> 縁談結んだ事、十年も経《た》てど、未《ま》だどうやこうやと心に思《おも》て居《い》ては、間違《まちご》うた心であろう。子供一人二人あれども、あちら離れこちら離れする事ある。一生一代と言うて結んだ理であろうが。どういう道もあろう。これ聞き分けてくれ。（明治40・4・8）

> 夫婦の中切れたという。夫婦の縁は無くとも互い〳〵兄弟という縁は結んでくれ。（明治28・5・22）

また、やむを得ない事情で離婚した後、機会に恵まれたときには、家族が得心できるのであれば、再婚も許されている。

> さあ〳〵尋ねる事情〳〵、諭しよう。人々《にんにん》の心という、同じ事情、同じ兄弟、一軒一人、人々の心、心通り何か万事。一つこれでならと、心に治まるなら、その理を治めるがよい。（明治24・3・25）

離婚した際の心の治め方

やむを得ぬ事情から離婚に至った場合、当事者二人は、離婚によって生じた諸問題を解決する中で、成ってくる姿の中に親神の深い思召《おぼしめし》と親心を悟り、銘々のいんねんを自覚することが肝要である。

教会やよふぼくは、離婚に至った（あるいは離婚に至りそうな）人々から相談を受けた場合に、離婚問題の解決に努めることは言うまでもないが、心のたすかりを目指して誠心誠意おたすけに励むことが望まれる。

また、離婚問題で一番大きな痛手《いたで》を受けるのは子どもたちである。夫婦の間に根深い葛藤《かっとう》や長期にわたるトラブルが継続されている場合、否応《いやおう》なく、夫婦の問題に子どもが巻き込まれてしまう。親は、それぞれ子どもを自分のほうに近づけようとする。子どもも、どちらかの親に肩入れしてしまうことがある。

こうして、夫婦間の葛藤の影響を子どもは少なからず受ける。それは将来、子どもが家庭を持った場合にも、夫婦の役割や家庭のイメージなどに大きな影響を与えることがある。

離婚という形で夫婦関係は解消しても、親子関係は切れるものではない。離婚に至った場合には、親子関係をどのような形で継続するかについて、子どもの心に寄り添いながら配慮すべきである。

また、子どもたちが一日も早く立ち直れるよう、将来、両親と同じような道を歩まずに済むように、よふぼくは、できるだけ中立的な立場で事に当たりたい。

離婚に至った（あるいは現在進行中の離婚問題に直面している）人々は、男女を問わず精神的に打ちひしがれていることが多い。時には夫からの執拗《しつよう》なＤＶ（家庭内暴力）によって、精根尽き果てている女性も珍しくない。

教会やよふぼくは、離婚した当事者の苦渋に満ちた人生を陽気ぐらしという本来の方向へ導くため、あらゆる手立てや情報を駆使し、精神的な落ち着きを取り戻せるよう援助し、心がたすかる道を教え示すことが望まれる。

以下、その具体的なポイントを列挙しておく。

おたすけ人の役割とは

①離婚当事者の問題を見極める

まず、心がけるべき点は、離婚した人、または離婚問題に直面している人が何を求めているかを見極めることであろう。悩みを聞いてほしいだけなのか、信仰面でのアドバイスを求めているのか、あるいは夫のDVから逃れるために教会へ一時避難してきたのかなど、ケースによって対応の仕方は千差万別である。DVで急を要する場合は、病院や公共の保護援助機関へ連絡したり、カウンセラーなどの専門家に依頼することも必要となる。

こうした離婚問題の見極めでは、迅速《じんそく》で適切な判断力が要求されるので、おたすけや世話取りに当たるよふぼくは、専門知識を身につけるとともに、離婚の各種事例を知っておくことが望ましい。

②聴き役に徹する

離婚した人、または離婚問題に直面している人から相談を受けたら、まずは聴き役に徹することが大切である。心に鬱積《うっせき》した愚痴《ぐち》や言い分を、相手の身になって聴くだけでいい。精神的に落ち着くまでは、信仰的アドバイスは控えて、根気よく当事者の言葉に耳を傾けたい。

相手の話に対して丁寧に耳を傾ける際には、離婚問題についての周辺事情だけでなく、できれば、結婚に

離婚相談――心得ておきたいポイント

a．秘密を守ること。夫や妻が一人で訪れて打ち明けた秘密やプライバシーは、他言しないのはもちろん、神殿講話やお諭しの話題にしてもいけない。

b．あくまで「おたすけ」の心で向き合うこと。夫婦の治まりと真の幸せを思い、ご守護を願う姿勢が大切。

c．根気よくおたすけに励むことが根本であるが、時には弁護士やプロのカウンセラーのアドバイスを仰ぐ必要もある。普段から、そうしたネットワークに通じておきたい。

d．おたすけ中にセクハラと受け取られないよう細心の注意を払う。そのためにも、教会なら会長夫妻が協力して、女性の相談には女性が、男性の相談には男性が当たるのが望ましい。

至ったいきさつや、それぞれが育った家庭のことなど、相手を理解しようとする心で対応したい。夫婦の対立の原因や意見の相違点、離婚を思い立った理由、家庭内の諸問題などはもちろんのこと、できるだけトータルに理解することにより、次のおたすけのステップで積極的かつ的確なアドバイスへとつながる。

③信仰的導き

離婚した人、または離婚問題に直面している人が心を開き、教会や布教師に頼り始めたら、的確な信仰的導きと情報提供に努めたい。

まずは、教会への日参を通して、報恩感謝の心をつくることを教え示すとともに、教会の諸行事に参加することや、修養科を勧めることも大切である。

情報提供の面では、インターネットなども活用して、必要があれば、母子センターやその他の社会福祉施設を紹介することも併せて考慮したい。

④陽気ぐらしへ向けて

しかし、真のたすかりは、その人が陽気ぐらしへ向けて、着実に信仰の道を歩むことにほかならない。したがって、いんねんの自覚に立った教理理解と、「つとめ」と「ひのきしん」が日常生活の中で自然と実践できるように導きたい。

特に、親だけでなく、子どもの心の痛みも併せて聴き取り、離婚により家族が物理的に離れて暮らす中にも、充実した人生が歩めるよう末永く心を配っていきたい。

参考文献および資料

●芹沢茂「天理教では夫婦をどうみるか」——天理教青年会『あらきとうりよう』第85号、１９６３年
●「特集：離婚を考える」——天理教青年会『あらきとうりよう』第51号、１９７１年
●近藤裕『夫と妻の心理学　豊かな結婚生活のために』創元社、１９８１年
●深谷忠政「原典にみる夫婦について」——天理教婦人会『みちのだい』第79号、１９８１年
●I・グリック他著／鈴木浩二訳『夫婦家族療法』誠信書房、１９８３年
●平尾靖編『夫婦関係学入門』人間の科学社、１９７７年
●田村健二・田村満喜枝『ケース・スタディ　離婚の人間学』システムファイブ出版局、１９８８年
●佐藤悦子『家族内コミュニケーション』勁草書房、１９８６年
●星野澄子『非婚と結婚：さまざまな生の

選択』青木書店、1989年
●鹿嶋敬『男と女　変わる力学　家庭・企業・社会』岩波書店、1989年
●斎藤学『家族依存症　仕事中毒から過食まで』誠信書房、1989年
●篠塚英子『女性と家族　近代化の実像』読売新聞社、1995年
●橋本武人『天理教学シリーズ2　いんねん　夫婦・親子』天理教道友社、1995年
●山田昌弘『結婚の社会学　未婚化・晩婚化はつづくのか』丸善、1996年
●高嶋めぐみ『わが国における婚姻の実態的変遷』高文堂出版社、1997年
●堀内みどり「夫婦　陽気ぐらしの原点」――『天理教学研究』第36号、1998年
●山田昌弘『パラサイト・シングルの時代』筑摩書房、1999年
●西川祐子・荻野美穂編『〔共同研究〕男性論』人文書院、1999年
●最高裁判所事務総局『司法統計年報3　家事編H12－3』、2000年
●坂東真理子『図で見る日本の女性のデータバンク（四訂版）』財務省印刷局、2001年
●国際連合統計局『国際連合人口統計年鑑〈1999（VOL.46）〉』原書房、2003年
●日本弁護士連合会「養育費支払い確保のための意見書」2004年
●厚生労働省「離婚に関する統計」http://www 1.mhlw.go.jp/toukei/rikon_8/
●同省「平成14年人口動態統計の年間推計」http://www.mhlw.go.jp/toukei/saikin/hw/jinkou/suikei 02/index.html
●文部科学省「幼児期からの心の教育に関する小委員会（第5回　1997/10/31）」http://www.mext.go.jp/b_menu/shingi/12/chuuou/gijiroku/004/971004.htm

激増する中高年の自殺

長引く不況の中で、中高年男性の自殺が急増している。

背景には、倒産やリストラによる失職、過重労働などといった中高年を取り巻く厳しい社会情勢とともに、自殺を美化しがちな日本の文化や風土、うつ病などの精神疾患とのかかわり、マスコミ報道の影響で発生する〝自殺の連鎖〟、インターネットを介しての自殺幇《ほう》助《じょ》、家族関係の希薄さなどがある。

また、自殺未遂者と既遂者における男女差、自殺防止への対応、残された家族に対するケアなども、課題として指摘されている。

こうした問題点を整理することで、おたすけの現場に役立つ参考に供したい。

交通事故死の4倍超という現実

「交通戦争」と呼ばれて久しいが、警察や自治体を挙げて事故の抑制に並々ならぬ努力を続けてきた甲斐《かい》あって、平成四（一九九二）年に一万一千四百五十一人であった交通事故の犠牲者は年々減少し、十一年には九千六人、十五年には七千七百二人となっている。

ところが自殺者は、昭和六十三（一九八八）年から平成九年までの十年間は年平均二万二千四百人であったが、翌十年には前年より八千四百七十二人（約三五％）増の三万二千八百六十三人と、三万人の大台に乗った。そして、十一年には三万三千四十八人、その後

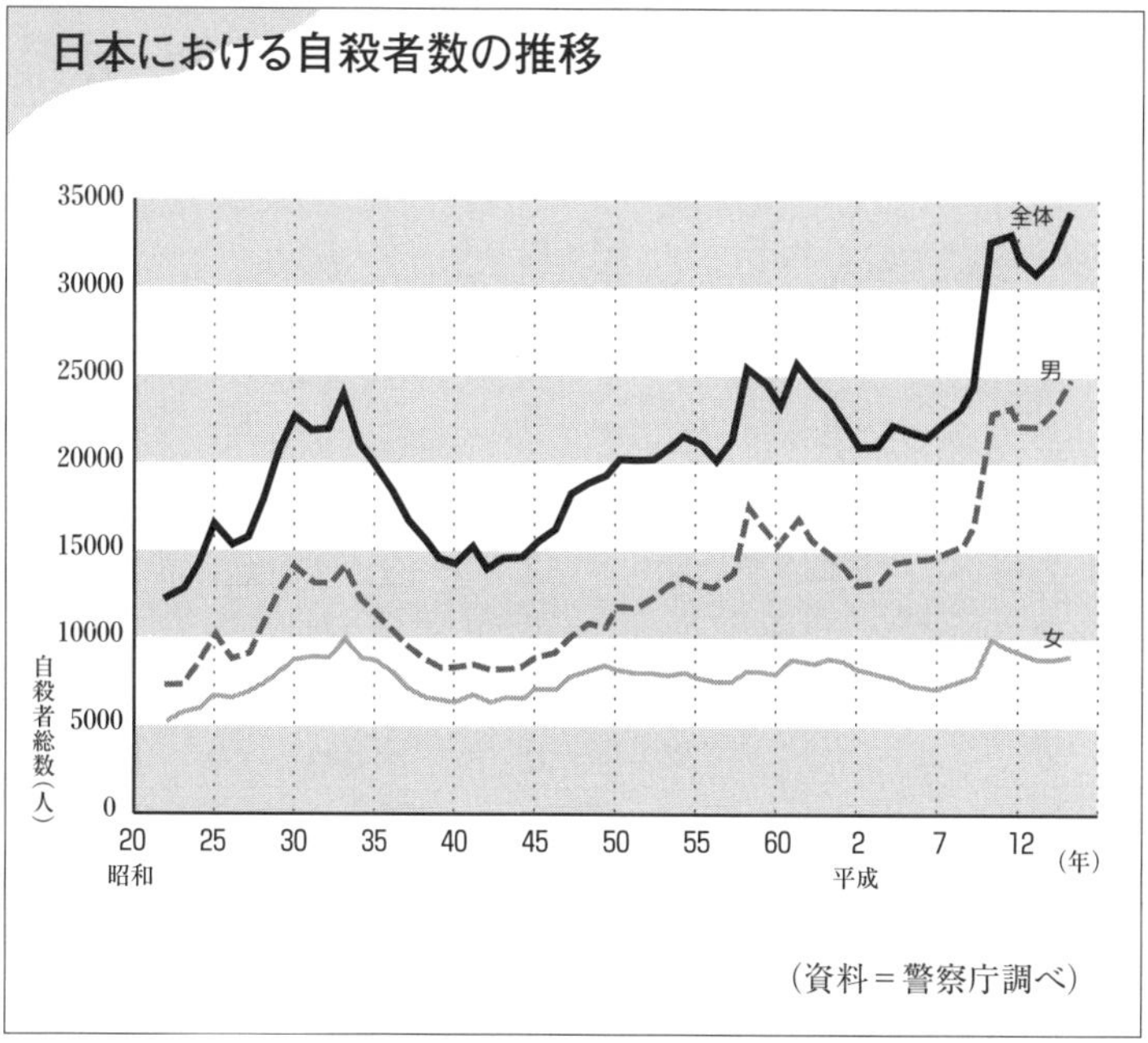

わずかに減少したものの、五年連続で三万人を超え、十五年には過去最多の三万四千四百二十七人に達した。

　これは、毎日九十人以上が日本のどこかで自ら命を絶っている計算となり、先に挙げた交通事故による死亡者の四倍以上という、実に深刻な事態となっている。

長引く不況が原因の一つ

　景気動向が自殺の増減と関係していることは、専門家の間では広く知られている。過去百年、二十世紀の日本は、現在を含めて三回の自殺のピークを経験したという（**上グラフ参照**）。

　最初のピークは終戦直後から、昭和三十二年の「なべ底不況」を越えた翌三十三年に最大となっている。これは、その後の「岩戸《いわと》景気」（昭和三十四～三十六年）とともに終息した。

　続く第二のピークは、オイルショックに続く景気の低迷期（一九七〇年代半ばから八〇年代初頭）で、昭和六十一年からのバブル景気を迎えて減少に転じた。そして、最も高い第三のピークが現在である。バブル崩壊による不況（平成三～五年）に始まり、増加傾向が続いている。

　こうした数字は、自殺者数の増減と景気動向とのかかわりを裏づけているが、中高年層が自殺者の過半数を占めるという事態は比較的新しい。

戦前および戦後第一のピークでは、その四、五割が二十歳代で、中高年は三割前後だった。これが変化したのは七〇年代からで、青年期に次いで、四十歳代後半以降に〝第二の山〟が形成されるようになった。

その後、先進諸国に見られる共通の事象として、高齢者の自殺も増加してきている。

そして現在、自殺者数が過去最大のピークを迎えているのは、昭和二十二年から二十四年生まれの、いわゆる「団塊《だんかい》の世代」が、自殺多発の〝第二の山〟に達しているためと見られている。

追い詰められる中高年男性

戦後のベビーブームに生まれたこの世代は、受験、就職、出世レースと、常に苛烈《かれつ》な競争にさらされてきた。したがって、この世代は、二十歳代のころにも高い自殺率を示していたといわれ、世代人口の圧倒的な多さも相まって、自殺者数の急増を招いているものと思われる。


さらに深刻なのは、社会構造の変化である。この世代が大学を卒業し、就職したころの日本は、高度経済成長のさなかであった。ほとんどの人が終身雇用を保証されているものと思っていたが、定年を間近に控えた現在になって、経済グローバル化の波が日本を襲い、企業のリストラや倒産が相次いでいる。

これらの影響を最も強く受けたのが、中小企業の経営者や、大企業の中間管理職をしている四十歳代以上の人たちである。長引く不況を背景に、多額の負債や事業の不振に悩み、あるいはリストラによる過重労働や失業に苦しんでいる。こうした問題が引き金となり、マスコミは連日のように、働き盛りの会社員、自営業者、失業者の自殺を報じている。

事実、警察庁の資料では、自殺者全体の四一・三パーセントを四、五十歳代が占め、六十歳以上の高齢者の自殺は三四・六パーセントに上っている。

このことは、自殺者数の男女差にも反映している。世界的に見ると、自殺未遂と既遂を合わせた数は男女ほぼ同数となるか、女性には未遂が多く、既遂は男性のほうが二倍程度といわれている。わが国の場合も、平成十二年の数字では男性が女性の二・四六倍、十四年では二・五五倍となっている。

自殺の原因は一つではない

　留意しておきたいのは、自殺に至る原因は決して一つではないということだ。自殺者が出ると、マスコミはよく「……を苦に」と報道する。いじめ、事業の資金繰り、リストラ、病気、妻との死別など、その理由はさまざまである。

　しかし、たった一つの理由で自殺することはあまりないと専門家はいう。自殺に至る状況を、大まかに図式化するなら、

「自殺の準備状態＋直接の動機＝自殺」

となる。つまり、心がさまざまな要因で弱っている「自殺準備状態」にあるときに、何かが〝引き金〟となって自殺に踏みきってしまうのである。

　特に、中高年の男性は、弱音を吐《は》くことを恥と思いやすく、悩みや苦しみを周りの人に訴えることが少ない。こうして、事業の不振や職場での人間関係、家族関係など、さまざまなストレスを独りで抱え込み、精神的に追い詰められていく。その果てに、些細《ささい》な言葉や出来事などが自殺への引き金となるのである。

うつ病とのかかわり

　だが、日本では「覚悟の自殺」とか「責任を感じて」など、本人の意思で死を選んだという認識と、文学者の自殺など、死を美化しがちな文化や風土から、自殺に至る内面的な過程に目が向かず、自殺への対策もほとんど講じられていない。

　一方、アメリカでは、自殺を悪と見なす宗教的基盤もあって、自殺者が出ると、関係機関の職員が出向き、周囲の人々に徹底した聞き取り調査を行うという。

　その結果、自殺者の九割以上が生前に何らかの精神疾患（うつ病、統合失調症、アルコール依存症、人格障害など）にかかっていたとの報告がなされている。

　なかでも、うつ病が自殺に密接にかかわっていると

いう指摘に留意したい。

もちろん、うつ病と診断された人のすべてが危ないというわけではない。うつ病と自殺の関連については、米国、日本ともに、うつ病と診断された人の一割強との報告があり、うつ病になって間もない時期と、自殺することさえ考えられない重症期から脱して症状が軽快してきた時期が危ない、といわれている。

自殺をした人に関する先の調査の結果では、ほとんどの人が自殺直前に何らかの精神疾患を患っていた可能性を指摘するとともに、そのうち、精神科で治療を受けていた人が二割程度だった、とも述べている。

一方、中高年とうつ病のかかわりを考えると、年代的に、夫婦関係や思春期を迎えた子どもとの親子関係といった家庭内の問題を抱えていたり、職場では経営者と若い世代との板ばさみになって職責を一身に背負っていたりするなど、さまざまなストレスで心身ともに疲弊《ひへい》している。

現代日本を「一億総うつ病の時代」と名づけた医師

うつ病簡易診断表

以下の質問を、「いつも」４点、「しばしば」３点、「ときどき」２点、「めったにない」１点と採点。合計点が31～40点は心を病みかけているので用心を。41～50点は〝うつ病予備軍〟なので要注意。51点以上は、専門医に相談することが望ましい。

①気分が沈みがちで憂うつである。
②ちょっとしたことでも泣きたくなる。
③夜、よく眠れない。
④最近、体重減少がある。
⑤便秘、あるいは下痢《げり》気味である。
⑥動悸《どうき》がある。
⑦理由も無く疲労感がある。
⑧落ち着かず、じっとしていられない。
⑨普段よりイライラ感がある。
⑩自分が死んだほうが、皆のためだと思うことがある。
⑪朝方になると不快感が起こる。
⑫食欲不振だ。
⑬性欲がない。
⑭気持ちが普段よりさっぱりしない。
⑮手馴れた仕事もスムーズにこなせない。
⑯将来に希望がもてない。
⑰決断力が無く、何かと迷う。
⑱自分が役に立つ人間だと思わない。
⑲毎日の生活に張りと充実感がない。
⑳いまの生活自体に満足していない。

（道友社刊『心の病と癒し――現代のおたすけに生かす知恵』から）

もいるほど、心を病む人が増えている。軽症のうつ病を含めると、人口の五パーセントを占めるともいわれるが、それらの多くは、適切に対処すれば治るという。一部に慢性化して治りにくい場合もあるが、世界保健機関（ＷＨＯ）は「適切な治療をすれば八五パーセントのうつ病が治癒《ちゆ》可能」と発表している。

最近では、効果的な抗うつ薬があり、薬物療法と並行して実施される精神療法にも、さまざまな療法が開発されている。この精神療法と薬物療法の二つを適切に組み合わせることで、ほとんどのうつ病が治癒可能となっている。

つまり、うつ病の症状を早期に的確に捉《とら》え、治療を受けさせることで、自殺を予防する第一歩となるのだ。

お道の者として何ができるのか

多くの人が自ら命を絶つという中で、私たちお道の者に何ができるのだろうか。

教えに基づくならば、私たちの身体は親神からの「かしもの・かりもの」であり、親神の十全の守護のもとに生かされて生きている。その命を、人間の側の恣意《しい》で絶つことは許されない。

しかし、さまざまな問題が起きて心を病んだときに、教えを知っている人でも自殺を考えてしまうことはあり得るだろう。にをいがけ・おたすけのうえで、さらには、それぞれの教会につながるよふぼくを丹精するうえで、自殺について知り、考えておくことは必要である。

自殺予防と事後の対策に関して、精神科医の高橋祥《たかはしよし》友《とも》氏らは、次の三つのレベルに分類している。

一つは「予防」。自殺が起きないように手立てを講じる。

二つ目は「危機介入」。まさに自殺しようとしている事態に介入して防止する。自殺未遂の人のケア、治療も含まれる。

三つ目は「周囲のケア」。不幸にして自殺が起きた場合、衝撃を受けた家族などの心のケアを行い、影響を最小限にとどめることが大切だという。

とにかく「聴く」ことから

予防という点では、普段から家庭のあり方に目を向け、心を傾けることが大切である。自殺の危険因子としては、既婚者より未婚・離別者が高く、独り住まいの人の危険性が高いとされているからである。

うつ病になったことのある大学生を対象とした調査によると、家族との絆《きずな》が弱い場合は家族から離れようとし、自殺を考えた者が多かったという。逆に、関係が良好な場合は、家族から支援を得られていた。

また、家族や親友、恋人といった近親者と死別したばかりという人は危険性が高い、と指摘されている。

では、家族や身近な人から、「○○が死にたいと言っている」「自殺するのでは」などと相談を受けたら、どうしたらいいだろう。結論から言えば、経験のない素人が危機的状況に介入するのは難しい。

その場合、大まかに三つの段階があると思われる。一つ目は状況の把握《はあく》、次いで現実的な問題への対処や治療、第三は明るく生き抜いていくための導きである。

状況の把握では、まず相談に来た家族、次いで状況が許すなら本人から、じっくりと話を聴くことである。その際、ついつい「こんな心をつくりなさい」とか「こうしたらいい」などと言いたくなるかもしれないが、自殺を考えるほどの極限状態にある場合は逆効果になることもある。うろたえず、共感をもって聴き取り、何が問題なのかをしっかりと把握することである。

先輩布教者の経験から生まれた言葉に「聴きだすけ」というものがある。徹底して聴き、心の痛みを共感する中から事態が見えてくるのである。相手も思いの丈《たけ》を話すことで、心の重荷を幾分か降ろせる場合もある。

そして、事態が見えてきたら、次の段階として、目の前の現実的問題に対処する。その際、必要に応じて専門家や専門機関の活用を検討する。

事業の失敗や失職といった社会的問題、経済問題などでは、家族や本人と一緒になって弁護士や公的機関の相談窓口、転職先などを探してもいい。そのためには、普段から幅広い情報や知識を得ておくことが望ましい。

また、さまざまな問題から、うつ病などの精神的疾患が懸念されるような場合なら、勤め先や事業の事後の見通しなどを幅広く検討し、対処したうえで、できるだけ早く専門機関や病院につなぎたい。

たすかる理づくりを

こうした現実的問題に対応するとともに、第三の段階である親神に働いていただける理づくりを進めたい。これこそ、本教ならではの根本的なおたすけの取り組みである。

しかし本人は、目の前の問題で心がいっぱいになっており、ほかに手立てはないと思い込んでいる。また、弱音を吐いたり、たすけを求める相手を見いだせず、孤立感や自己否定の感情に苛《さいな》まれているはずである。

まずは、本人の周りにいる家族から、じっくりと話を聴き、導きたい。聴き取る中に、話し手である家族にも、本人とのこれまでのかかわりが客観的に見えてくるであろう。

そこで第一には、親子、夫婦、兄弟姉妹《きょうだい》は、前生からのいんねんをもって、親神によって結ばれたお互いであるとの自覚を持ってもらうことが大切である。一人の人が病んでいるとき、かかわる周囲の人も同じように病んでいるのであり、いんねんを見せられているからである。

家族がそうした思いになれたなら、理づくりへと歩みを進めたい。『稿本天理教教祖伝』や『稿本天理教教祖伝逸話篇』をひもとけば、心を病む人の兄や親が、教祖《おやさま》の仰せのままに真剣におつとめを勤め、あるいは人だすけに奔走する中に、不思議なご守護を頂いてい

> **相談機関**
>
> 全国の自治体に「精神保健福祉センター」が設けられているので、市町村もしくは都道府県庁で尋ねるとよい。
>
> 【自殺予防に関する参考ホームページ】
> - 新潟青陵大学　碓井真史氏
>   「自殺と自殺予防の心理」
>   http://www.n-seiryo.ac.jp/~usui/news/jisatu.html
> - ＮＰＯ借金苦悩者の自殺をなくすネットワーク
>   http://www.toratac.gr.jp/sara/
> - 関西いのちの電話（他地区の紹介あり）
>   http://www.age.ne.jp/x/kaind/

る姿を数多く知ることができる。

本人の痛みや現実問題だけに心を奪われずに、成ってきた姿の根底にある親神の思召《おぼしめし》に目を向け、行動を起こすことが大切である。わが身わが家の悩みから、ほかの人々の悩みやたすかりに心が向いたとき、必ずや親神はお働きくださるはずである。

そして、事態の治まりを見極めつつ、本人への導きに力を尽くしたい。

人には金銭や事業、社会的立場など、それぞれ大切にしているものがある。それが大切であればあるほど、これしかないと執着しがちである。しかし、その執着が強すぎれば、時として行き詰まりを招くことになる。いかに大切なものであっても、人としての能力や努力の陰に、親神のお働きがあってこそと気づくことができれば、大切なそのものが、きっと違った姿で見えてくるに違いない。

命を絶とうと思い詰めるほどの大きな「ふし」だからこそ、そこから将来への実りとなる確かな芽を出せるよう導きたいものである。

こうした努力の甲斐なく、もし一家の大黒柱が自殺してしまったら、その周囲の人々のケアに心を配る必要がある。掛け替えのない家族を突然失ったことで、経済的な打撃のみならず、心に深い傷を負っていることに、周囲が思いを巡らせることが肝要である。

遺児の中には「親の自殺は自分のせいではないか」とか、「親のつらさを分からなかった自分が悪かった」などと自責の念を抱くことが多く、時には「自分も死ぬのではないか」といった不安を持つ場合もあるという。

また、遺族の苦しみや悲しみに追い打ちをかけるのが、周囲の人々や社会の無理解であるともいわれている。たとえば「頑張れ」といった言葉も、時には遺児や家族の心をさらに傷つける場合があることを心に留めておきたい。

頼りにされる教会・よふぼくに

自殺をめぐる問題は、事情や身上が複雑に絡《から》み合う場合が多い。それらは病気、家庭内の事情、経済問題など、極めてプライベートなことがほとんどで、他人には知られたくないことばかりである。だからこそ、おたすけの際には、強い信頼関係が必要になる。

そこで、よふぼくとしては、普段から相談を持ちかけられるような人間関係を築いておきたい。「たすけたい」との思いで接することはもちろんだが、心しておきたいことの一つに「守秘義務」がある。医療関係者や法律家には、職務上知り得た秘密を漏《も》らしてはいけない義務がある。これは、人の悩みを聞く宗教家、つまり教会長や布教師にも当てはまる。

おたすけに掛かっている間は当然だが、事態が解決を見た後にも注意が必要だ。ご守護を頂いた喜びから、布教体験談として、あるいは、ほかの人へのおたすけの際に、つい話してしまいがちだが、これは明らかに法律違反であり、当人はもとより周囲の信用を失うことになりかねない。

自殺のおたすけは難しい。しかし、よふぼくは、急増する自殺の問題を他人事とせず、現代という社会に映し出された〝鏡〟として、真摯《しんし》に向き合うことが急務であろう。

参考文献および資料

●内山喜久雄・筒井末春・上里一郎監修『うつ病』同朋舎出版、１９９０年
●池田一夫・伊藤弘一「日本における自殺の精密分析」――『東京都立衛生研究所年報』第5巻、１９９９年
●高橋祥友『中高年の自殺を防ぐ本』法研、２０００年
●内藤満監修『「命」の値段』日本文芸社、２０００年
●大野裕『「うつ」を治す』ＰＨＰ研究所、２０００年
●道友社編『心の病と癒し』天理教道友社、２０００年
●高橋祥友『自殺のサインを読みとる』講談社、２００１年
●自死遺児編集委員会・あしなが育英会編『自殺って言えなかった。』サンマーク出版、２００２年
●Ｅ・Ｓ・シュナイドマン『自殺とは何か』誠信書房、１９９３年
●鈴木康明『生と死から学ぶ』北大路書房、１９９９年
●ストレス疾患労災研究会編、過労死弁護団全国連絡会議編『激増する過労自殺　彼らはなぜ死んだか』皓星社、２０００年
●鎌田慧『家族が自殺に追い込まれるとき』講談社、１９９９年
●労働省労働基準局補償課職業病認定対策室「心理的負荷による精神障害等に係る業務上外の判断指針について」http://www.jil.go.jp/kisya/kijun/990915_01_k/990915_01_k.html

●警察庁「交通事故死者数」
http://www.npa.go.jp/toukei/koutuu 1/01 home/home.htm
●警察庁「自殺者数」
http://www.npa.go.jp/toukei/chiiki 2/jisatsu.pdf
●碓井真史「自殺と自殺予防の心理」
http://www.n-seiryo.ac.jp/~usui/news/jisatu.html
●厚生労働省地域におけるうつ対策検討会「うつ対応マニュアル－保健医療従事者のために－」２００４年１月
http://www.mhlw.go.jp/shingi/2004/01/s 0126-5 f.html

第二章 親子の問題とおたすけ

子どもへの虐待

虐待《ぎゃくたい》による幼児死亡の報道が相次ぎ、近年、子どもへの虐待が深刻な社会問題となっている。これを裏づけるように、厚生労働省が発表した児童相談所での虐待に関する相談の処理件数（グラフ①参照）は年々、増加の一途をたどっており、平成二（一九九〇）年の千百一件が、十四年には二万三千七百三十八件と二一・六倍に激増している。

こうした急増の背景には、児童虐待についての社会的関心の高まりがある。特に、十二年施行の「児童虐待の防止等に関する法律」で、学校や児童福祉施設の関係者、医師、保健師、弁護士などは「早期発見に努めなければならない」と定められたことにより、従来なら見過ごされていたケースの〝掘り起こし〟がなされたため、と見られている。

その一方で、経済状況の悪化や離婚の増加など、子育てを困難にする状況も深刻の度を増しており、実際に虐待が増加しているのも事実である。

子どもへの虐待は閉ざされた家庭内で起こるだけに、周囲は気づきにくい。もし、気がついても〝かかわりたくない〟とか〝表沙汰《ざた》にしたくない〟との思いから見過ごしたり、身内だけで問題を抱え込んでしまうといった状況もあり、先の厚生労働省発表の数字には出てこない虐待も少なからずあるのではないか、と懸念されている。

グラフ①　虐待に関する相談処理の件数

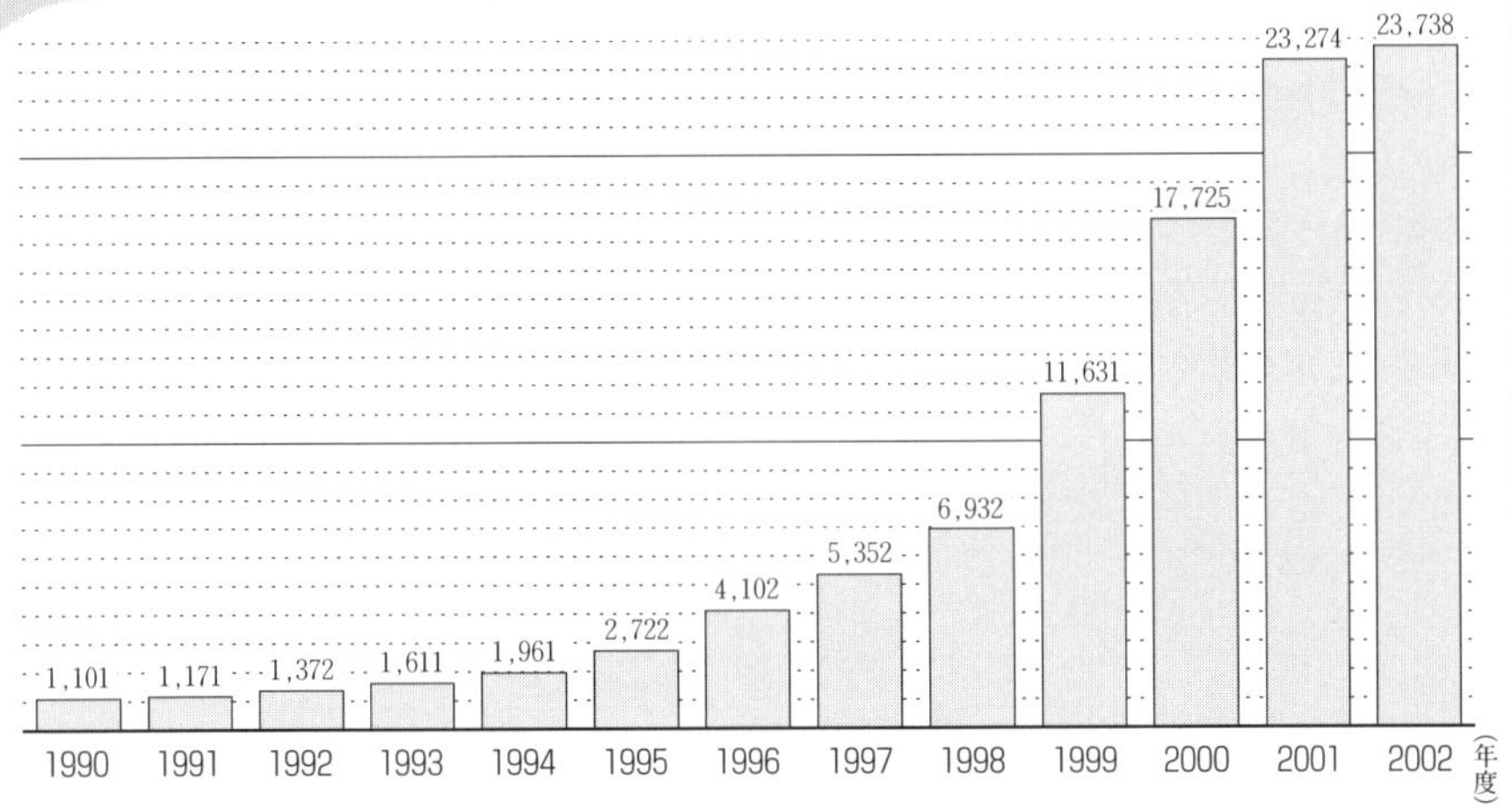

1990（平成２）年度は1,101件だったが、2002年度には、その21.6倍と激増。その背景には、虐待に関する社会的関心の高まりなどがある、とされている。

（厚生労働省雇用均等・児童家庭局総務課資料から）

身体だけでなく心にも傷を残す

子どもへの虐待には、大きく四つのタイプがある（グラフ②参照）。

一つは身体的虐待。殴る、ける、つねる、かむ、縛《しば》る、タバコの火を押しつける、水につける、首を絞める、投げ落とすなど。時に傷あとが残ったり、死に至らしめることもある。

二つ目は、養育や保護の放棄（ネグレクト）。食事をさせない、衣服を替えない、医者に診《み》せない、危険な場所に放っておく、家に入れない、家や個室に閉じ込めるなど。

三つ目は、心理的虐待。子どもの存在を無視したり、おびえさせたり、罵声《ばせい》を浴びせたり、「生まれてこなければよかったのに」などと、存在そのものを否定することを言うなど。

四つ目は、性的暴行。性的ないたずらや行為をすることで、子どもの心を深く傷つけ、人格形成に大きな悪影響を及ぼす。

グラフ② 虐待の内容別相談件数（平成14年度）

身体的暴行とネグレクト（養育・保護の放棄）の二つが虐待の大半を占める。しかし、子どもの存在を無視するといった心理的虐待は、虐待と意識されることが少なく日常的に行われていることもある。

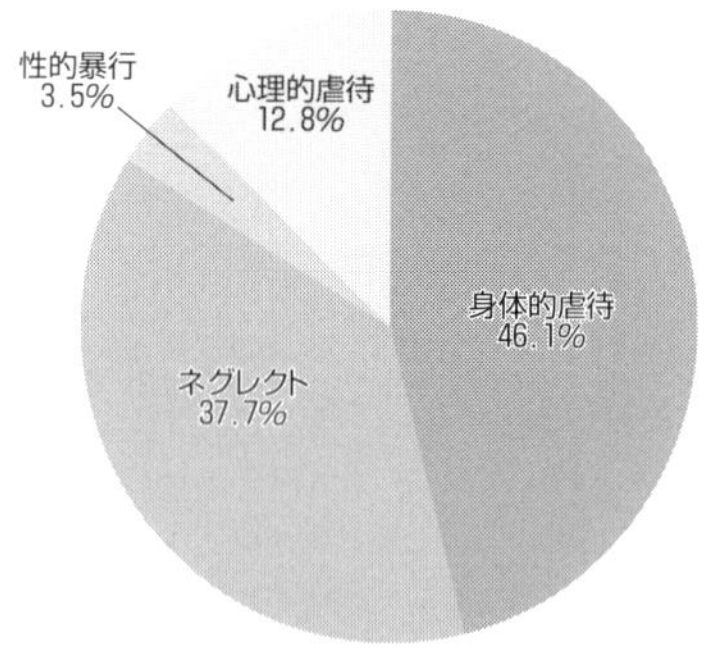

グラフ③ 主たる虐待者（平成14年度）

実母からの虐待が過半数を占める。核家族化の中で育児を一身に背負い、悩んでいる若い母親が多いという社会の実情を反映しているといえよう。

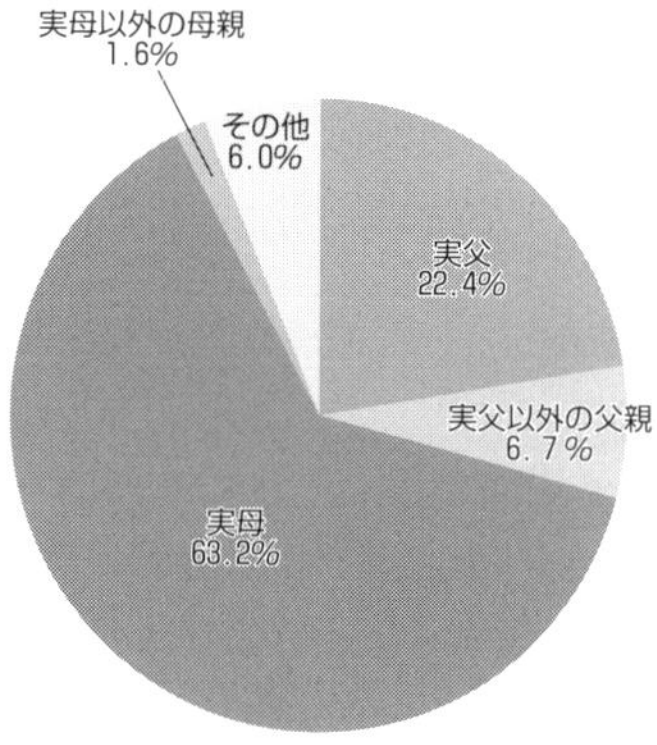

グラフ④ 被虐待児童の年齢構成（平成14年度）

小学生が多いのは、就学して初めて周囲が気づくケースがあるから、との見方も。子どもへの虐待は、家庭という密室の中で行われるため、隣近所も気づいていないことが多い。

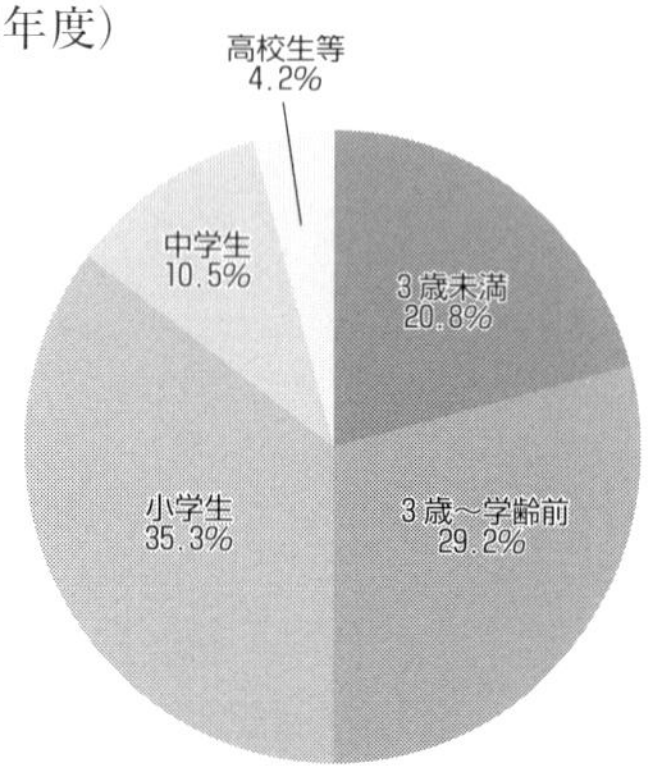

（厚生労働省雇用均等・児童家庭局総務課資料から）

このような虐待をするのは、主に実の母親、次いで実の父親である（グラフ③参照）。そして、虐待されている子どもの年齢で最も多いのが小学生、次いで三歳から就学前までの幼児、新生児から三歳未満の順となっている（グラフ④参照）。

こうした虐待は、家庭という密室の中で行われることがほとんどで、しかも親の側に虐待しているという意識がなかったり（しつけのつもり）、あるいは虐待と意識していればいるほど周囲への警戒心が強くなるので表面化しにくい。

ところで、虐待を受けている子どもには共通の特徴がある。

①しょっちゅうケガをしている。身体に内出血によるアザがあり、説明が不自然。

②体格が小柄で貧弱、身体の発育が目立って遅れている。

③無気力、気分が沈みがち。無表情あるいは感情表現に乏しい。

④衣服が汚れていたり、破れたままである。季節に合わない服装など。

⑤家に帰りたがらない。夜遅くまで外で遊んだり、夜間に徘徊《はいかい》している。

⑥むさぼるように食べる、あるいは逆に食べたがらない。

⑦理由もなく学校を休んでいる（学校へ行かせてもらえない）。

⑧落ち着きがなく乱暴で、動物に対するいじめなど攻撃的な行動が目立つ。

⑨親といると、おどおどする。

これらの多くは〝心の傷〟の反映といわれる。頼りにし、あるいは愛してくれるはずの親から虐待を受け続けた子どもは、身体だけでなく、心にも深い傷（トラウマ）を負っている。その結果、自らの感情を麻痺《まひ》させたり、「自分が悪いから」といった自己否定の感情を強く抱いたりするという。

このトラウマが、身体的発達の遅れ、言語発達や運動能力の遅れ、不眠や摂食障害などの身体的影響、さらには情緒不安や適応障害、自殺企図、不登校や「ひきこもり」などの心理障害をもたらすという。

さらに、長じては配偶者や自らの子どもを虐待するという〝世代間連鎖〟の可能性を指摘する研究者もいて、虐待の影響は世代を超えて人生を大きくゆがめてしまうことになる。

虐待につながる家庭状況

こうした虐待は、社会や家庭、個人の病理の反映とも見て取れる。

一つには、急速な核家族化がある。核家族化および少子化で、乳幼児と接する機会を持たずに育った世代が、いま子育てに当たっている。しかもその多くが、親や祖父母といった家族の助言や援助を得ることが期待できない環境にある。虐待する母親の多くは、子どもを愛せない、あるいは育児に不安があり、父親もまた、強く不安を訴えている。

次いで、地域社会の希薄な人間関係がある。子育てに悩んでも、相談できる相手が身近にいない。夫が仕事に出た後は、母子だけが残されるという密着した生活に、息苦しさを感じる母親も少なくない。

さらに、多様化、複雑化した社会で、虐待を生むストレス要因が増えている。アルコール依存症や不就労といった親自身の問題のほか、夫の育児への無理解や非協力、夫婦の不和、浮気、不倫、離婚、経済的困窮《こんきゅう》などがある。

あるいは、子ども本人の発育不良、親になつかない、不登校といったこともある。また、十代で妊娠・結婚したカップルなどの場合、精神的な未成熟さや、経済的な不安定さから、こうした問題を複合して抱え込んでいることもあるという。

東京都福祉局では平成十三年秋に、全国で初めての『児童虐待の実態――東京の児童相談所の事例にみる』(通称・児童虐待白書)を発行した。都内十一カ所の児童相談所で取り扱った千九百四十例について、関与した職員への聴き取り調査なども行い、処遇の現場の実情や判断にまで踏み込んだものである。

これによると、虐待を受けた子どもの六割が、二歳から八歳だったという。白書では「二歳から四、五歳にかけては食事や排泄《はいせつ》が発達上の課題となり、また、同時に子どもが自己主張し始めるため、親が子育てについて焦《あせ》りや戸惑いを感じることが多くなり、虐待につながると考えられる」としている。

虐待している人の割合は厚生労働省のデータとほぼ同様で、そのうち実父母の場合は、特定の子ども以外の兄弟姉妹《きょうだい》にも虐待に及ぶことが多いという。養・継父母など血縁関係がない場合は、特定の子どもだけを虐待することが多いと指摘しており、「なつかない」などの理由で虐待の対象になるのではないかと分析している。

虐待の多い年齢については、実母は二十歳代と三十歳代が約八割を占め、実父は三十歳代、四十歳代が多い。虐待をする実父のうち、定職のある人は約六割で、実母の場合でも、パートなどの就労者が三五パーセント程度と、家事専業や無職など家庭内にいる時間が長い人にリスクが高いことが明らかになっている。

こうした調査結果を踏まえて、この白書では「虐待につながる家庭状況」として、「経済的な困難」「ひとり親家庭」「夫婦間の不和」「育児疲れ」を挙げ、さらに「親族や近隣、友人などからの孤立」を指摘している。

生命に危険が及ぶケースも

東京都の同白書によれば、身体的虐待が全体の半数を占めている。このうち、重症度では「軽度虐待」「虐待の恐れあり」など比較的軽症のものが五四パーセントとなっている。

一方で、生命に危険が及ぶケースが三十六件あったと報告。その半数が、家庭から出ることのない乳幼児で、「外からの目が届かないところで重大な危険が生じている」と白書は警鐘を鳴らす。

平成十六年四月に警察庁が発表した調査報告は、これを裏づけている。同庁生活安全局少年課がまとめた「被害児童が死に至った児童虐待事件に関する調査結果」は、深刻な児童虐待事件の発生を防止するために初めて実施・公表されたもの。十五年中に発生した児童虐待事件のうち、被害児童が死に至った四十一件（被害児童四十二人）を対象としている。

これによると、死亡した子どもは一歳未満が十三人（三一％）、一歳が八人（一九％）と多く、六歳以下の未就学児童を合わせると、全体の九二・九パーセントを占めている。この中には、車中に放置されて死亡した一歳以下の乳児四人、三歳児一人も含まれている。

また、加害者の内訳では、実父十一人（二〇％）、実母二十八人（五〇・九％）と、虐待の全体傾向に近い数値を示しているが、一方で、加害者が養・継父もしくは実母の内縁の夫であった場合が十二人（二一・八％）と高くなっているのが特徴だ。

事件の様態としては、全四十一件中で殺人が十六件、傷害致死が十七件と、身体的虐待によるものが八割に上る。また、ネグレクトによる保護責任者遺棄致死が五件、重過失致死が三件となっている。

長期間繰り返し行われる虐待は、たとえ身体的には軽度であっても、心に深い傷を負わせ、不安や怯《おび》え、うつ状態などを引き起こす原因となる。

また、虐待を繰り返すうちにエスカレートすることもあり、痛ましい結果を招く恐れがあることを明記しておきたい。

社会はどう対応しているのか

DVとともに、子どもへの虐待が社会的な問題として意識されるようになったのは、一九九〇年ごろから。その後も年々深刻化する状況を受けて、平成十二（二〇〇〇）年には「児童虐待の防止等に関する法律（児童虐待防止法）」が制定・施行された。

同法では、虐待の防止と虐待を受けた子どもの保護措置について、国や地方公共団体の責務を明示している。さらに教育や福祉の関係者、一般市民に対して、虐待を発見した場合は速やかに関係機関に通告するよう義務づけ、さらには虐待を通告することは、刑法の秘密漏示《ろうじ》罪の規定やその他の守秘義務に関する法律の規定には抵触しない、とした。

と同時に、通告を受けた児童相談所や福祉事務所の職員に対しては、「当該通告をした者を特定させるものを漏《も》らしてはならない」と守秘義務を課し、虐待の早期発見に向けての態勢を整えた。

これに伴い、虐待に関する通告は著しく増えたが、一方で痛ましい事件は後を絶たなかった。その原因として、関係機関の連携のまずさや、当事者に虐待の事実を否定されたり、家庭への立ち入りを拒否された場合の介入の難しさが指摘された。

そこで、十六年四月に同法を改正。まず、従来の身体的・性的虐待、養育や保護の放棄、心理的虐待に加えて、児童に対する著しい暴言や著しい拒絶的対応、児童の家庭における配偶者（内縁関係等含む）の心身に対する暴力なども、児童虐待に当たると定義づけた。

そして、虐待の早期発見、迅速・適切な保護に加えて、虐待を受けて育った子どもが十八歳に達した後の自立支援、虐待を行った保護者に対する「親子関係の再統合」の促進への配慮、虐待を受けた児童が良好な家庭環境で生活するために必要な配慮などを、国および地方自治体の責務とした。

また、児童の安全の確認や一時保護を行う際、児童相談所が警察の援助を受けやすいように「警察署長に対する援助要請等」という条項を設け、手続き等を明確にした。

こうして福祉、保健・医療、教育、司法など、さまざまな分野の機関が連携して、虐待の防止、早期発見、保護、その後の指導などに動き始めている。

虐待に気づいた人や、虐待に苦しむ親が相談する機関としては、児童相談所や警察の「総合相談」がある。また、福祉事務所、保健所、教育相談所などは相談窓口として、その後の対処の調整機関としても動いている。これらの機関と協力して、児童委員や医療機関、学校・幼稚園・保育所なども、子どもや家族の援助に当たっている。

相談を受けて全国の児童相談所が行った処遇は、平成十三年度の例では、子どもの施設への入所（一一％）、里親への委託（一％）、面接指導（七九％）などとなっている。面接指導は、複雑な家庭環境にある児童など、対処の仕方に専門的な知識や技術が必要なケースについて、児童福祉司などが継続して指導を行うもので、年々、増加傾向にある。

ここで指摘されている問題点は、施設への入所など親子を一時的に引き離す場合、その間に、親へのカウンセリングなどの適切な処遇がなされないと、子どもが家庭に戻ったとき、再び同じ事態を繰り返すことにもなるという点である。子どもが幼ければ幼いほど、虐待されても、なお親と暮らすことを望むことが多く、さらに「自分が悪かったから」などと思い込んでいることが少なくないためだ。改正された児童虐待防止法で「親子関係の再統合」への配慮が盛り込まれたのは、このためである。

お道のよふぼくにできること

身近なところで子どもへの虐待を知ったとき、あるいは相談を受けた場合に、よふぼくとして、あるいは教会として、どう対処したらいいのだろうか。

まず留意すべき点は、虐待であると認識した場合には「児童虐待防止法」および「児童福祉法」によって、関係機関に通告する義務が生じるということである（下コラム参照）。「あれは虐待ではないか」と周囲から相談を受けた場合には、まずは最寄りの児童相談所や福祉事務所、あるいは地元の児童委員へ相談することを勧める。

一方、「虐待してしまいそうだ」とか「虐待している」と父母自身が相談に訪れた場合、まず「ひどいことをする親だ」などと、親にマイナスのイメージを持ってはいけない。こちらが非難や拒否の姿勢でいると、相手に映り、心を閉ざしてしまうことになる。相談に来る親の多くは、虐待している、あるいは虐待しそうだと十分に自覚しており、そこからなんとか抜け出したいと援助を求めてきている。相談すること自体に躊《ちゅう》躇《ちょ》や迷いがあったはずだということを、心に留めておきたい。

そのうえで、まずは十分に悩みや心の痛みを聴き取ることである。相談者は、几帳面《きちょうめん》で完璧《かんぺき》を目指す性格であったり、きちんと育てたいと思いつつ、思い通り

虐待に気づいたら

●児童福祉法　第25条

保護者のいない児童又《また》は保護者に監護させることが不適当であると認める児童を発見した者は、これを福祉事務所若《も》しくは児童相談所又は児童委員を介して福祉事務所若しくは児童相談所に通告しなければならない

●児童虐待防止法　第６条

児童虐待を受けた児童を発見した者は、速やかに、これを児童福祉法第二十五条の規定により通告しなければならない

の育児ができないと悩んでいたり、自らの理想の母親像に自身が懸け離れていることを責めていたり、夫婦間の不和で悩んでいたりする。なかには、幼児期に自らも虐待を受け、自分が親になって無意識のうちに同じことを繰り返している場合もある。

ここで大切なのは、傾聴ということである。お道の先輩たちには「聴きだすけ」という言葉があったという。批判や説教は控えて、まずは悩みを共感し合い、虐待せずにいられなかった痛みを十分に聴き取り、相談に来た姿勢をほめ、葛藤《かっとう》してきたこれまでの努力を評価する。

教理を取り次ぎ、心の向きを変えてもらえるように努めるのは、その後である。信頼関係ができ、相談者が心を開いて初めて、こちらの言葉を受けとめてくれるようになるのである。

虐待の多くの背景には、夫婦間の問題があるといわれる。子の親である前に、まずは夫婦が、親神から本来教えられている〝五分五分の理〟になっているかどうかを確かめたい。数多い男女の中で、いんねんあって夫婦として結ばれた二人であり、そこには親神の深いおはからいがある。「元の理」に基づき、夫婦の心の治め方や、日々の言動を共に思案することが大切な角目《かどめ》となる。

また、おふでさきに、

たいないゑやどしこむのも月日なり
むまれだすのも月日せわどり　（六　131）

と教えられるように、縁あって結ばれた夫婦の間に、親神の深い思召《おぼしめし》とご守護によって授かるのが子どもである。そして、

小人《しょうにん》々々は十五才までは親の心通りの守護……（明治21・8・30）

いかなるも皆、育てば育つ、育てにゃ育たん。（中略）この道は聞けば聞く程難しいと言う。難しいやない。心の理が難しいのや。（明治24・3・23）

と、お示しくださる。夫婦が二つ一つとなり、協働して子どもを育てていくことは、その道中にお見せいただくさまざまな問題も含めて、親自身が親神の親心の分かる「親」へと成人していくことでもあろう。

ここで留意しておきたい点は、

をやこでもふう〳〵のなかもきよたいも

みなめへ〳〵に心ちがうで　（五　8）

と教えられるように、親子といえども、夫婦も、それぞれに心や思いは異なるが、共に平等な魂をもった存在であるという基本であろう。暴力で支配しようとしたり、己の意のままにならないからと怒るのは、この基本が心に治まっていないからともいえよう。

子どもへの虐待においては、親の意のままにならないといういらだちが原因となっていることもある。あるいは、自分の延長であり、自分の一部であるかのような錯覚もある。しかし、遺伝子を分かち、自らの腹を痛めた子どもであっても、別々の魂を持つ独立した人格である。そして何より、親神からの〝預かり子〟であるという事実を知り、心に治めてもらうことが肝要であろう。

ともあれ、縁あって、こうした悩みに苦しむ人が身近にいたとき、進んで手を差し伸べ、心を通わせられるよふぼくでありたい。

また、土地所の陽気ぐらしの手本であり、たすけの道場といわれる教会なればこそ、子育てに迷い、ついわが子に手を上げてしまう未成熟な親たちが、親心の分かる成熟した本来の意味での「親」になるよう〝自分育て〟のできる道場となることを期待したい。

参考文献および資料

●高橋義人「家庭内暴力」――『青年心理』第63号、金子書房、1987年
●ささやななえ／椎名篤子原作『凍りついた瞳』集英社、1995年
●椎名篤子編『凍りついた瞳が見つめるもの』集英社、1995年
●会田芳敞「子どもの家庭内暴力にどう対応するか」――『児童心理』1998年6月号臨時増刊、金子書房
●なだいなだ・吉岡隆・徳永雅子編『依存症（アディクション）35人の物語』中央法規出版、1998年
●西澤哲『トラウマの臨床心理学』金剛出版、1999年
●佐藤紀子「児童虐待とは何か　その要因と実態」――『児童心理』1999年4月号臨時増刊、金子書房
●中嶌真知子「わが子を虐待する親の心理」――同右
●小西聖子「子どもいじめの心理と歴史」――『児童心理』1999年6月号臨時増刊、金子書房
●山家均「子どもの家庭内暴力」――『心の家庭医学』保健同人社、1999年
●道友社編『心の病と癒し』天理教道友社、2000年
●信田さよ子編『子どもの虐待防止最前線』

大月書店、２００１年
●高橋重宏編『子ども虐待』有斐閣、２００１年
●佐藤千穂子「虐待事例から見えるもの」――『こころの科学103 育児不安』日本評論社、２００２年
●津崎哲郎『子どもの虐待 その実態と援助』朱鷺書房、１９９２年
●斎藤学編『児童虐待 危機介入編』金剛出版、１９９４年
●斎藤学編『児童虐待 臨床編』金剛出版、１９９８年
●岡田隆介編『児童虐待と児童相談所 介入的ケースワークと心のケア』金剛出版、２００１年
●早樫一男・団士郎・岡田隆介編『知的発達障害の家族援助』金剛出版、２００２年
●家庭裁判所調査官研修所「家庭事件に見られる虐待とその特徴」
http://courtdomino2.courts.go.jp/theme.nsf/0/930204c12444a1ce49256d94001ddca1?OpenDocument
●東京都福祉保健局「児童虐待の実態（通称：児童虐待白書）」概況
http://www.fukushihoken.metro.tokyo.jp/press_reles/2001/pr1005.htm
●厚生労働省社会保障審議会児童部会「児童虐待の防止等に関する専門委員会」報告
http://www.mhlw.go.jp/shingi/2003/06/s0618-2.html
●児童養護の現場から
http://welfare.cside21.com/abuse.htm
●特定非営利活動法人「児童虐待防止協会」
http://www.apca.jp/
●社会福祉法人「子どもの虐待防止センター」
http://www.ccap.or.jp/

不登校とおたすけ

文部科学省の学校基本調査「平成十四年度の生徒指導上の諸問題の現状について」によると、少子化によって児童・生徒数が減少している中で、平成三（一九九一）年から増加の一途をたどり続けていた「不登校」の児童・生徒の数が、平成十四年度になって初めて前年比マイナスに転じた。

とはいえ、過去最高を記録した前年度の十三万八千七百二十二人と比べて七千四百七十八人（五・四％）減で、不登校の小学生は二万五千八百六十九人（前年度比二・四％減）、中学生は十万五千三百八十三人（同六・一％減）と、平均して小学校では二百八十人に一人、中学では三十七人に一人という計算になり、依然として深刻な状況にあるのは間違いない（左グラフ参照）。

不登校の定義と歴史

先の学校基本調査には「不登校とは、何らかの心理的、情緒的、身体的、あるいは社会的要因・背景により、児童生徒が登校しないあるいはしたくともできない状況にあること（ただし、病気や経済的な理由によるものを除く）をいう」とある。

つまり、不登校とは、児童・生徒が学校に行っていない状態のみを指す言葉であり、背景やメカニズムといったことには何も言及していない。その点で、かつての「学校恐怖症」や「登校拒否」「学校嫌い」といった言葉が持っていた意味づけなどを一切排除した用

不登校の現状

平成14年度の学校基本調査によると、年度間に30日以上欠席した小学生は25,869人（前年比2.4％減）、中学生は105,383人（同6.1％減）と、過去最高を記録した前年度より若干、改善の兆しが見られた。

一方で、少子化による児童・生徒の減少傾向は続いており、小学生数は22年連続、中学生数は17年連続で過去最低を記録した。

※以下、データは文部科学省「平成14年度の生徒指導上の諸問題の現状について」から

不登校児童・生徒数の推移

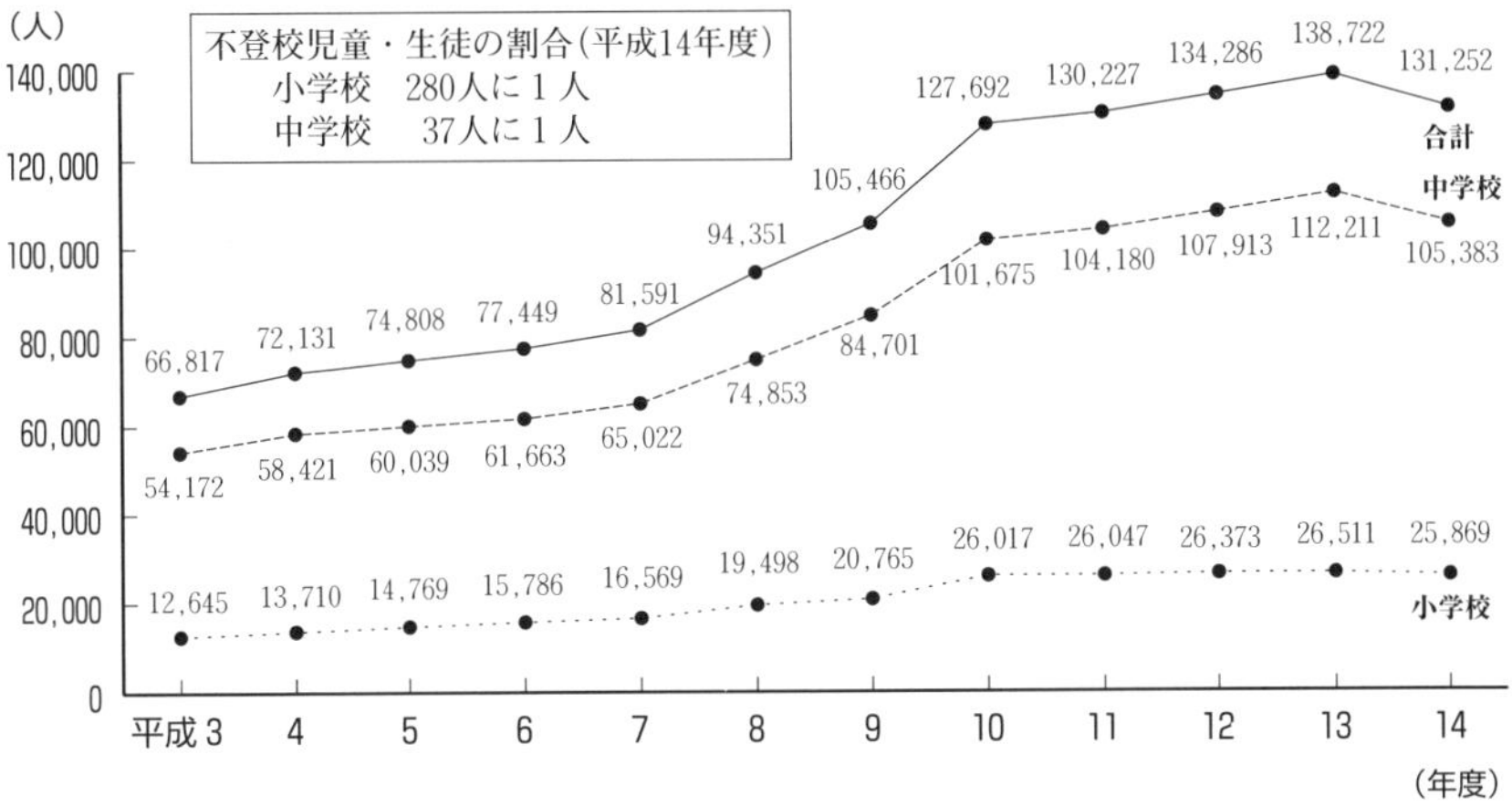

学年別不登校児童生徒数　（平成14年度）

学年別に見ると、小・中学生ともに学年が進むにつれて多くなる。特に、小学６年生から中学１年生、中学１年生から２年生で大きく増加している。

また、年度間に50日以上休む生徒の数も、小学校低学年から中学３年生まで学年が進むにつれて著しく増えている。不登校が長期化する児童・生徒の数に加え、新たに不登校となる子供の数がさらに加わっていることがうかがえる。

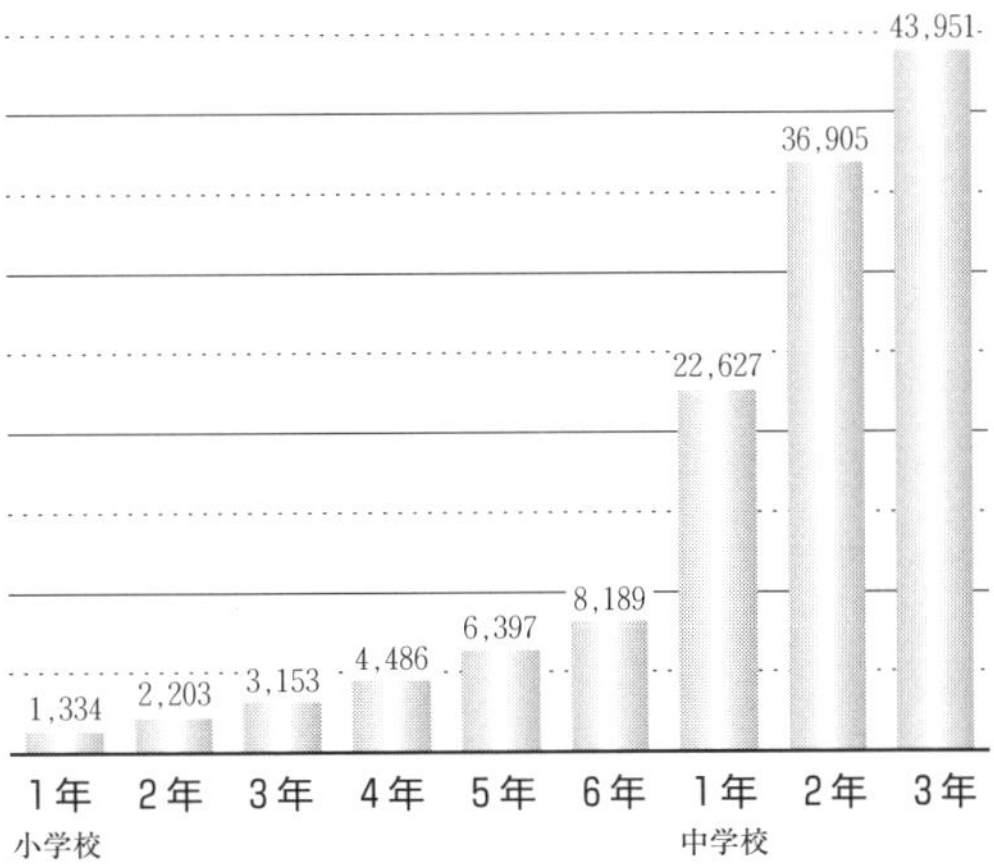

語となっている。

　わが国で、病気や経済的事情といった明白な理由がないのに学校に行かない〝学校嫌い〟が注目され始めたのは、昭和三十年代に入ってからである。「本人は行こうと思っているのに、不安感や恐怖感が強く、どうしても登校できない」といった神経症的メカニズムが指摘され、怠学《たいがく》、いわゆる〝サボリ〟と区別して「学校恐怖症」という言葉が使われた。

　四十年代に入ると、これ以外のさまざまなタイプの不登校が増加。一般的な「不適応」と捉《とら》えるほうが適切だとして、「登校拒否」という言葉が使われ始めた。

　そして近年、本人は「学校に行きたい」「行かなければならない」と思っているのに、どうしても登校できないというケースが増加。本人が拒んでいるかのような「登校拒否」という言葉は不適切であるとして、状態のみを指す「不登校」が広く用いられるようになった。

　これら「学校恐怖症」「登校拒否」「不登校」といった用語は、いずれもアメリカおよび欧州から〝輸入〟された概念、つまり訳語である。


　アメリカで不登校が問題視されるようになったのは、一九四五（昭和二十）年以降のことである。昭和三十年代以降の日本と共通する社会背景として、急激な経済発展がある。

　日本では、この時期から、都市化と核家族化、家庭における父親の不在、受験戦争の激化、教育費の高騰《こうとう》でパートに出る母親の増加、といったことが指摘されるようになった。

　こうした現象は、出生率にも反映された。昭和四十九年を境に、それまで二・一前後で推移していた出生率が減少傾向となり、現在に続く少子化が始まった。子どもに個室、いわゆる「子ども部屋」を与えるようになったのも、このころからである。

　当時の親世代は、戦中・戦後の動乱期を越えてきた人たちであった。自分たちと同じつらい思いを子どもに味わわせたくないと、衣食住にお金をかけ、物を与えることに喜びを感じ、高学歴が幸せにつながると信じた親たちが、子どもに塾通いを促した。そのためには、夫婦共働きなどにより、ますます経済的な努力が求められるようになったのである。

そして、物質的に豊かになるのと反比例するように、人間関係は貧しくなっていった。物が乏しい時代には当たり前だった、分かち合いやたすけ合いといった美徳は失われつつあり、家族の絆《きずな》も弱まりつつあるかに見える。

テレビを例にとれば、よく分かる。家庭に一台しかなかったころは、見たい番組を家族で相談し、楽しみを共有した。だが、いまの子どもたちの多くは、自分の部屋で見たい番組を見る。家族の会話はおろか、どんな番組を見ているのかさえ知ることは難しい。

また、核家族化と少子化によって家庭の構成人数が減ると、人間関係の多様さが失われる。五人家族なら十通りの対人関係があるが、四人家族では六通り、三人家族では三通りしかない。そして、少子化による過保護や過干渉から、子どもたちが自発性や主体性を持てなくなっている点も指摘されている。

さらに、地域社会の人間関係も希薄化し、家庭や地域に本来備わっていたはずの、子どもたちに人間関係を学ばせる機能の喪失が深刻な問題となっている。

子どもの居場所があるか

不登校が起こる思春期や青春期は、心理的に著しい変化が現れる時期であり、社会的な変動や、学校、家庭などの人間関係の影響を強く受けやすい。

そして、何かのきっかけで、ひとたび学校を休みがちになると、そのこと自体が新たな苦痛となり、学校に行けない自分を責め、自分自身をさらに否定的に捉えるようになる。

児童精神科医の岡田隆介《おかだりゅうすけ》氏は、子どもにとって大切なのは、「自分」「家庭」「社会」のいずれかに居場所があるかどうか、ＯＫサインが得られているかどうかだと指摘している。この三つのいずれかにおいて、周囲からの「肯定的なサイン」が得られることは、勇気づけにつながり、いずれは展望が開けていくという。

ところが、親が世間体《せけんてい》や不登校の状態そのものに心を奪われ、背景にある子どもの心の痛みに気づかないと、拠《よ》り所の一つである「家庭にも居場所がない」ことになり、家庭内暴力という形でエスカレートしてしまうことにもなる。

それだけに、親子や家庭内だけで抱え込まず、状態によっては、早めに学校や公的機関に援助を求めることを考えたい。教会や、信頼できる第三者のアドバイスや協力を得て取り組むことが必要だからである。

また、小・中学校における不登校が卒業後に「ひきこもり」に移行することも、新たな問題として浮かび上がっている。ひきこもりを抱える世帯は現在、数十万とも百万ともいわれており、その七割以上が二十歳以上の成人という。

スクールカウンセラーの配置を推進

このような状況を憂慮した政府は、平成七年度から「調査研究委託事業」として、全国の公立小・中学校に臨床心理士などの資格を持つスクールカウンセラーの配置を始めた。七年後の十四年度の配置校は、前年比一・五倍の六千五百七十二校となっている。

スクールカウンセラー配置校では、十二年度と十四年度を比べると、暴力行為が一九・八パーセント減（全国平均一五・五％）、不登校が四パーセント減（全国平均二・四％）と一定の効果が現れている。これは、スクールカウンセラーが教職員ではないという〝外部性〟から、児童・生徒および保護者が、成績評価などを意識せずに気兼ねなく相談できること。また、教職員や保護者に対しても、高い専門性をもって助言・援助を行うことができるため、児童・生徒と接する際の意識が変わったこと――などが指摘されている。

文部科学省では、こうした実績を踏まえ、費用の半額を国が支出する補助事業として、十七年度までに全国一万校（三学級以上）への配置を推進しており、これが実現すれば、公立中学校のすべての生徒がスクールカウンセラーに相談できる体制が整うことになる。

一方、都道府県や市町村の教育委員会も、不登校の児童・生徒に居場所を提供するといった取り組みを行っており、全国の教育支援センター（適応指導教室）は、十四年度現在で一千カ所を数える。

さらに、各地の児童相談所や情緒障害児短期治療施設でも、不登校の児童・生徒の抱える悩みに対応している。また、精神保健領域でも、保健所や精神科医、臨床心理士、保健師のいる精神保健福祉センターなどが対応しており、一部の医療機関でも、小児科医や児童精神科医、臨床心理士が連携した相談室を設けている。

心の向きを変えることが大切

不登校に至る原因はさまざまで、家庭の問題だけでなく、戦後教育のひずみが現れてきたという面もある。従来の日本の教育は、子どもたちを全体として捉え、その平均的な能力を高めるという効率性の面では優れたものがあった。だが、画一的・全体的であったため、少しでも異なるものは排除しようとする傾向を生みやすく、一方で過熱する受験競争が、いびつな人間関係をつくり出し、それらが、いじめや不登校の要因ともなった。

また、メディアやテレビゲームなどの影響も決して小さくない。バラエティー番組に出るタレントが、まじめに生きている人を笑いの種にする。あるいは氾濫《はんらん》するヌード雑誌、破壊や殺人を擬似的に体験するテレビゲームなど、子どもたちを取り巻く環境にも問題が山積している。そして、不登校の児童・生徒の多くが、家の中で一人で向き合うのは、こうしたテレビ番組や雑誌、テレビゲームなのである。

こうした問題が改善されなければならないことは当然であるが、これらに責任を転嫁したところで、目の前の子どもの問題が解決に至るわけではない。不登校にならないために、あるいは事態を改善するためには、子どもたちの心の内に目を向けることが何より大切なのである。

バブルの崩壊から始まった、長引く不況による社会の閉塞《へいそく》感は、子どもたちの心にも少なからず影響を及ぼしていることだろう。大人が感じ取っている不安定感、先行きの不透明感といった時代の空気を、子どもたちも敏感に察知し、それが刹那《せつな》的な感情を引き起こすこともあるだろう。

一方、受験競争で幼いころからランクづけされ、夢と現実との距離を早くから感じ、さらに、さまざまな情報に接する中で、自分の先行きが見えてしまったように思い、シラケきっている子どもも少なくない。

不登校の直接のきっかけ

文部科学省の調査によると、小学生では「本人にかかわる問題――極度の不安や緊張、無気力等で、ほかに特に直接のきっかけとなるような事柄が見当たらないもの」が最も多く29.0%、次いで「親子関係をめぐる問題――叱責《しっせき》、親の言葉や態度への反発」の16.3%、「友人関係をめぐる問題――いじめ、けんかなど」10.3%となっており、以下「家庭生活環境の急激な変化――親の単身赴任など」8.2%、「病気による欠席」7.5%、「家庭内の不和――両親の不和、祖父母と父母の不和等本人に直接かかわらないこと」4.5%の順となっている。

一方、中学生で最も多いのが「本人にかかわる問題」の29.2%、次いで「友人関係をめぐる問題」で、この二つで半数を超える。以下、「学業の不振――成績不振、授業が分からない、試験が嫌いなど」8.8%、「親子関係をめぐる問題」8.2%の順となっている。

そうした子どもたちに向かい合うには、まず親たちが、自らの価値観を洗い直してみる必要がある。

子どもが何に悩み、何を欲しているのか。親の価値観や意向だけを一方的に押しつけていないか。学歴や

不登校継続の理由

不登校が継続している理由としては、小学生では「不安など情緒的混乱――登校の意思はあるが身体の不調を訴え登校できない、漠然とした不安を訴え登校しない等、不安を中心とした情緒的混乱によって登校しない（できない）」が最も多く32%、次いで「複合――理由が複合していていずれが主であるかを決め難《がた》い」の30.7%、「無気力――なんとなく登校しない。登校しないことへの罪悪感が少なく、迎えにいったり強く促すと登校するが長続きしない」17.6%などとなっている。

一方の中学生では、「複合」が26%と最も多く、「不安など情緒的混乱」24.7%、「無気力」20.7%、「あそび・非行――遊ぶためや非行グループに入っており登校しない」12.2%、「学校生活上の影響――嫌がらせをする生徒の存在や教師との人間関係等、明らかにそれと理解できる学校生活上の理由から登校しない（できない）」7%など、多岐にわたっている。

世間体、「……すべき」といった固定観念にとらわれていないかなど、子どもを真っすぐに見つめて、思案してみることが必要だろう。

不登校となった、信仰家庭のある女子生徒は、祖母

の介護をするうちに、自らの存在を肯定的に捉えられるようになり、進むべき道を見いだしたという。学校に行くだけが人生ではないと、親が発想を転換することも求められるであろう。

こうした取り組みの根底には、不登校を、単に子どもの問題として捉えるのではなく、夫婦・親子・家族の〝ふし〟と受けとめる信仰者ならではの視点がある。

「ふしから芽が出る」歩みを

信仰者ならではの視点を持つには、第一に、夫婦でも親子でも、親神から別々の魂を授かり、人格を有しているという事実を認識することから始まる。

子は親の分身でもなければ、従属物でもない。子どもは子どもなりに考え、悩み、生きているのである。その子どもが、不登校という表現手段で投げかけているメッセージを、どう受けとめるべきかを考えたい。

おさしづには、次のように示されている。

何でも彼《か》でも親と言うて子を育てる一つ理、よう聞き分け、この道と親と一つ年々に理添うたるもの。そこで、どうでもこうでも小児という、子供、親の育てようにある。良い花咲かす、咲かさん。良い花咲けば楽しむ。めん〳〵一名一人《いちめいいちにん》の心に掛かり来たる。　（明治34・11・17）

大きい心を持って通れば大きい成る、小さい心を持って通れば小そうなる。親が怒って子供はどうして育つ。皆、をやの代《かわ》りをするのや。満足さして連れて通るが親の役や。　（明治21・7・7）

「をやの代りをする」とは、この世界の真実の親である親神に代わって育てさせていただくということを意味する。つまり〝お預かりしている〟ということである。

皆夫婦と成るもいんねん、親子と成るもいんねん。どうでもこうでもいんねん無くして成らるものやない。（中略）夫婦親子というは深い中、それには又《また》兄弟々々ある。この理何か結び合《や》い〳〵、　（明治34・3・26）

親子とは、いんねんをもって親神から組み合わされたお互いである。たとえ子どもに不登校が現れたからといって、必要以上の罪悪感や自責の念を抱く必要はない。大切なのは、子どものあるがままの姿を、あるがままに受けとめることである。

しかしながら、不登校の子どもを抱える親が相談機関に出向いて、その対応に失望したり、自責の念に駆られて、両親までもが社会とのかかわりを保てなくなる「二重のひきこもり」を呈する場合もある。

親自身が自らの人生をしっかりと見つめ、前向きに生きていくことが肝心である。親神が身上・事情といった「ふし」を見せられるのは、成人させたい、たすけたいとの親心からであり、いずれも陽気ぐらしに向かっていく過程の一つである。「ふしから芽が出る」歩みを進めたいものである。

大切なおたすけとして

不登校というふしは、時代の流れが加速する現代社会で、既成の価値観に疑問を投げかけている子どもたちの声に、大人たちが立ちどまって耳を傾ける好機ともいえるのではないか。子どもの声を聴き、親自身が世間体や物事への執着から離れ、子どもと共に歩む心が定まれば、家族全体が、不登校というふしを通して成長することができる。

子が満足して親と言う。どんな事も、成らん処《ところ》育てるが親の役、親が腹を立てゝはどうもならん。
（明治31・11・13）

と示されるように、「成らん処」も、すべては親神のおはからいと受けとめ、前向きに歩む「たんのう」の心を定めることが大切である。そのとき、子育てが実は〝親育て〟であることに気づくはずだ。

子どもの問題には、実に多くの要素が含まれている。不登校は、子どもたちを取り巻く家庭、学校、社会のさまざまな要素が複雑に絡《から》み合っているだけに、逆に、人間としての本来あるべき姿、人生の意味など、人間存在の根幹にかかわる問題と、真正面から向き合う絶好の機会ともいえる。

その意味でも、教会、そしてよふぼく一人ひとりが、大切なおたすけの一つとして捉え、取り組むことが求められているのである。

参考文献および資料

●橋本武人『天理教学シリーズ2　いんねん　夫婦・親子』天理教道友社、１９９５年

●小此木啓吾「視界ゼロの家庭」——天理教青年会『あらきとうりよう』185号、１９９６年

●澤井義次「親子について」——『天理教学研究』36号、１９９８年

●河合隼雄『いじめと不登校』潮出版社、１９９９年

●河合隼雄編『不登校』金剛出版、１９９９年

●天理教学生担当委員会『ＨＡＲＰ　確かな理解とその使い方』１９９９年

●梅原猛『自然と人生　思うままに』文芸春秋、２０００年

●団士郎ほか『登校拒否と家族療法』ミネルヴァ書房、１９９１年

●戸田輝夫『不登校のわが子と歩む親たちの記録』高文研、１９９９年

●文部科学省『不登校への対応について』２００３年

●宮﨑伸一郎「青少年のおたすけのために」——天理教本芝大教会『ほんしば』１９９２年１～４月号

●田中公治「不登校の現状と対策」——文教大学人間科学部１９９７年度卒業論文から

●文部科学省「生徒指導上の諸問題の現状について」
http://www.mext.go.jp/b_menu/houdou/15/12/03121902.htm

●熊野宏昭「ＤＳＭ－Ⅳによる人格障害の理解」
http://square.umin.ac.jp/~hikumano/dsm4.html

●国立社会保障・人口問題研究所「標準化人口動態率及び女子人口再生産率（大正14年－平成13年）」
http://www.stat.go.jp/data/nenkan/02.htm

「ひきこもり」をめぐって

第一部　「ひきこもり」とは何かを知る

ようやく始まった対応

近年「さまざまな要因によって社会的な参加の場面が狭まり、自宅以外での生活の場が長期にわたって失われている状態」の人たちが急増している。こうした引きこもる人の中には、明らかに精神医学的要因によって社会適応・社会参加ができない人たちもいるが、一方で、その人を取り巻く環境要因や、思春期から青年期への精神的成長過程において、なんらかの一時的な要因が引き起こすケースも少なくないという。彼らは、そのような要因がもたらすストレスを避け、自宅に引きこもることによって、仮の安定を得ようと「必死に引きこもっている状態にある」ともいわれている。

こうした「ひきこもり」の多くは、医学的に見て、統合失調症などの精神疾患には当てはまらないものの、家庭や社会的に多くの問題をはらんでいることが少なくないという。しかしながら、明らかに自傷・他害の恐れが見受けられる場合を除いては、有効な対処はなされてこなかった。

つまり、これまでマスコミや一般の関心も低く、福祉・医療関係者の間においても、その認識は低く、問題視されることも少なかったのである。

このような状況を劇的に変えたのは、平成十一（一九九九）年から翌年にかけて相次いで発生あるいは発覚した若者による痛ましい犯罪――京都で起きた小学生殺人事件、新潟で発覚した長年にわたる少女監禁事件、佐賀県で発生したバスジャック事件――であった。彼らが引きこもり状態にあったことから、一時期「ひきこもり＝犯罪予備軍」といった誤った報道もなされ、社会の関心は一気に高まった。

こうした中、一連の事件に関する新聞等のインタビューに答えた日本精神病院協会の仙波《せんば》恒雄《つねお》会長（当時）は、思春期における人格障害等は「精神科の治療対象ではない」と述べた。そして「精神病院で引き受けるには荷が重すぎる」と、医療の限界を認めるような発言をするとともに、現行の精神保健福祉法とは違う枠《わく》組みで対処する必要性があると訴え、「現在の精神病院は思春期の少年向けの態勢にはなっていない。精神病院に入院させることで少年たちが受けるショックは、かえって障害の悪化を招きかねない」と指摘した。

一方、このような現状を受けて厚生労働省は、十三年五月に「十代・二十代を中心とした『社会的ひきこもり』をめぐる地域精神保健福祉活動のガイドライン（「ひきこもり」対応ガイドライン―暫定版）を出して、全国の精神保健福祉センターや保健所、市町村などの関係機関に対応の指針を示した。

その後、十二年度から十四年度にかけて実施された厚生労働科学研究事業「地域精神保健活動における介入のあり方に関する研究」の成果として、ガイドライン（同―最終版）が作成され、十五年五月に各都道府県・政令指定都市等の関係機関に送付された。

同ガイドラインと併せて発表された「『社会的ひきこもり』に関する相談・援助状況実態調査報告」によると、全国の精神保健福祉センター、保健所のほぼすべてで「家族の個別来所相談」「本人の個別来所相談」「電話相談」などが行われているとなっており、十三年の「『ひきこもり』対応ガイドライン―暫定版」の発行を受けて、支援態勢の整備が急ピッチで進められつつある。

しかしながら、これらの機関で「ひきこもり」に関する何らかの研修を受けたスタッフがいる所は、保健所で四四・一パーセント、精神保健福祉センターで六七・二パーセントにとどまり、実質を伴うには、いま少し時間がかかりそうである。

「ひきこもり」とは〃状態像〃

「ひきこもり」については、さまざまに定義されている。精神科医の斎藤環《さいとうたまき》氏は、平成十年に出した『社会的ひきこもり』（PHP選書）の中で「二〇代後半までに問題化し、六カ月以上、自宅にひきこもって社会参加しない状態が持続しており、ほかの精神障害がその第一の原因とは考えにくいもの」としている。

十五年に発表された「『ひきこもり』対応ガイドライン―最終版」は、冒頭に「『ひきこもり』は、単一の疾患や障害の概念ではありません」と掲げ、「一つの原因で『ひきこもり』が生じるわけでもありません」として、「生物学的要因、心理的要因、社会的要因などが、さまざまに絡《から》み合って、『ひきこもり』という現象を生む」とし、さらに「ひきこもることによって強いストレスをさけ、仮の安定を得ている。しかし同時に、そこからの離脱も難しくなっている。『ひきこもり』は、そのような特徴のある、多様性をもったメンタルヘルス（精神的健康）に関する問題」と示している。

つまり「ひきこもり」という言葉が示すのは〃状態像〃であるということと、原因は生物学的なものだけでなく、心理的・社会的要因も複雑に絡み合って起きてくるものと捉《とら》えることが重要なのである。そこで、田中千穂子《たなかちほこ》・東京大学助教授は「『ひきこもり』という現象は、その人の社会との関係をめぐる問題であり、その底流に『対話する関係』の喪失がある。つまり、人と人との関係性の原点における障害」であると指摘している。

また、早くから「ひきこもり」の相談を手掛けている富田富士也《とみたふじや》氏（子ども家庭教育フォーラム代表）は「人間関係をうまく結ぶことができず、コミュニケーション不全に陥り、社会参加したくてもできない子どもたちや若者の現象。『引きこもり』とは心が引きこもることで、誰もが持っている基本的な人の心理だと

厚生労働省　「社会的ひきこもり」相談・援助状況実態調査から

厚生労働省は平成15年３月、全国の精神保健福祉センターと保健所を対象に「社会的ひきこもり」に関する相談・援助状況実態調査を実施、同年７月に「ガイドライン（最終版）」と併せて発表した。この調査における「社会的ひきこもり」の基準は、「自宅を中心とした生活、就学・就労といった社会参加活動ができない・していない以上の状態が６カ月以上続いている」者で、「統合失調症などの精神病圏の疾患、または中等度以上の精神遅滞（ＩＱ55－50）をもつ者は除く」「就学・就労はしていなくても、家族以外の他者（友人など）と親密な人間関係が維持されている者は除く」としている。

精神保健福祉センター61カ所、保健所582カ所を調査対象とし、センター100％、保健所の94.7％から回答を得ている。

これによると、平成14年１月から同年12月までの１年間に、これらの施設に寄せられた「ひきこもり」に関する相談は電話が延べ9,986件、来所が4,083件（実数）で、合わせて14,069件であった。

引きこもっている本人については、上記期間に来所相談に来た中の3,293例の平均年齢は26.7歳。全体の76.9％が男性、女性は23.1％だった。引きこもっている本人の年齢、問題発生年齢、現在までの経過年数は以下のグラフの通りである。

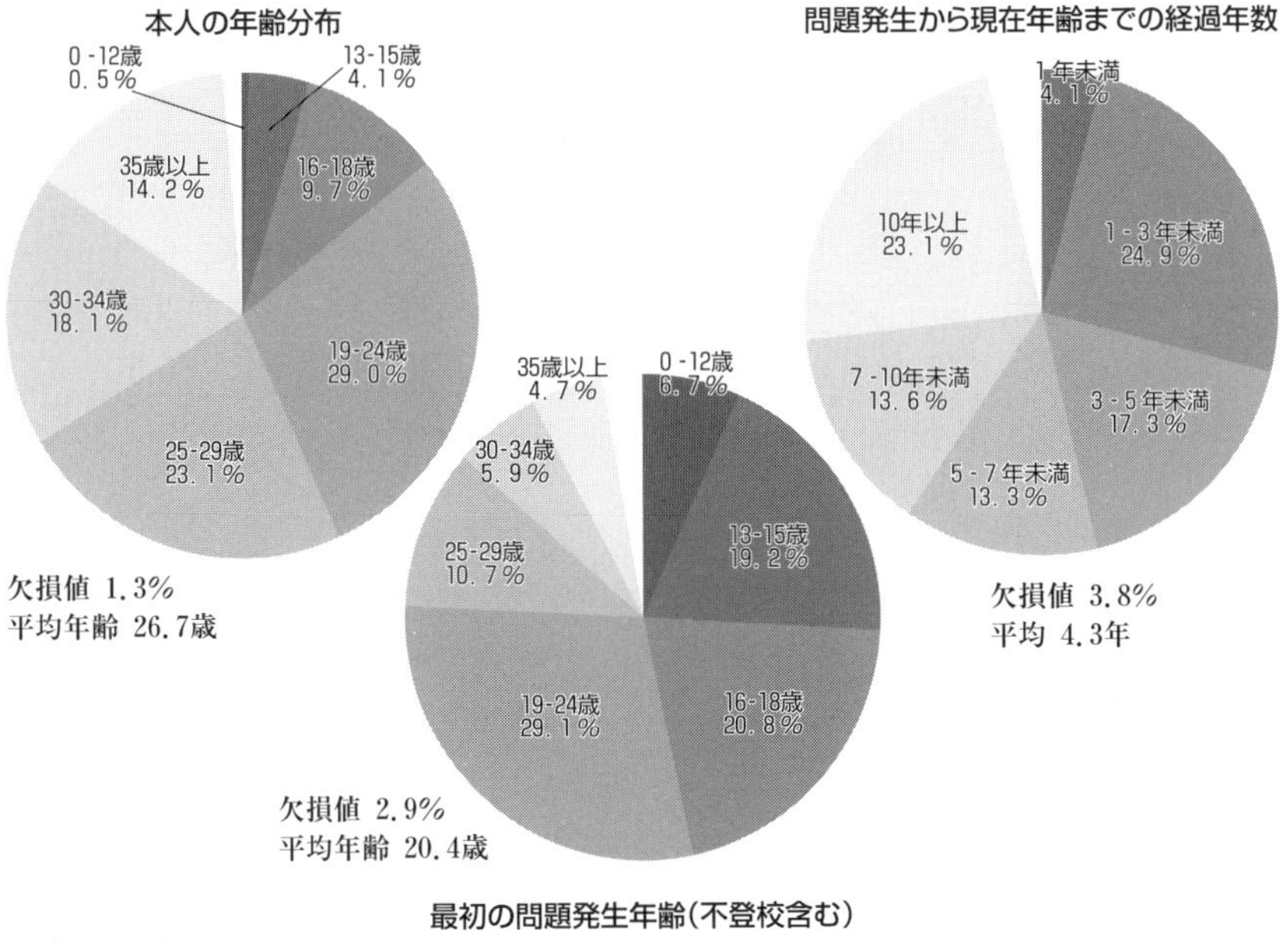

思う。ただ、その身の置き方はさまざまで、定義づけは難しい。問題は一度引きこもった後、孤独感が深まる中で、どうやって再び人とつながって人の輪の中に還《かえ》っていくかである」と述べ、「ひきこもり」の背景となる心理的・社会的要因の重要性を指摘している。

39軒に1軒が悩んでいる

「ひきこもり」の人がどのくらいいるのか、はっきりとは把握《はあく》されていない。斎藤氏は平成十四年に出した『ひきこもり救出マニュアル』（ＰＨＰ研究所）の中で、教育評論家・尾木直樹《おぎなおき》氏が十三年に行ったアンケート調査による「八十万人から百二十万人」という推計値を紹介し、「これは私の臨床的実感とほぼ一致する結果」であるとしている。

国勢調査によれば、平成十二年の全国の世帯数は四千六百七十八万世帯。仮に、その百二十万世帯が「ひきこもり」の問題を抱えているとすれば、全体の二・

相談・援助状況実態調査（厚生労働省）から

「ひきこもり」は社会活動に参加できない、家族以外の人と親密な人間関係が結べないというのが問題なのであり、下のグラフに見るように、一般に想像するような自宅・自室への「閉じこもり」は、その４分の１ほどにとどまる。

「ひきこもり」に関連した問題行動としては、親への暴力が17.6%に見られ、家族関係に直接影響を与える行為としては、器物損壊15.1%、家族への拒否が21.4%、家族への支配的な言動が15.7%に見られ、これら三つのいずれかが存在している事例は40.4%だった。

また、近隣への迷惑行為などは4.0%、自傷行為が2.1%、自殺企図が3.2%で見られた。

このほか、強迫的行為17.9%、被害的な言動14.5%、食行動異常が7.6%に見られた。また、全体の41.1%に昼夜逆転があった。

本人の活動範囲

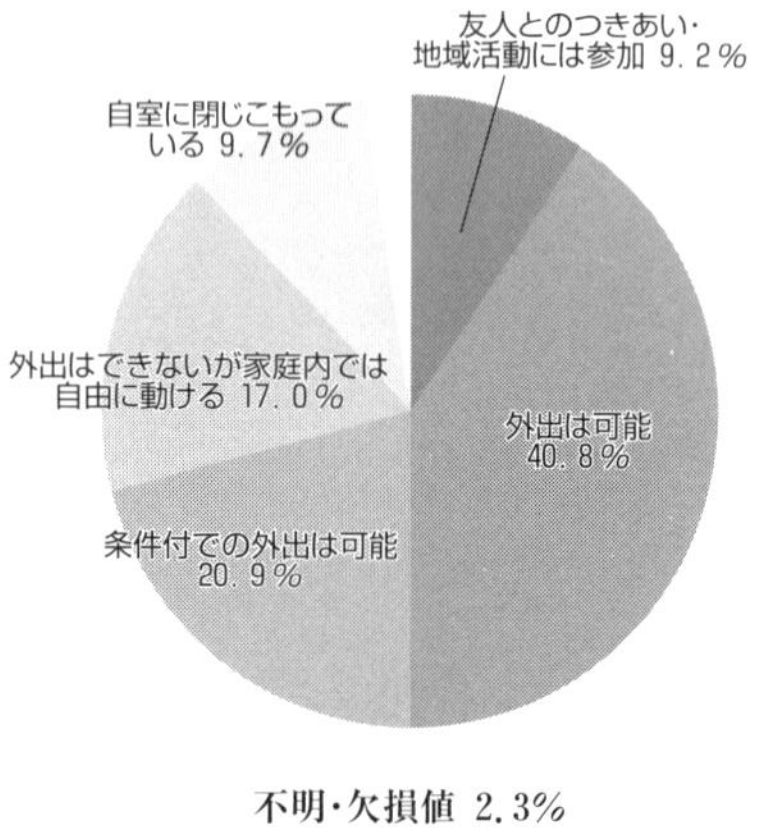

五七パーセント、つまり三十九軒に一軒が、なんらかの形で「ひきこもり」に悩んでいることになる。

平成十四年度の「学校基本調査」によると、小・中学生の不登校は約十三万一千人、高校生の中途退学者は年間約十万人前後、大学生の不登校についてはは正確な数は把握されていないが、これも増加傾向にある。また、義務教育期間を了《お》えた十六歳から三十四歳までの世代で、定職を持たない「フリーター」と呼ばれる若者たちは約四百万人にも上るといわれている。

経済の変化や雇用状況の悪化という要因もあるが、一方で、自分が好きなときに働き、嫌《いや》になれば一方的にやめるといった、インスタントな関係性を望む若者たちが多いのも事実である。そうした傾向には、社会参加をしているように見えても「ひきこもり」の心理に共通する心情が読み取れる。

また、富田氏は二千例を超える「ひきこもり」の若者との出会いを踏まえて、「二十歳を過ぎて引きこもる若者たちのかなりの部分が、不登校、高校中退『その後』の子どもたちである」と指摘している。事実、『「社会的ひきこもり」に関する相談・援助状況実態調査報告」(平成十五年)によると、全国の精神保健福祉センターおよび保健所が十四年に扱った相談事例で、小・中学校での不登校経験者は全体の三三・五パーセント、これに高校・短大・大学での〝不登校〟を含めると、全体の六一・四パーセントに上るとしている。

一方、同報告で紹介されている「平成五年度不登校生徒追跡調査報告書(二〇〇一)」によると、不登校経験者のうち五年後の時点で「就学就労をしていない者」は二三パーセントに上ったという。つまり、十年来増加を続けてきた不登校の児童・生徒の二割前後が、のちに「ひきこもり」になっている可能性があり、「ひきこもり」の問題は年々、深刻の度を増しているといえるであろう。

時代と社会状況が影響

三十九軒に一軒の割合で「ひきこもり」が起きているという事態から、この問題を生み出した要因が、家庭内だけでなく、私たちの生きている時代や社会、あるいは現代の日本人の生き方そのものの中にも存在していると認識することが大切である。

厚生労働省のガイドライン制作にも協力した精神科医の楢林《ならばやし》理《り》一郎《いちろう》氏は、「『ひきこもり』という行動パターンあるいは態度は、時代的、社会的、文化的な背景を有し、単に家庭内に引きこもる青年たちにのみ特有の態度というわけでもなさそうだ」と指摘し、「この現象の提起する問題領域は、かなり広いことが推察される」と述べている。

一方、富田氏は、先進諸国に続いて、わが国で「ひきこもり」が顕著に見られるようになったのは、昭和四十（一九六五）年以降に生まれた人たちからだ、と指摘している。つまり、その中核をなすのは「団塊の世代」を親に持つ子どもたちだというのである。

団塊の世代は、戦後の廃虚と化した日本で生まれ、高度経済成長を支えてきた立役者である。彼らが懸命に生きた時代は、人口の都市集中と、これに伴う核家族化が進み、職場や社会制度などのあらゆる面で合理化が進められ、人間関係までもが効率化されていった時代でもあった。

地方から都市へと向かった団塊の世代の多くは、従来の地縁や血縁は受け継ぎつつも、新たに移り住んだ新興住宅地のコミュニティーなどにおいては、煩《わずら》わしい人間関係を次々と削《そ》ぎ落としていったという。

また、このような新興住宅地の形成やマンションの増加といった住宅事情を支え、経済成長の推進力となったのは金融ローン制度であるが、このローン制度そのものが日本人の精神構造に大きな影響を及ぼしたと近年、指摘する人がいる。精神科医の中沢《なかざわ》正夫《まさお》氏は著書『子どもの凶悪さのこころ分析』（講談社＋α文庫）の中で「借金をして目先の楽しみ、欲求を充足させることに大人たちは痛みも不安も感じないようになり、ローンを組むことが当たり前という風潮が国民一人ひとりに生まれた」「このように大人が〝備えない〟生き方をしているなかで、〝明日に備えるため、今日を我慢する子〟が育つはずがない」と記している。

家族に何が起きているのか

人間関係の煩わしさを削ぎ落とした住環境では、

「干渉されたくない」から「干渉しない」といった循環が生まれ、さらに戦後教育の行き過ぎた個性尊重や「人に迷惑をかけなければ何をやってもいい」という風潮により、他者への関心や他者に感謝する心は希薄化の一途をたどっていった。

こうした中で、それぞれの家庭は孤立し、「家には家の方針がある」といった主張と相まって、地域社会に対して〝閉ざされた家庭〟が生まれていったのである。このことは、家庭内で問題が起きても地域社会の支援を得られないばかりか、むしろ支援を望まず、家庭内に問題を抱え込んでしまうという状況をつくり出している。

地域社会とそれぞれの家庭との間に壁が築かれる一方で、家庭内の人間関係も多様性を失い、家族が共有する安心感や安らぎといったものが影を潜《ひそ》めるようになった。そして、家庭がただ食べて寝に帰るためだけにあるというホテルのような存在、いわゆる〝ホテル家族〟が出現している。

また、学校では学業の結果だけが重視されるため、子どもたちは常に数値によって評価され、他者と比較される中で、精神的な余裕をなくし、わずかな挫折《ざせつ》体験でも重大な自己否定感情につながりかねない状態にある。

「ひきこもり」の子どもを抱える家庭では、多くの親が「会話はあった」と言うが、それは、子どもを朝起こしたり、食事を取らせるための最低限必要な言葉であって、親子が心を通わせ合うような、なんでもない会話が欠落していることが少なくない。

家族がお互いの思いを察することができず、自分本位に行動するようになると、親子間の社会的活動能力の格差によって、子どもの心に「置き去られ感」が募り、ストレスとなる。富田氏によれば、突然、暴力を振るった子どもが言い放つ「僕の話を聞いてくれなかったじゃないか！」という言葉が、親に対する初めての自己表現であったということも少なくないという。

家族がお互いにちょうどいい関係を得るためには、時として言い争いやけんかもするし、仲直りもする。そうした繰り返しの中で、お互いの性格や考え方の違いを認識し、その違いを認め合う中に、相互の関係修復能力が自然と身につくのである。

しかし、子ども部屋や個別のテレビなど、生活空間までも個別化してしまうと、異なった考えや思惑が衝突するといった場面も少なくなり、そうした環境で育った子どもたちは、人との意見の対立は決定的な破局や決裂を意味するものと勘違いをしてしまう。このような状況では、人間関係を取り結ぶ交流能力が極めて育ちにくくなり、家庭から安心感や安らぎも失われがちになる。

また、父親の家庭不在という現象は、いまに始まったことではないが、富田氏は「お父さんと食事をすると食卓が会議室になる」と言った、ある「ひきこもり」の子どもの言葉を例に挙げ、「お父さんも生身の人間であり、失敗もつらいこともたくさんあった」と、子どもたちの前で本音を語ることも必要だ、と指摘している。

たすけ合いの喪失

一方、斎藤氏によれば、「社会的ひきこもり」は圧倒的に男性に多く、女性の二・七倍に達し、兄弟姉妹の順では長男に多く見られると分析。根強く残る男尊女卑の風潮から、男性にかかる親や社会の期待＝プレッシャーの大きさが影響しているのではないか、と指摘している。

また、斎藤氏は、両親とも高学歴で中流以上の家庭に「ひきこもり」の子どもは多く、仕事熱心で養育に無関心な父親と、過敏で過干渉気味の母親という組み合わせが多い、との臨床での実感を示している。さらに、家族や親戚《しんせき》など、周囲に優秀で勤勉な人が多いことが、本人の負担になっている場合も少なくない、と述べている。

◇

「不登校とおたすけ」の項（74ページ）でも指摘したように、現代の日本人は、物質的に豊かになることと反比例して、人間関係が貧しくなっているように思われる。物が乏しい時代には当たり前だった、分かち合いやたすけ合いといった美徳は失われ、家族の絆《きずな》も弱まりつつある。物質的な豊かさは人間に本来備わっていた「互い立て合いたすけ合い」の心を後退させ、自己中心的な心の台頭をもたらしているようである。

第二部　「ひきこもり」にどう向き合うか

家族にしかできない役割

家族の機能として、生活の保持、情緒の安定、育児（子どもの社会化）・教育などがあるが、先進諸国では生活水準の向上や教育制度の整備などに伴って、その一部が家族以外の教育機関に肩代わりされている。

このような中で現在、家族の果たすべき役割としては、特に情緒の安定の面で期待されているのだが、小・中学生の不登校や「ひきこもり」の現状を見る限りにおいて、その機能が十分に果たされているとはいえない。こうした期待とは裏腹に、日本を含む先進諸国では〝家族の危機〟が叫ばれ、〝家庭の崩壊〟が進行しているのである。

おさしづに、「世界が鏡と言う」（明治21・10・4）とお教えいただくとともに、特に「人を救《たす》けるはこの道なら、尚々《なおなお》血筋というは尚も扶《たす》け合い」（明治34・3・29）ともお聞かせいただく。私たちが「ひきこもり」の問題を考える際、夫婦、親子、兄弟姉妹《きょうだい》の関係性や心のあり方だけでなく、人と人との関係性の本質にかかわることとして捉《とら》え、私たちの日々の心のあり方を〝互いに立て合いたすけ合う〟陽気ぐらしの方向へと導く視点が大切である。

子どもは社会化していく過程で、さまざまな「つまずき」を経験する。それらのつまずきを乗り越えるためには、家庭における情緒的安定が不可欠であり、それらは主に、両親によってはぐくまれる。

子どもがいかなる心理的状態にあっても、無条件に抱きかかえる両親の姿勢が家庭内にあれば、つまずきは逆に、さらなる社会化への原動力となる。そのためには、まず夫婦がお互いの信頼関係のもとで何事も談じ合い、家庭内に起こるさまざまな出来事の中から心を治め、たすけ合って生きていく姿勢が肝心である。常に変わらぬ夫婦の治まりこそが、子どもの心に確固たる安定をもたらし、挫折《ざせつ》体験をも乗り越える勇気を与える情緒安定機能そのものとなる。こうした家族の役割を確認しておくことは、「ひきこもり」のおたすけに際しても大変重要である。

〝仮の安定〟を得ようとする行為

〝身上事情は道の華〟といわれるように、知らず識《し》らずのうちに陽気ぐらしへの道から遠ざかろうとする子供を、親神はあわれと思召《おぼしめ》され、身上や事情のうえに〝しるし〟を見せて、ほこりを払い、心を入れ替える「ふし」をお与えくださる。私たちは、成ってきたさまざまなふしから、良き芽を出すよう努めることが肝心である。その意味では「ひきこもり」も、人生におけるふしの一つと捉えることができる。

「ひきこもり」に至る過程もいろいろだが、不登校から「ひきこもり」に移行するケースが全体の約二割に上っている。不登校と同様に、「ひきこもり」もまた、人間関係の挫折や、「周囲から正当に評価されていない」「周囲に受け入れられていない」などと感じた体験がもととなり、自信や安心感を失い、自ら社会参加をしないことによって強いストレスを避け、必死に〝仮の安定〟を得ようとする行為であるといえよう。

家族が相談に来たとき

ある調査によると、六十代以上では「ひきこもり」に関して「自己中心的」と批判的に捉える傾向があるといい、「だらしがない」と無理やり本人に面会したり、「親の育て方が悪い」などと頭ごなしに家族を責めてしまう恐れがある。相談には、おたすけの心、誠真実をもって当たりたい。

「ひきこもり」の家族を抱えていることは、よほどのことがない限り、他人には相談できない。思い余って公的機関に相談しても、なかなか解決につながらず、心身ともに疲労困憊《こんぱい》の状態にあると想像される。そうした中、悩み抜いた末に、教会やよふぼくのもとへ相談に来たのだから、まずは、それまでの苦労や努力を十分にねぎらい、その子のためにも、おたすけに誠真実を尽くしたいとの気持ちを伝えよう。

そのうえで話を「聴く」のだが、そのときは「待ち」の姿勢で臨み、相談者の気持ちを少しでも和らげることが当面の目標となる。苦しんでいるのは「ひきこもり」の本人だけではない。相談に来た家族の気持ちが回復しない限り、本人が「ひきこもり」から抜け出すことはできないので、まずは家族をおたすけの対象と捉えることが大切である。

相談の中では、家族が本人に対してとってきた言動の中で、うまくいったこと、工夫してきた対応などを聞き出し、評価できるものは評価すべきである。家族の多くは、自身に対して否定的な感情を持っているので、評価することは肯定感情を生むことにつながる。

「ひきこもり」では、家庭内暴力や、稀《まれ》に反社会的な行動へと発展することもあり、場合によっては家族が身の危険を感じて家を離れたり、警察に通報したりするケースも生じる。こうしたことは、家族に罪悪感や自己否定感情をもたらすこともあるが、その場合には、本人を加害者にしないための正しい対応であったと話し、すべてのことに対して家族が否定感情を持ちすぎないようアドバイスするとよい。

家族や他者への暴力に対して、相談時に緊急の対応が必要なときは、警察など公的援助機関への連絡や、家族が一時的に避難するシェルターとして教会や詰所などを提供することも必要となるだろう。また、明らかに精神科医療の必要が認められる場合には、専門の機関に連絡する（次ページのコラム参照）。

こうした相談の中で、折を見て、家族と共にお願いづとめを勤めたい。親神におすがりすることは、ご守護を頂く根本であり、また、家族が心の平静を取り戻すもととなる。

家族と共に目指すもの

家族が落ち着き、相談者との間に信頼関係がはぐくまれれば、次は両親の「ひきこもり」に対する見方や考え方、それに基づく行動が変化するように導くことが大切である。

「ひきこもり」のおたすけでは、本人にはまず会えないため、両親や家族から話を聞かざるを得ない。そして、日常の場面における両親の言動の中で、疑問があ

れる。

- 期待や、いま困っていること、相談歴など、本人の経験や思っていることを聞き、口に出したときにはきちんと共感的に受けとめ、本人の関心や気づきの幅が広がるように配慮する。
- いま、できていることを評価し、続けることの大切さを伝える。
- 実現可能な小目標を設定し、次回できていたら、ほめる。

《ネットワークを通じた援助》

援助の際には生物・心理・社会的な側面からのアプローチが必要になる。目標は、本人の再社会化なので、多様な人（機関）がかかわるような、より社会に近い形が望ましい。

- すでにある社会資源——医療（精神科・心療内科・小児科・婦人科）、保健（保健所・精神保健福祉センター・保健師）、福祉（児童相談所）、教育（教育センター・市町村教育相談所・学校）、司法（思春期対策に関する窓口——電話・補導員）のほかに、市町村の電話相談、子育て支援などもある。まずは精神保健福祉センターで相談を。
- 民間の資源——ボランティアグループ、家族会、フリースペースなども徐々に増えている。精神保健福祉センターなどで尋ねるとよい。
- インフォーマルな社会資源——家族が持っている社会資源を発見し、広げることも重要。たとえば本人や家族の友人、親戚《しんせき》、近隣、宗教関係など。本人への働きかけの有効性とともに、家族が地域社会や親類の中で孤立しないことが、結果的に良いほうへと進む。

《医療の援助が必要な場合》

「ひきこもり」の背後に精神疾患や障害があることもある。また、引きこもるという対処行動自体がストレスとなって、２次的に精神疾患が発現する場合もある。以下のような場合は、医療機関に相談を。薬物治療や認知行動療法などが有効。

- 独り言が激しかったり、「テレビで自分の噂《うわさ》をしていた」とか「盗聴器が仕掛けられている」など、周囲に過敏になっているような発言がある。
  ⇒統合失調症（精神分裂病）の疑い
- 意欲の減退、集中力の低下、自分自身への感情が大変否定的で、対人場面では過度に「取り返しのつかないことをしてしまった」「他人に迷惑をかけてしまった」などと苦しむことが多い。便秘、食欲不振、早朝に目覚めるが起き上がれない。
  ⇒うつ病の疑い
- 日に何十回も手を洗ったり、何度も繰り返して確認したりという行動を繰り返す。
  ⇒強迫性障害の疑い
- 過去に、乗り物や人ごみの中、会議中に、激しい動悸《どうき》や冷や汗などを伴うパニックの発作を起こしたことがあり、その後、また発作を起こすのではとの予期不安で外出が困難。
  ⇒パニック障害の疑い
- 体重減少に強くこだわり、拒食したり、食べても太らないように過食と嘔吐《おうと》を繰り返す。女性に多く、自分に自信が持てず、対人関係も困難に。
  ⇒摂食障害を疑う
- 強い恐怖や無力感を感じさせるような衝撃的な体験をした後、原因となった体験が意図することなく繰り返し思い出されたり、体験を思い出すような状況や場面で感情や感覚が麻痺《まひ》したりする。不眠、イライラ感が持続する場合も。
  ⇒ＰＴＳＤ（心的外傷性ストレス障害）を疑う

「ひきこもり」対応ガイドライン（最終版）の概要

厚生労働省は平成15年７月、「10代・20代を中心とした『社会的ひきこもり』をめぐる地域精神保健福祉活動のガイドライン（最終版）」――こころの健康科学研究事業 地域精神保健活動における介入のあり方に関する研究（H12－こころ－001）を、全国の保健所・精神保健福祉センターなどに業務参考資料として配布した。

《ひきこもりの概念》

さまざまな要因によって社会的な参加の場面が狭《せば》まり、自宅以外での生活の場が長期にわたって失われている状態を指す。

その実態は多彩で、精神疾患（統合失調症、うつ病、強迫性障害、パニック障害など）によって不安や恐怖感が強まり、人と会うことが困難になったり、身動きがとれなくなって引きこもらざるを得なくなることがある。

一方で、明確な精神疾患や障害の存在が考えられないにもかかわらず、引きこもっている人々もいる。「生活のしづらさ」からの回避、あるいは挫折感を伴う体験や心的外傷体験が引き金となって、社会参加への困難感が強まり、「ひきこもり」にはまったりすることもある。

だが、引きこもることで強いストレスを避け、〝仮の安定〟を得ていることによって、そこからの離脱も難しくなっている。

《関与の初期段階における見立て》

- 生物学的な治療（薬物療法）が必要か――最初は本人に会えないため、家族からの情報で、懸念がある際（「医療の援助が必要な場合」参照）は専門的な機関につなぐ。
- 暴力などの危険な行為のため、緊急対応が必要か――専門機関と相談しつつ、警察官への通報も考慮する。

《援助を進めるときの原則》

本人の意思の力や家族だけでは、「ひきこもり」から離脱することは困難であり、適切な援助がないと長期化しやすい、というのが特徴でもある。

- 家族支援を第一に考える――家族は自分を責めたり、将来への不安や悲観、絶望感を感じており、うつ状態を呈して治療が必要なことさえある。これまでの努力や苦労をねぎらい、共感的に話を聴く。精神保健福祉センターなどで開かれている「親の会」など、家族の居場所を紹介するのもよい。
- 家族支援が本人支援につながる――育て方や家庭環境といった過去の原因さがし（犯人さがし）はせず、どう対処するかを共に考える。家族がゆとりを持ち、自らの仕事や生活を取り戻す中で、本人への言葉かけなども変わる。そうしたゆとりの雰囲気は、本人にも伝わる。

《本人に会えた時の基本的態度》

最も大切なことは、本人が安心感と安堵《あんど》感を体験すること。

- 相談の場に来ること自体が大変なことだから、それを評価することによって労《ねぎら》いの気持ちを伝える。
- 何を話しても大丈夫という感触を持てるよう、話を聴く際には、本人の気持ちを分かろうとする「待ち」の態度で、趣味や興味のありそうな話題を探しながら「関心をもって」接することが必要。
- 過度に同情しすぎず、決して批判的にならず、淡々と、かつ人として尊重しつつ接する。何を話しても責められない、認められているということが伝わると、緊張がほぐれば率直に問いかけ、両親の対応と子どもの反応を聞きながら現状を把握《はあく》し、対応をアドバイスする。親子間に第三者が入ることで、親自身も、自分たちの家庭を客観的に見ることができるようになる。こうして、親の応対がいつもと違うと子どもが感じるようになれば、子どものほうにも少しずつ変化が生まれてくる。「ひきこもり」が始まって以来の親子の張り詰めた関係に、わずかなゆとりが生まれると、「家族に理解されなかった孤独なひきこもり」から「家族から見守られたひきこもり」へと少しずつ変化していく。

東京大学の田中千穂子助教授は、著書『ひきこもりの家族関係』（講談社＋α文庫）で「親と子のコミュニケーションという、へその緒がしっかりついて、子宮の中に戻って自分の育て直しをする、というようなイメージ。このへその緒を作るのがミソ」「人は身近に接する人間との関係を構築し直さなければ、社会との関係性に入っていくことは難しい。引きこもった子が親との対話を通して家族のなかでの関係性を回復していくと、ひきこもりは次第に緩《ゆる》められ、社会との関係性へとこまを進める」ことができる、と記している。

相談者とのやり取りの中で、両親の生い立ちや、両親がその両親にどのように育てられたかといった時点にまでさかのぼって家族関係を見つめ直し、いままで家族が通ってきた歴史を、もう一度、全員で背負い直すといった取り組みも生まれてくる。

このような地道な作業の中で、両親が自分と引きこもっている子どもとの関係性をあらためて見つめ直すとき、いままでの関係性とは違った、より緊密な家族の絆《きずな》が芽生えるのである。いままで「私たちの家族だけ、なぜこんな目に遭《あ》わなければならないのか」と思っていた「ひきこもり」の体験さえ、家族の幸せにとって、掛け替えのないものへと変わる。文字通り「ふしから芽が出る」結果が、おたすけ人の忍耐と誠真実によってもたらされるのである。

子どもの心の状態に気づく

人は、ふしによって成人することができる。つまり、生き方はふしによって変わるのである。人それぞれの癖《くせ》や性分は、なかなか変えることができない。特に、陽気ぐらしに逆行するような癖・性分は、よほどのことがない限り自覚しにくい。成ってくるふしの中に、自らの心遣いを振り返り、その過ちを正す好機がある。「ふしから芽が出る」との教えは、そうした日々の心得違いを正すための親心と解することができる。

おたすけのうえで押さえておきたいことは、いままで子どもがなぜ、なんのために引きこもってきたのかを共に見つめ直すことである。もし、子どもの心を置き去りにして、親の焦《あせ》りや世間体《せけんてい》だけに振り回されて、過干渉になったり、批判的になったりしたことがあれば、そんなところから改めていくのである。

次には、引きこもっている子どもの心の痛みを分かち合う努力である。

をやこでもふう〳〵のなかもきよたいも
みなめへ〳〵に心ちがうで　（五　8）

と、おふでさきに示されるように、たとえ親子、夫婦であっても、それぞれ心は一名一人《いちめいいちにん》であり、異なるものという前提が大変重要である。

しかし、とかく親子関係においては、親の思いが先行し、子どもの心が置き去りにされることが少なくない。そのような場合、うまく自己表現できない子どもは、あらゆる手立てを通して自分の気持ちを表現しようとする。「ひきこもり」も、そうした自己表現の一つと考えられる。子どもは、引きこもることによって親や世間に対して訴えているのだが、親がそのことに気づかない場合が多い。

そんな子どもの心の状態に親が気づけば、対応にも変化が生まれ、それに応《こた》える子どもの態度も変わってくるのである。

〝家族の事情〟と捉える

「ひきこもり」の状態を〝仮の安定〟と考えてみても、実に不自由な状態である。親神から心の自由を与えていただいていながら、その自由自在な心に〝囲い〟をつくり、広がりを狭めているのである。〝囲い〟は、自分自身への執着や自己防衛的な心の作用であろう。

いずれにしても、家庭や社会で楽しい関係性を築いていくための基本的な心遣いである「人を思いやる優しい心」「人をたすける心」が、なんらかの原因で日常生活から失われたためと見られる。

夫婦や親子の絆の弱まりも、こうした基本的な「互い立て合いたすけ合い」の精神の弱まりに比例して起こるものと考えられる。そのような中で、ふしとして「ひきこもり」を見せられているのなら、まずは夫婦が、この問題を子どもだけの事情として捉えるのではなく、〝家族の事情〟として、それぞれの心のあり方を過去にさかのぼって振り返ることが大切である。

斎藤環氏は著書『ひきこもり救出マニュアル』の中で、父親だけ、あるいは母親だけでなく「両親」の「一致団結」「協力態勢」の必要性を繰り返し説いている。そして、豊富な経験に基づき、家族だけで抱え込むのではなく、第三者の適切なアドバイスを受けながら「両親が協力」し、「時間をかけ」「適切な対応」をするなら、努力は必ず報われると述べ、「なかなか努力が報われないとお感じのご家族は、ぜひともこの三点について、もう一度チェックしなおしてみて」と記している。

ふたりのこゝろをさめいよ
なにかのことをもあらはれる　（四下り目　2）

と、お教えいただくように、両親が「ひきこもり」の事情を通して、日々の心遣いを、親神の思召《おぼしめし》に適《かな》うように入れ替える心を定めることが大切であり、そうした心定めが、子どもと心を通い合わせ得る関係へと導くのである。

本人と会えたときは

夫婦がふしを越えて日々たすけ合う姿は、家庭内に情緒的安定感を醸《かも》し出す。そうした中で、引きこもっている子どもの心が次第に和らいでいき、おたすけに当たる人と会えるまでになったなら、「会ってくれてありがとう」とねぎらいの言葉を掛けたい。

引きこもっている時間が長ければ長いほど、人に会うことへの精神的プレッシャーは計り知れない。そのプレッシャーを乗り越えて、本人が会う決心をしたことへのねぎらいの気持ちを、できるだけ自然に伝え、その中で「また会ってみたい」と思える雰囲気をつくり出すことも忘れないようにしたい。

「ひきこもり」状態にある若者たちに共通することは、

「自分はだめなんだ」という自己否定的な感情である。そのような心の状態にある彼らに対して、いま、できていることを評価し、肯定的な感情を引き出すことが問題解決への手がかりとなる。それだけに、まずは本人の気持ちを無条件に受け入れる「待ち」の姿勢が必要で、常に関心をもって本人に接することが肝心である。そうした中で、今後どのようなことができるのか、一緒に考えてみることも大切であろう。

　本人が心を開き、次第に自由な会話ができるようになっても、しばらくは一人でおたすけに掛かることが肝要である。やがて、ほかの人とも会ってみたいと本人が希望したなら、協力してもらえる少人数から面会を始めるのが望ましい。

神様中心の暮らしの中で

教会の暮らしの中には、自己肯定感を引き出す多くの要素がある。なぜなら教会の活動は、人のために尽くす「たすけ一条」の精神に基づいているからである。

　教会には朝夕のおつとめを軸とする生活のリズムがある。朝起き、おつとめ、ひのきしん、にをいがけ・おたすけなどを通して、声（肥）を掛け合い、心を通わせる日々がある。その根底には、親神に守られているという絶対的安心感がある。こうした生活の中から、人を思いやり、人をたすける心がおのずとはぐくまれてくる。

　天理やまと文化会議の委員の一人は、次のような体験をした。壁にぶつかり、軽い引きこもり状態にあった青年に、知的障害をもつ少年の散歩に同行してもらったのである。青年は最初、後ろからただ黙ってついていくだけだったが、回数を重ねるうちに、自発的に知的障害の少年に話しかけるようになったという。「自分が必要とされている」と感じるようになると、人は前向きに他者とかかわることができ、社会と向き合えるようになるのである。

　自己肯定感――それは誰かの役に立つことによって生まれ、「ひきこもり」から抜け出すために、なくてはならないものである。

　こうした意味でも、よふぼく家庭では神実様《かんざね》をお祀《まつ》りすることが大切である。家庭内に教会長や第三者が出入りすることを可能にするばかりでなく、講社祭や日々のおつとめを通して、家族それぞれが自らの心遣いを振り返ることができる。

神様を中心とする暮らしの中で、家族の間に補い合いや、たすけ合う心のやり取りが生まれる。そして、このようなたすけ合いの心が、家庭内に情緒的安定を創出するのである。この安定こそが、子どもが安心して社会化していくもととなる。

「ひきこもり」の状態から、勇気を出して会ってくれた若者を、思いきって教会に誘ってみるのもよいだろう。もちろん、本人がそのことに同意しても、まだまだ大勢の信者の前で紹介したり、人前に出してはいけない。教会まで同行するにも、参拝者の少ないときが望ましい。そして、二人で静かに神前に端座し、一緒におつとめを勤める。いままで引きこもってきた若者にとっては、新鮮な体験に違いない。

こうした日々の積み重ねの中で、若者の心に少しずつ親神のお働きを頂き、社会へ向かうエネルギーが蓄積されていくに違いない。

人間関係の擦《す》れ合いによって傷つき、引きこもっていた若者の心が、同じく人間のたすけ一条の誠真実によって癒《い》やされ、更生していくのである。

参考文献および資料

●中根千枝『家族を中心とした人間関係』講談社、１９７９年

●河合隼雄『家族関係を考える』講談社、１９８０年

●河合隼雄編『子どもと生きる』創元社、１９８５年

●森省二『子どもの対象喪失　その悲しみの世界』創元社、１９９０年

●河合隼雄『子どもと学校』岩波書店、１９９２年

●富田富士也『引きこもりと登校・就職拒否、いじめ　Ｑ＆Ａ』ハート出版、１９９６年

●菅佐和子『事例にまなぶ不登校　思春期のこころと家族』人文書院、１９９４年

●橋本武人『天理教学シリーズ２　いんねん　夫婦・親子』天理教道友社、１９９５年

●富田富士也『仕切りなおしの巡礼　登校・就職拒否』柏樹社、１９９５年

●河合隼雄『大人になることのむずかしさ　青年期の問題』岩波書店、１９９６年

●斉藤茂太『いま家族しか子供を守れない』ＫＫベストセラーズ、１９９６年

●河合隼雄『子どもと悪』岩波書店、１９９７年

●椎名篤子『家族「外」家族　子どものＳＯ

Sを診る医師たち』集英社、１９９７年
●菅佐和子『教師がとりくむ不登校　学校のなかでできること』人文書院、１９９７年
●伊藤友宣『話しあえない親子たち　〈対立〉から〈体位〉へ』ＰＨＰ研究所、１９９８年
●斎藤環『社会的ひきこもり　終わらない思春期』ＰＨＰ研究所、１９９８年
●河合隼雄編『不登校』金剛出版、１９９９年
●鍋田恭孝編「学校不適応とひきこもり」──『こころの科学』87号、日本評論社、１９９９年
●町沢静夫『大人になれないこの国の子どもたち』ＰＨＰ研究所、１９９９年
●町沢静夫『自己中心が子どもを壊す』日本経済新聞社、１９９９年
●門脇厚司『子どもの社会力』岩波書店、１９９９年
●戸田輝夫『不登校のわが子と歩む親たちの記録』高文研、１９９９年
●塩倉裕『引きこもる若者たち』ビレッジセンター出版局、１９９９年
●富田富士也『引きこもりからの旅立ち』ハート出版、２０００年
●尾木直樹『子どもの危機をどう見るか』岩波書店、２０００年
●斉藤学『「家族」という名の孤独』講談社、１９９５年
●村瀬学『なぜ大人になれないのか　「狼になる」ことと「人間になる」こと』洋泉社、２０００年
●日本家族研究・家族療法学会編『家族療法研究』第17巻第2号、金剛出版、２０００年
●富田富士也『「引きこもり」から、どうぬけだすか』講談社、２００１年
●近藤直司編『ひきこもりケースの家族援助　相談・治療・予防』金剛出版、２００１年
●田中千穂子『ひきこもりの家族関係』講談社、２００１年
●中沢正夫『子どもの凶悪さのこころ分析　17歳にみる「退化のきざし」』講談社、２００１年
●斎藤環『ひきこもり救出マニュアル』ＰＨＰ研究所、２００２年
●伊藤順一郎監修『地域保健におけるひきこもりへの対応ガイドライン』じほう、２００４年
●こころの健康科学研究事業、地域精神保健活動における介入のあり方に関する研究「10代・20代を中心とした『ひきこもり』をめぐる地域精神保健活動のガイドライン―精神保健福祉センター・保健所・市町村でどのように対応するか・援助するか―」
●国立精神・神経センター精神保健研究所精神保健計画部「『ひきこもり』についての相談状況調査報告書」２００１年
●文部科学省「平成14年度生徒指導上の諸問題の現状について（概要）」http://www.mext.go.jp/b_menu/houdou/15/12/03121902.htm
●文部科学省「平成15年度学校基本調査速報」http://www.mext.go.jp/b_menu/toukei/001/03080801/index.htm
●厚生労働省「『ひきこもり』対応ガイドライン（最終版）の作成・通知について」http://www.mhlw.go.jp/topics/2003/07/tp0728-1.html

青少年の性をめぐる諸問題

第一部　現実に目を向けて

近年、深刻化の一途をたどっている青少年による犯罪や非行、あるいは青少年が被害者となる事件などの報道で、いわゆる「援助交際」をはじめとして、性にかかわるものが特に目立つ。こうした性にかかわる犯罪や非行、逸脱行為について考える前に、まずは性行動をめぐる青少年の現状を直視する必要がある。

こんな社会に子どもたちはいる

①性行動の低年齢化

厚生省（当時）は、平成十（一九九八）年から翌年にかけて、産婦人科医や教員らで構成する「生涯を通じた女性の健康施策に関する研究会」を開き、総理府、警察庁、文部省や労働省（いずれも当時）などの協力を得て、十一年七月に「報告書」を公表した。

その中で「最近の中高校生の性交経験率は年を追って上昇し、特に高校生の増加傾向が顕著」と、性行動の低年齢化、早期化傾向が進んでいると指摘している。

こうした実情は、「東京都幼・小・中・高・心障性教育研究会」（以下「都性研」と略す）が、昭和六十二（一九八七）年から三年ごとに公立学校を対象として実施している「児童生徒の性意識・性行動調査」にも顕著に現れている（グラフ①参照）。

この都性研の調査結果について、天理やまと文化会議における討議では「都市部だから経験率が高いのでは」との指摘があった。そこで「（財）日本性教育協会」が、六年おきに実施している「青少年の性行動調査」の結果を見ると、確かに若干の違いが見られた（グラフ②参照）。

性教育協会の調査は、人口百万を超える大都市四地

グラフ①　性交経験率の推移

東京都幼・小・中・高・心障性教育研究会調査報告

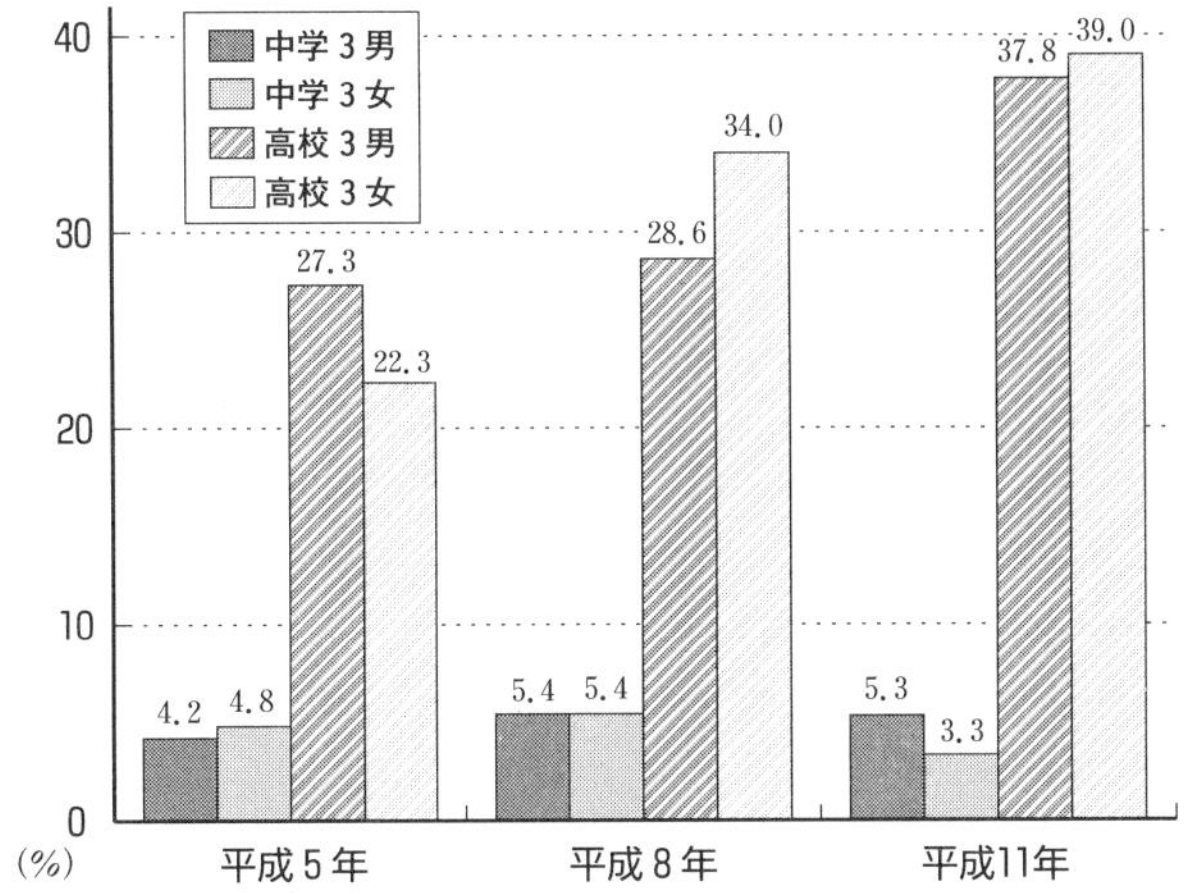

グラフ②　性交経験率の推移

財団法人日本性教育協会『「青少年の性」白書—第５回・青少年の性行動全国調査報告』から

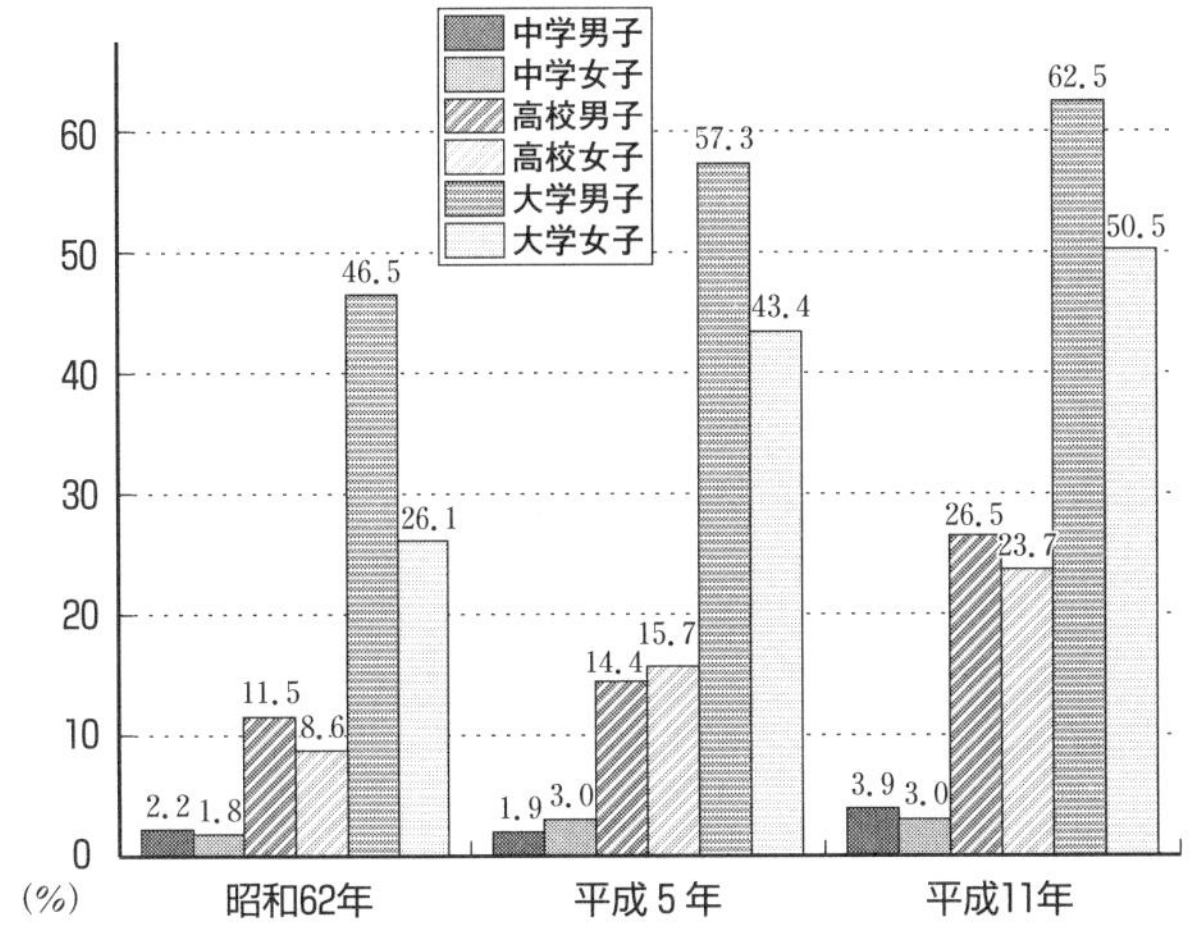

点、県庁所在地である中都市四地点、町村四地点の全国十二地点で行ったものである。ただし、都性研の調査結果が、それぞれ中学三年生、高校三年生のデータであるのに対し、性教育協会の調査は、各学年から幾つかの学級を調査対象集団として選び出したもの。つまり三学年の平均値であるが、いずれの結果からも、性行動の低年齢化、早期化傾向が年々進んでいるということが確認された。

このような性行動の低年齢化の要因の一つとして、身体の早熟化が挙げられる。

戦後の食生活等の変化により、日本人の身長・体重等は著しく伸びている。また、初経は小学四年生で三パーセント、五年生で二三パーセント、六年生で五一パーセントに上り、男子の精通は五年生で五パーセント、六年生で一六パーセントとなっている。

また、性に関する情報の氾濫《はんらん》も、性行動の早期化の大きな要因と考えられる。

事実、都性研の調査結果では、中学生では男女とも主に雑誌やテレビから、高校生では友人や先輩から、性に関する情報を得ているという。なかでも男子は、中学生ではアダルトビデオ、高校生ではポルノ雑誌から性に関する情報を得ているといい、前述の厚生省の報告書は「必ずしも正しい情報を得ていない可能性がある」と指摘している。

②性に関する意識の変化

こうした実情は、性に関する意識の変化を反映しているともいえる。

同じく都性研の調査では、「結婚するまで性交をしてはいけない」と答えた生徒を、平成五年と十一年で比べてみると、中学男子が八・五パーセントから六・七パーセントに、同女子で一〇・二パーセントから七・四パーセントに低下。高校男子でも五・一パーセントから三・九パーセントに、同女子でも九・九パーセントから六・七パーセントにそれぞれ低下しており、性に対する子どもたちの心のハードルが年々、低くなっていることを示している。

さらに、平成十四年の調査結果を踏まえて、都性研は「現在の高校生は九〇パーセントが性交について考えており、八〇パーセントが何らかの条件つきで性交に対して許容的であるといえる」と、親の世代にとっては実にショッキングな報告を公表している。

③性行動の低年齢化に伴う悲劇

性行動の低年齢化に伴い、さまざまな問題も起きている。一つは、望まない妊娠による人工妊娠中絶の増加であり、いま一つは性感染症の増加である。

厚生省の母体保護統計報告等によると、わが国の人工妊娠中絶件数は、昭和三十年の百十七万件から減り続けており、四十四年後の平成十一年には三十三万件余と四分の一ほどに減少している。また、人口一千人当たりの実施率も、昭和三十年の平均五〇・二から、平成十一年には一一・三と、五分の一近くにまで下がっている。これは、避妊に関する知識と方法の普及によるところが大きいと見られている。

ところが、こうした中にあって、二十歳未満では逆に、昭和五十年ごろから増え始め（下グラフ参照）、五十四年に四・三だった人口一千人当たりの実施率が、十年後の平成元年には六・一となり、十一年には一〇・六と、ついに一パーセントの大台に乗った。これを件数で表せば三万九千六百七十八件となり、翌十二年は約四万四千四百件、十三年は四万六千五百件と増加

グラフ　20歳未満人工妊娠中絶実施率の年次推移
（15歳以上20歳未満女子人口千人対）

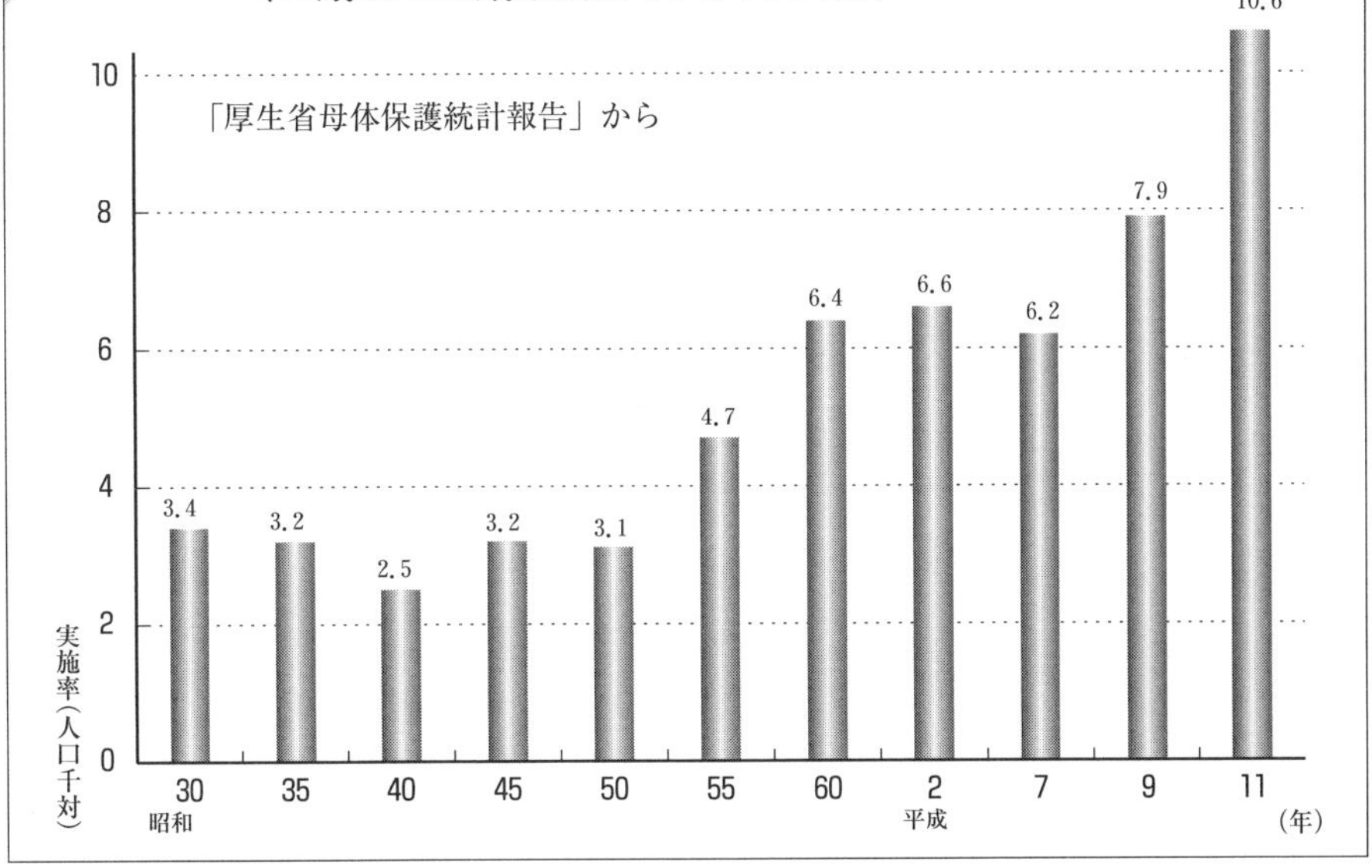

傾向にある。これは、人工妊娠中絶が心身に及ぼす重大な影響や、避妊に関する知識が青少年に普及していないことを示している。

と同時に、こうした避妊に対する知識の少なさ、あるいは認識の低さが、性感染症の著しい増加という重い問題をはらんでいることを見逃してはならない。

東京で産婦人科医をしている赤枝恒雄《あかえだつねお》氏の著書『子どものセックスが危ない』（ＷＡＶＥ出版）によると、氏の診療所では、平成五年ごろから性感染症の患者が一気に増えたという。そこで、十一年に六本木《ろっぽんぎ》の街頭で、十代の女性に性感染症無料検診券を配布して検査したところ、受診者の半数が「膣《ちつ》カンジダ症」にかかっており、「性器クラミジア感染症」が約三人に一人、「淋病《りんびょう》」が約十人に一人、「尖形《せんけい》コンジローム」が約二十人に一人の割合で見つかった。

さらに、一般の高校で希望者を検診したところ、尖形コンジロームを引き起こすウイルスに二八パーセントが感染していた。

国立感染症研究所の「感染症発生動向調査」でも、二十歳から三十四歳における一医療機関当たりの性感染症患者数は確実に増えている。性器クラミジア感染症では、男性は二〇〇二年が一九九三年の一・七倍、女性では二・五倍と、女性の増加が目立つ（左ページのグラフ参照）。

ところが、以前にはやった淋菌や梅毒は、感染したことが分かるような症状があったため、感染した人は比較的早くに気づいて治療を受けたが、近年増加している性器クラミジアや性器ヘルペスなどは、症状が出にくく、治りにくいのが特徴で、これが症状の悪化と感染拡大の一因となっている。

こうした性感染症は、若年層における子宮がんの増加にかかわっているとの指摘がある。また、これらの感染症では、男性の側に自覚症状が弱かったり、ないという場合が多く、女性の側がせっかく治療しても、パートナーとの間で往復感染することが少なくない。こうして感染を繰り返していると慢性化する恐れもあり、「骨盤内感染症」などの疾患を引き起こして不妊症や流産の原因の一つともなり、さらにＨＩＶ（エイズウイルス）に感染する危険性が三倍から四倍に増大する、と指摘されている。

また、性行動を主要な感染経路とし、自覚症状が乏しく、検査をしなければ感染の有無を知ることができないという点で、肝炎ウイルスやＨＩＶの感染増加も懸念されている。

厚生労働省の「平成十三年エイズ発生動向年報」によると、ＨＩＶ感染者・エイズ患者ともに、先進諸国の中で、わが国の増加傾向は著しく、ＨＩＶ感染者数は過去最高の六百二十一件、エイズ患者数も過去最高の三百三十二件となっている。

しかし、これらの感染症に対する認識の低い未成年では、検査を受けること自体が少なく、水面下での感染拡大が憂慮されている。

④性非行の増加

近年、携帯電話からの接続を含むインターネットの急速な普及に伴い、青少年が「出会い系サイト」を利用した犯罪にかかわるケースが深刻化しており、なかでも「出会い系サイト」を利用した児童売買春事件が急増している。

出会い系サイトとは、見知らぬ人との出会いを目的としたインターネット・ホームページのこと。携帯電

増加する20〜34歳の性感染症

国立感染症研究所「感染症発生動向調査」

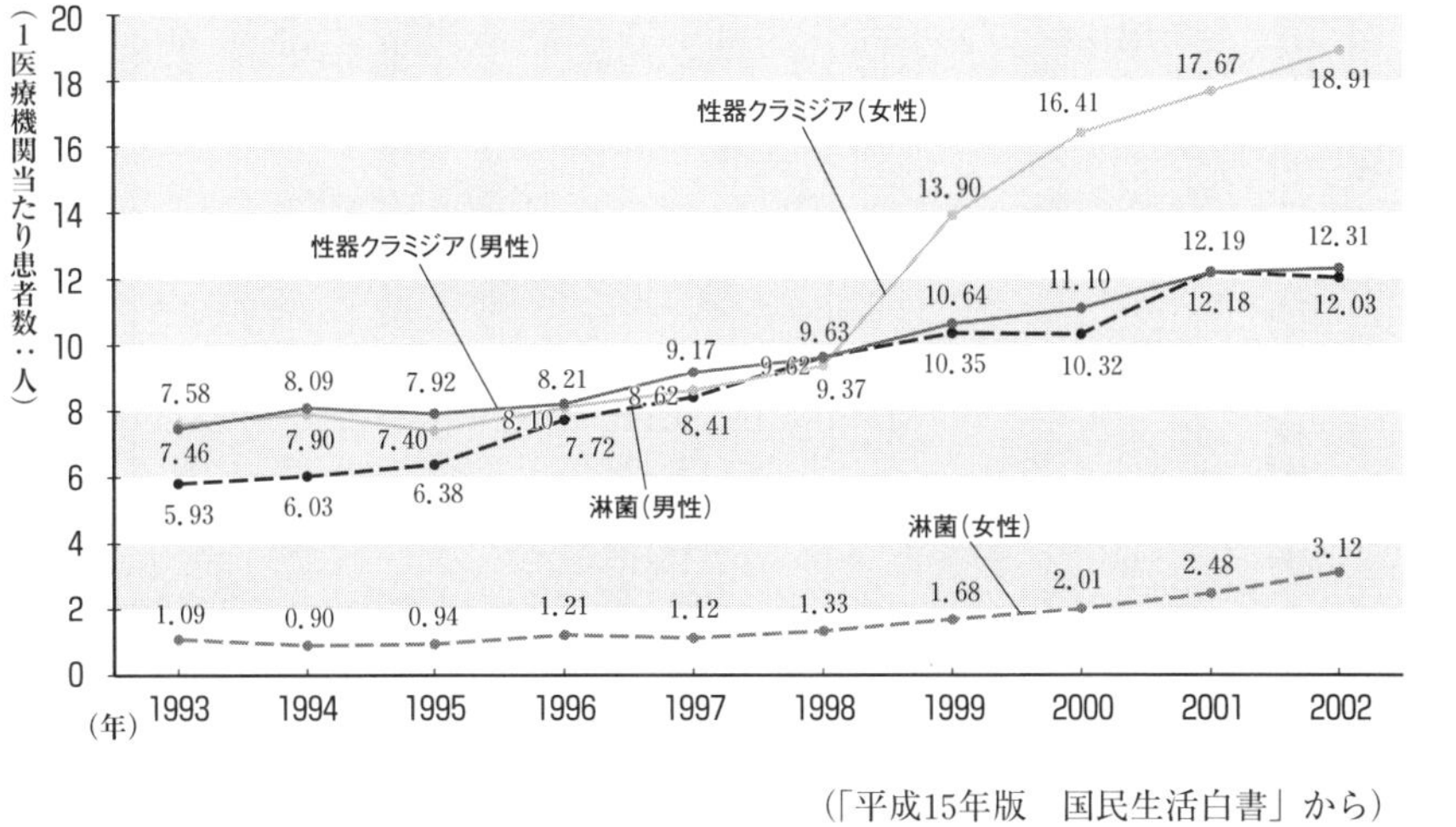

（「平成15年版　国民生活白書」から）

話からも利用でき、不特定多数が自由に自己紹介などを書き込む「掲示板」や、リアルタイムで電子メールをやりとりできる「チャット」など、その仕組みは、さまざまである。なかには、同好の士を募るといったものもあるが、多くは異性との出会いが目的で、近年これをきっかけにした児童売買春、さらには拉致《らち》・監禁事件や殺人事件なども起きて、大きな社会問題となっている。

警察庁によると、こうした出会い系サイトに絡《から》む事件の検挙数は、平成十四年の一年間で千七百三十一件を数え、十二年の約十七倍に急増した。このうち強盗・強姦《ごうかん》などの重要凶悪犯罪は、十四年には百件発生しており、十二年の約七倍という深刻な事態となった（**下表参照**）。

また、このうち児童買春・ポルノ法違反は八百十三件（十二年比約二十倍）、青少年保護育成条例違反が四百三十五件（同二十二倍）で、この二つの違反で全体の約七割を占め、それらのほとんどは「女子児童からの勧誘が事件のきっかけ」であった。

こうした事態を受けて、関係省庁では、勧誘した側（児童）も含めて罰則を伴う規制法案を国会に提出。平成十五年六月、「インターネット異性紹介事業を利用して児童を誘引する行為の規制等に関する法律」、いわゆる「出会い系サイト規制法」が成立し、九月十三日から施行された。これによって従来「保護される対象＝被害者」としての位置づけだけであった女子児童が、「処罰の対象＝加害者」でもあり得ると、国の方針が大きく転換されたのである。

出会い系サイトに関係した事件の検挙数

	児童買春・児童ポルノ法違反	青少年保護育成条例違反	重要犯罪（殺人・強盗・強姦）	粗暴犯（暴行・傷害・脅迫・恐喝）	児童福祉法違反等	計
H12年	41	20	15	7	21	104
13年	387	221	73	66	141	888
14年	813	435	100	128	255	1731
15年	810	448	137	108	243	1746

警察庁資料から

だが、警察庁が平成十三年の秋に実施した調査では、出会い系サイトの利用経験は、中学生女子で七パーセント、同男子で二パーセントだが、高校生では女子が二二パーセント、男子一八パーセントであった。そして、利用経験者の三六パーセントが実際に相手に会っており、その動機は「興味本位」が半数だが、残り四六パーセントは「異性の友人をつくる」ため、と答えている。最近の携帯電話の普及と、これに伴うインターネット利用の急増を考え合わせると、事件として検挙されたのは氷山の一角にすぎず、裾野《すその》の広がりが危《き》惧《ぐ》されている。

出会い系サイトや援助交際に関連する事件としては平成十五年七月、東京・渋谷《しぶや》で小学六年生の女子四人が監禁されるという事件が記憶に新しい。この事件で明るみに出たように、悪質な出会い系サイトでは、当事者たちが気づかないうちに、その背後に暴力団が関与しているケースが少なくないとの指摘もある。

いずれにしても、成人男性と女子児童とのかかわり

「出会い系サイト規制法」とは

出会い系サイトの利用によって引き起こされる児童買春や、その他の犯罪から児童（18歳未満の者）を保護し、健全育成を図ることを目的に、平成15年6月、「インターネット異性紹介事業を利用して児童を誘引する行為の規制等に関する法律（出会い系サイト規制法）」が公布され、同年9月に施行された。

- 児童および利用者

これにより、児童自身からの働きかけを含めて、「出会い系サイト」の掲示板などに児童を性交等の相手方となるように誘引すること（誘い入れること）や、お金などを与える（あるいは貰《もら》う）ことを示して、異性交際の相手方となるように誘引する書き込みを行うことを規制した。これに違反すると、100万円以下の罰金。

- 保護者

また、保護者には「児童によるインターネット異性紹介事業の利用を防止するために必要な措置を講ずるよう努めなければならない」とした。

- 事業者

一方、インターネット異性紹介事業者に対しては、利用者に対して児童が利用してはならないことを明示し、利用者が児童ではないことを確認することを義務づけた。これに違反していると都道府県公安委員会が認めた場合には、是正命令を出すことができ、命令に違反した者は6カ月以下の懲役または100万円以下の罰金に処する、となっている。

だけに、事件として表面化していない拉致・監禁、暴行、恐喝《きょうかつ》などに発展しているものが相当数あるのではないかと懸念されている。また、こうした危険性を、児童自身が認識していないということも大きな問題である。

一方で、十代の男女が、出会い系サイトを使って成人男性を恐喝するといった事件もたびたび報じられており、性をめぐる非行の広がりと深刻さは、いっそう憂慮すべき事態となりつつある。

援助交際の背後にあるもの

作田勉《さくたつとむ》氏（慶應義塾大学《けいおうぎじゅく》）らの研究「社会病理と性非行」によれば、性非行には幾つかの要因が絡み合っているという。

第一には、両親との関係性が性の逸脱にかかわるという。

女子にとって、母親は生きるうえでのモデルであり、父親は離れたところからではあるが、女子の存在を抱え込み保護する役割を果たす。そうした「可愛《かわい》がられた」「大事にされた」という両親の大きな愛に支えられた経験を持たずに成長すると、肉親、特に実父から愛情を得られなかった分、ほかの男性との濃密な関係＝性関係によって愛情欲求を満たそうとし、かりそめの心の安定を図ろうとするという。

ところが、それが真の愛情を基盤としたものでないと、すぐに空《むな》しさややるせなさを感じ、満たされないままに次々と相手を替え、エスカレートしていく例が多いと指摘している。

また、学校への不適応も、性の逸脱の一因として挙げられている。家庭で満たされず、学校でも成績が悪いと「勉強ができないから、将来はたかが知れている」「今から頑張っても、どうせ無駄《むだ》」といったあきらめの気持ちが強くなり、自己否定の感情を強めることになる。そうした思いを受けとめて、理解してくれる人や打ち込めるものがあればいいが、そうでない場合には「家も学校もおもしろくない」と、居場所を求めて街に出ることになる。

さらには、こうした子どもたちを取り込む社会環境の問題もある。性の逸脱を誘発するような漫画やアダルトビデオ、パソコン用ゲームソフトが出回り、中高生の下着や身体がお金になるといった情報をマスコミが不用意に流している。金銭至上主義の時代に育ち、我慢する術《すべ》を教えられていない子どもたちは、自己肯定感の低い状況にあるならば、たやすくそのほうへ走ってしまう。簡単にお金になり、つかの間のぬくもりを得られて、しかも「みんなやっていることだから」というのが、少女たちの言い分だという。「女子非行の特徴の一つは、男子が比較的ゆっくりと非行の道を進んでいくのに比べ、短期間で一気に深化していくことである。そして、その際『性』が密接にかかわっている」と、作田氏は指摘している。

関西大学の圓田浩二《まるたこうじ》氏は、援助交際をする少女たちにインタビューし、その動機と帰結から、他者に認められたい内面希求型「欠落系」と、欲望肯定型「快楽系」、効率追求型「バイト系」の三つに分類できるとし、さらに欠落系は「AC（アダルトチルドレン）系」と「魅力確認系」の二つのサブカテゴリーに分けられると述べている（論文「援助交際における性の商品化の様相」から）。

その中で、圓田氏は「援助交際にはお金を得るという理由よりも、女性としての承認を得るという理由が大きい位置を占める者もいる」と記し、「承認」とは、他者から価値ある存在として認められることであるとしている。そのうえで「AC系」は、他人から一人の人間として必要とされ、扱われることを希求しており、「魅力確認系」は、性的な魅力があると他者に認めてもらうことを求めているという。そして援助交際では、この「承認」がお金の価値を媒介としてなされている、と指摘する。

つまり、援助交際をする女子の心の底には、価値ある人として認められたい、あるいは性的に魅力があると認められたいという、切ない思いが潜《ひそ》んでいるようである。

そうした思いは、援助交際にまでは至らなくとも、性行動の低年齢化といった状況に密接にかかわっているようである。

心理学者の碓井真史《うすいまふみ》氏（新潟青陵《せいりょう》大学）は、自らのホームページ「こころの散歩道」で、援助交際をしている少女の「援交して、初めて人にほめられた。人間扱いされて、ほめてもらえた」「少しいやなことを我慢していれば、やさしくしてもらえる」といった言葉を紹介するとともに、普通の女子学生の「とても傷つくことがあって、心がボロボロになって、何とかしたくて、あっちの男、こっちの男と行っては、体を提供していた」「もちろん、そんなことをしても、そのときだけやさしくしてもらえるだけで、ますます傷つきます。それでも、愛を得るために体を提供する女性は、たくさんいます」という言葉を紹介している。

そして「性に関して厳しいしつけを受けた女の子に限って、グレると性非行に走る子がいる」と指摘。「どうすれば、自分の親が傷つくのか、無意識のうちに分かっている」「自分を傷つけ、親を傷つけ。それもこれも、本当は愛してほしいから」との見方を示している。

特別な子だけの問題ではない

性行動の低年齢化、援助交際といった問題の背後に共通するものとして、自尊感情の低さが見られた。しかし、これは特別な子どもだけの問題ではないようである。

財団法人日本青少年研究所による「高校生の未来意識に関する調査」(平成十四年)では、諸外国に比べ、日本の高校生は自己肯定感が低いという結果が出ている。

これによると「自分はだめな人間だと思うことがある」という項目について、米国では四八パーセント、中国では三七パーセントが「イエス」と答えているのに対して、日本では七三パーセントと非常に高い。

また、「あまり誇りに思えるようなことがない」についても、米国二四パーセント、中国二三パーセントに対して、日本では五三パーセントとなっている。

一方で、「計画をやり遂げる自信がある」については、日本は三八パーセントなのに対して、米国八六パーセント、中国七四パーセントとなっている。

こうした自尊感情、自己肯定感の低さは、ややもすると学校の成績だけで評価しがちな学校関係者や、親の養育態度によるところも大きいのではないか、と指摘されている。

そこで、こうしたデータを踏まえて、神戸大学の石《いし》川哲也《かわてつや》氏は、性の問題についても、こうすればこうなるといった否定的な指導や脅《おど》しではなく、肯定的自己概念を高める必要性を提唱している。

つまり、自分自身が大切だという気持ちを高め、「望まない行為を勧められても、きちんと断ることができる」ようにすることを目指すべきであるという。また、社会的動向に対して批判的に見ることのできる力を養い、創造的に考え、分析する力を培うことが必要である、とも強調する。

そのためには、友人や教師、そして家族の行動や態度が大切であり、「大切だと思う人、あるいは尊敬する人の態度が大きく影響を及ぼす」と述べている。

そのうえで、自分には他人にない良いものがあると思える「独自性」、自分で目標を立てて達成したという経験などからくる「有能性の感覚」、そして、人は一人ではなく、さまざまな人から影響を受け、あるいは影響を与えながら生きているのだという「相互関係」の三つをはぐくむことの大切さを掲げている。

第二部　私たちはどう向き合えばいいのか

こうした状況に、私たちはどう対処したらいいのだろうか。子どもたちを社会から隔離したり、氾濫《はんらん》する情報を遮断《しゃだん》することは不可能である。私たちにできることは、そのような中でも、子どもたちが健やかに生き抜いていける力をはぐくむことであり、万が一、つまずいたときには、手を添えて立ち上がることのできる態勢を整えておくことであろう。

そのうえで、本教には、平成十五年に第五十回を数えた「こどもおぢばがえり」に代表される少年会活動や、毎夏二千人近い若者が親里に集う「学生生徒修養会・高校の部」など、青少年の育成に力を入れてきた実績がある。これらを軸に、教会や地域で展開される少年会、学生会の諸活動、さらには教会そのものが、子育てに悩む親を支援するうえで大きな役割を果たし得るのではないかと期待される。

〝機能不全家庭〟の問題

性の逸脱、性非行をめぐる議論では、必ずといっていいほど〝機能不全家庭〟が問題として挙げられる。この世に生を享《う》けた人の子は、誰かが世話をしなければ生きていけない。家庭は子どもの命をつなぎ、身体を育てる場であると同時に、心をはぐくむ場でもある。

成長していく子どもがモデルとするのは、基本的には両親である。男として女としての振る舞い方、夫・妻としてのあり方、そして親としての子どもへの接し方など、すべてにおいて子どもは両親を手本とし、その影響を受けて育っていく。

その極端な例としては、アルコール依存症との関連で知られるアダルトチルドレン（ＡＣ）の問題がある（20ページ「アルコール依存症のおたすけ」参照）。ＡＣとは、アルコール依存症の親のもとで育った人のことであり、現在の生きづらさが親との関係に起因すると認識している人のことである。彼らは、意識上では親を否定しながらも、結果的には親と同じように生きてしまう自分の現実に悩む人が少なくないといわれる。いくら親のようになるまいと思いつつも、夫として、あるいは妻としてのものの見方や考え方、振る舞い方において、知らず識《し》らずのうちに親と同じように生きてしまうからである。

このＡＣについて識者は、女子児童において、母親との関係に問題がある場合は、拒食症・過食症といった摂食障害として現れ、父親との関係に問題がある場合は、多数の男性と性交渉を重ねるといった行動に走ることがある、と指摘している。

しかし、父子あるいは母子といった関係が、単独で存在するわけではない。それぞれの関係にも、基本となる父と母、つまり夫婦のありようが反映されているからである。

というのも、夫婦は血のつながらない者同士だが、子どもにとっては父も母も血のつながった肉親である。両親の間柄が悪いとしたら、父子あるいは母子関係に歪《ひず》みが生じるのは当然のことであろう。

夫婦から「親」への成人

　子どもの問題に取り組む際に、まず考えたいのは、夫婦の治まりについてである。

　みかぐらうた第二節の「このよのぢいとてんとをかたどりて　ふうふをこしらへきたるでな」を引くまでもなく、人間の基本単位は男と女であり、人間関係の最小単位は夫婦である。地と天、日と月、火と水に象徴されるように、相互補完的な関係にある二つのものが、五分五分の理で「二つ一つ」に結び合うところに、親神はどんなご守護も下さる。

　ふたりのこゝろをさめいよ
　なにかのことをもあらはれる　（四下り目　2）

のである。

　そのために大切なのは、

　せんしよのいんねんよせてしうごふする
　これハまつだいしかとをさまる　（一　74）

と、秀司《しゅうじ》様のご結婚を台として教え示されたように、それぞれの前生いんねんと今生の通り方を見合わせて、親神が、ふさわしい者同士を組み合わされた――とのいんねんの自覚である。

　夫婦皆いんねんを以《もっ》て夫婦という。（明治24・11・21）

と教えられるところである。

　その自覚に立つとき、成ってくる姿を喜んで受けとめる「たんのう」が重要となる。

　夫婦の中たんのう一つの理、互い〳〵とも言う。さあこれより一つしっかり治めるなら、いかなる事も皆《み》んなこれ思うように事情成って来るという。（明治30・7・19）

　夫婦中治めるなら前世いんねんのさんげえと諭し置こう。（明治32・9・3）

とも示されている。

　このことは、子どもとの関係においても同様である。まず夫婦があって、その間に子どもが授かり、親子となるのが順序である。そのときに考えたいのが、本教における「親」ということの意味である。

　子どもは夫婦の間に授かり、夫婦が共に力を合わせて育てる中に、健やかに育っていく。その道中には身上や事情、さまざまな「ふし」もある。

子供の煩《わずら》いは親の煩い同じ事、（明治35・10・13）

と教えられるように、子育てをする中で夫婦はお互いの心をつくり、尊敬し合い、たすけ合い、譲り合って歩んでいくのである。

そして、父親・母親である夫婦は、やがて二つ一つの「親」へと成人していく。つまり、親神よりお預かりした子どもを、その思召《おぼしめし》に沿う子供へと育て上げる中で、親もまた共に育つのである。

〝世代間境界〟を見直す

このように思案してくると、家族心理学の世界で重視されてきた〝世代間境界〟の大切さも見えてくる。

世代間境界とは、祖父母、両親、子どもといった世代間の線引き、けじめである。まず、それぞれの世代のヨコの関係、特に夫婦仲が治まっていて初めて、ほかの世代間の関係も健全に機能する。ところが、機能不全家庭では、タテの関係の境界が希薄になったり、曖昧《あいまい》になっているというのである。

たとえば、祖父母の世代が息子や娘夫婦の子育てに過剰に手出しや口出しをしたり、嫁・姑《しゅうとめ》の関係の悪さが、祖母による孫への溺愛《できあい》になったり、あるいは夫婦仲が希薄なために母子密着が起きたり、といったことである。家庭内での人間関係の歪み、アンバランスは、子どもの心をゆがめ、アンバランスにするのである。

子どもに健やかに育ってほしいと願うなら、その前に、夫婦仲が健全でなければならない。子育てへの心配りと同等か、それ以上に、夫婦お互いのありようを考え、心を注いでいくことが必要なのである。

子どもに事情を見せられたとき

そう考えれば、子どもに事情を見せられたときの思案の仕方も、おのずと見えてくる。

つまり、見せられた現象に右往左往するのではなく、その根底にあるものを見据えることである。夫婦がいんねんをもって組み合わされているのと同じように、親と成り子と成るは、いんねん事情から成りたも

の。（明治40・4・9）

だからである。

その自覚に立てば、子どもの言動は子どもの問題であると同時に、「子供の煩いは親の煩い同じ事」と、すべては親自身の問題と受けとめられるようになる。

また、善くも悪《あ》しくも、

親のあと子が伝う。（明治26・6・21）

のだから、夫婦がそれぞれの通り方を、さらに夫婦としてのあり方を、子どもに映してくださっていると悟ることが大切だろう。

そのような思いになれば、子どもの言動を責める前に、まず親自身の通り方を振り返って、さんげをし、心を定めて歩み直すことが必要だと分かる。子どもの事情で悩むときは、親自らが、親としてのあり方を振り返る機会でもある。

「親と成り子と成るは、いんねん事情から成りたもの」とのおさしづは、

親を孝行せず、親という理忘れ、親に不孝すれば、今度の世は何になるとも分かり難《がた》い〳〵。

と続くことを肝に銘じたい。

また、

親が子となり、子が親となり、（明治21・4・16）

とも教示され、恩の報じ合いをするのだと教えられる。

とすれば、子どものことで悩むときは、親孝行に努めることが解決に向けての一つの糸口となるはずである。その際は、抽象的に考えるのではなく、具体的な事柄によって思案し、実行することが肝要である。

ある教会長夫人は、こうした悩みを抱えて相談に来る人に、「子どもにやっている小遣いの額と、親への小遣いの額は、どれくらい違いますか？」と、具体的に尋ねることにしているという。

子どもは自らの延長、分身のようなものだから、当然のことながら可愛《かわい》い。しかし、その可愛いの心遣いが、今日の姿を招いていることに気づき、親孝行を心がけるとき、子どもの事情は自然と治まりを見せていただけるという。

また、離婚が急増している現代にあって、父親もしくは母親が独りで育てているということもある。事故などによる死別では、子どもが親を助けるという話もよく聞くが、離婚の場合は、難しい問題を抱えること

もままある。

というのも、離婚に至るまでに、夫婦の間にはさまざまな軋轢《あつれき》や葛藤《かっとう》がある。そうした両親の間で、子どもはどれだけ苦しみ、傷ついたことであろうか。

また、離別後に、贖罪《しょくざい》の念や不憫《ふびん》さから、子どもに過保護になったり、腫《は》れ物にさわるように接することもある。そうした態度が、さらに傷を深くすることにもなる。

このような中で、子どもに事情を見せられた場合は、子どもに対する態度や接し方について思案することはもちろんだが、まずは離婚した配偶者との間柄を振り返る必要がある。

夫婦の中切れたという。夫婦の縁は無くとも互い〳〵兄弟という縁は結んでくれ。（明治28・5・22）

と諭されているように、離婚して他人になったとしても、子どもにとってはどちらも肉親である。その二人が、いがみ合い、憎しみ合っていては、子ども自身の存在そのものが揺らぐ。お互いにさんげし、せめて〝兄弟の縁〟を結んで、子育てのうえでは力を合わせたいものである（40ページ「『離婚』の増加をめぐって」参照）。

性教育をめぐる議論

だが、ひと口に子どもに向き合うといっても、性をめぐる問題は、親子の間で話題にしにくい。気軽に話せる雰囲気があれば申し分ないが、多くの家庭では、ぎこちないものがあるようである。両親の営みによって子どもは生まれてきたのであるから、親子ともに、いわく言いがたい複雑な思いがあるのだろう。

そのせいもあってか、昨今、学校現場における性教育の問題がやかましく論じられている。極端なところでは、児童に性交の絵を見せたり、人形を使って性器の構造や性交そのものについても教えるという。

また、増え続ける十代の妊娠や性感染症の拡大を危《き》惧《ぐ》して、コンドームを配布したり、使い方を教える高校もある。

いずれも学校現場と保護者の間で、さまざまな議論が起きている。

しかし、アメリカの教育現場における経過を見れば、その功罪は明らかである。性器やコンドームにまで踏み込んだ教育を施した結果、逆に未成年者の妊娠・出産が増加したという。そこで、夫婦や愛といったことに重点を置いた教育に切り換えたところ、沈静化しつつある、とも報じられている。

だが、性に関する情報が氾濫し、日常生活にまで入り込んでいる現代である。また、消費行動からいじめに至るまで「皆がやっているから自分も」といった付和雷同性が、現代っ子の特徴の一つでもある。性行動に伴う妊娠や性感染症の危惧、危険性については、ためらわず教えることが必要である。

そうした子どもたちと向き合う機会が多い、ある教会長は「女の子のほうが損をするよ」と話すそうである。援助交際についても「多くの場合、暴力団が絡《から》んでいるから、拉致《らち》や暴行など危ない目に遭《あ》うことが多いんだよ」と具体的に語りかける。善い悪いといった価値や倫理で説得するより、具体的に「危ない」「怖い」という情報を提示することが、コミュニケーションの糸口になるという。

子を持つ親や、子どもたちを預かる少年会・学生会の関係者、そして教会関係者は、こうした実情に関心を持ち、普段から考えておく必要があるだろう。

親から相談を受けたら

子どもが性的な逸脱をしたからといって、教会に相談に来る親は少ないだろう。だが、もし相談を受けたら、先述の夫婦・親子の理合いやあり方について、悟り取れるように導きたいものである。

その際に留意したいのは、決して一方的に諭さないことである。本来ならば恥ずかしい、隠しておきたいことを相談に来たのである。それはよくよくのことであり、傷つきやすい心情になっているはずだ。

まずは、本人の驚きや怒り、悲嘆の思いを十分に聴き取ることである。こうした親としての複雑な感情の裏には、子どもへの慈しみが込められている。それゆえに、一緒になって子どもの行動を責めたり、子どもを軽蔑《けいべつ》していると受け取られるような言動をとることのないように気をつけたい。

そのうえで、どうしたら立ち直ってもらえるかを共に考えることである。

その子が生まれたときの思い、それ以前の、夫婦が出会ったときから今日に至るまでの道中を共に振り返り、夫婦・親子の間柄を一つひとつ見つめ直したい。こうした振り返りを通して、信仰者ならおのずと答えと対処法を見いだしていけるに違いない。

その際、押さえておきたいのは、「親神から授かった、お預かりした子どもとして、無条件に大切な存在である」と親が思っていることが、きちんと子どもの心に届いているかということである。

子どもの性行動の逸脱の背景として、識者は、両親との関係からくる寂しさ、自己肯定感の低さを挙げている。学校の成績がいいから良い子だとか、親の言う通りにするから良い子だとか、条件つきで大切にするというのでは、条件を満たせない子どもは家庭に〝居場所〟がなくなり、逸脱するしかない。

まず、良い子・悪い子といった評価や条件を抜きにして、「親と成り子と成るは、いんねん事情から成りたもの」との思いが心に治まるように、導きたいものである。

子どもから打ち明けられたら

では、子どもが相談に来たら、どう対処すればいいだろうか。性に関する問題は親子では話しにくく、友人や先輩、保健室の先生、兄弟姉妹に相談することが多いという。少年会や学生会などで、以前から何らかの関係があれば、教会長夫妻や、青年・女子青年などに相談することもあるだろう。

その際も、まずは十分に話を聴き取ることである。決して急《せ》かさず、善悪の判断をしたり、説教したりせずに、本人が自分の心の軌跡をたどれるように耳を傾けたい。

ほとんどの子どもは、自分の行為に罪悪感を持っている。少なくとも、善いことだとは思っていない。それを自ら打ち明けたのだから、半分は立ち直っているといえる。

十分に話せない場合や、悩みを内に抱えているときには、「学生生徒修養会」の受講を勧めてみるのもいい。中学生であれば、「こどもおぢばがえり」の少年ひのきしん隊本部練成会もある。存命の教祖《おやさま》の膝元《ひざもと》で、自らの心を見つめ、同世代の仲間と語り、悩みを共有する中で気がつくことは多いはずだ。

それぞれに経験豊かなカウンセラーがついているから、親や教会といった固定した人間関係から離れて、より気安く年長者に相談することができる。また、ひのきしんを通して、生きる喜びや、自らの存在感を確かめることにもつながるだろう。

このように、自分自身を取り戻せるよう、世代に応じた手の添え方で、導いていきたいものである。

〃居場所〃としての教会

前述したように、幼くして性行動に走る背景には、自己肯定感の低さが一因にある。「認められたい」との思いが、そうした行動に駆り立て、つかの間の安心を得ていることも少なくないという。

産婦人科医の赤枝恒雄氏は、援助交際している女の子たちを、老人ホームのボランティアに誘ったという。気軽に参加した女の子たちだったが、お年寄りたちと親しくなり、さまざまなことを教えてもらい、逆にダンスを教えて感謝されるという経験をする中で、援助交際をやめていった、と記している。自分を自分として認めてくれ、向き合ってくれる人と場所を見つけたのである。

〃居場所〃というのは、性行動の逸脱だけでなく、そのほかの非行、さらには「ひきこもり」などにも当てはまる。

教会には、悩み苦しむ人を無条件に受け入れ、それぞれに見合った役割を提供できる可能性がある。少年会活動でも、小学生は自分より下の学年の子や幼児の、中学生は小学生の、高校生は運営スタッフとして「役に立つ」ことができる。現代社会が失いつつある、年齢や世代を異にする集団内でのこうした経験は、「自分も役立っている」「自分には価値がある」と自然に実感できる得がたい機会となる。

と同時に、現代っ子に不足しているといわれる、対人コミュニケーション能力を培う場としても有効である。携帯電話や電子メールでコミュニケーションはできても、面と向かって話せないから、出会ってすぐに性行為に走るのだ――と指摘する識者もいるくらいである。

また、女の子の場合、「嫌われたくない」「傷つきたくない」「捨てられたくない」といった思いから、相手におもねって刹那《せつな》的に性行動に走ることがある、という指摘もある。その意味でも、教会や縦の伝道の会活動におけるさまざまな人との出会い、コミュニケーションの経験を通して、自分の役割を見いだすということは、その子が生きていくうえで大きな意味を持つといえる。

ただし、配慮したいのは、決して急がないこと、押しつけと受け取られないようにすることである。自己肯定感や安心感、自分ならではの役割は、押しつけられるものでも与えられるものでもなく、自分で見つけ、つかみ取るものである。

少年会や学生会の活動、教会行事、対外的なひのきしんといった場面に誘い、時には役割を引き受けるように頼み、あとは心を込めて見守るのである。その子が自分で気づき、歩き出せるまで。

参考文献および資料

●橋本武人『天理教学シリーズ2　いんねん　夫婦・親子』天理教道友社、1995年

●道友社編『心の病と癒し』天理教道友社、2000年

●日本性教育協会編『「若者の性」白書』小学館、2001年

●黒田正宏『現代の性書　幸せで健全な21世紀の日本を築くための提言』文芸社、2001年

●赤枝恒雄『子どものセックスが危ない』WAVE出版、2002年

●河野美香『十七歳の性』講談社、2000年

●今一生『「出会い系」時代の恋愛社会学　ケータイ&ネットの性と「もてたい男」』ベストセラーズ、2001年

●菊池栄治「青少年と社会」

●東京都幼稚園・小・中・高・心障性教育研究会編「児童生徒の性意識・性行動調査」1999年

●東京都予防医学協会「若者の性行動とSTD（性感染症）」
http://www.yobouigaku-tokyo.or.jp/lb29_std.htm

●日本性教育協会「日本性教育協会行動調査」
http://www.jase.or.jp/kenkyu_zigyo/2_f.html

●厚生労働省「母体保護統計報告」
http://wwwdbtk.mhlw.go.jp/toukei/data/220/2001/toukeihyou/0003812/t0063260/nn 14_001.html

- 作田勉ほか「社会病理と性非行」
http://www.jicef.or.jp/wahec/ful 420 j.htm
- 圓田浩二「援助交際における性の商品化の様相」
http://www-soc.kwansei.ac.jp/kiyou/84/84-ch 12.pdf
- 日本青少年研究所「高校生の未来意識に関する調査」
http://www 1.odn.ne.jp/youth-study/
- 石川哲也「特別講演　心の健康と性教育（要旨）」――日本性教育協会「第32回全国性教育研究大会」から
http://www.jase.or.jp/kenkyu_josei/insyou.html
- 碓井真史「こころの散歩道」
http://www.n-seiryo.ac.jp/~usui/
- 厚生労働省「平成14年度　衛生行政報告例概要」
http://www.mhlw.go.jp/toukei/saikin/hw/eisei/02/kekka 9.html
- 警察庁「平成15年中のいわゆる出会い系サイトに関係した事件の検挙状況について」
http://www.npa.go.jp/cyber/toukei/html/html 14.htm
- 内閣府男女共同参画局「平成15年版　男女共同参画白書」
http://www.gender.go.jp/whitepaper/h 15/index.html
- 社団法人全国少年補導員協会
http://zenshokyo.ecs.or.jp/conditions/condition_01.html

しつけ・家庭教育について

近年、子どもたちを取り巻く環境は大きく変化している。特に乳児の置き去り、児童虐待《ぎゃくたい》、学級崩壊、不登校など、子どもが大人へ成長して社会生活を始めるまでの過程に生じる諸問題は、彼らが未来を担う存在であるがゆえに、大人が対応を誤れば、将来的に深刻な事態を引き起こしかねない。

そこで、子どもたちが健全に育つ環境を考えたいと、現代における「しつけ」のあり方を取り上げて検討を重ねてきた。その概要を紹介したい。

家庭、地域の機能不全

幼稚園、小学校といった初等教育期間における「しつけ」は、主に家庭を中心になされている。

ところが、近年になって、その家庭をめぐる環境が大きく変貌《へんぼう》した結果、家庭の教育力が著しく低下し、子どものしつけができなくなっているとの指摘がある。家庭、地域の機能不全による〝しつけの喪失〟現象である。

その背景には、科学技術の発達を背景とする、急激な社会変動下での価値観の変化や倫理観の喪失があるといわれている。

若い親たちの多くは、何を信じて子どもを導き育ててよいかが分からず、子育てに対する漠然《ばくぜん》とした不安を持つだけでなく、極端な場合には、恐怖心すら抱いていることもあるという。

いま何が起こっているのか

わが国では戦後、産業や経済活動が都市部に集中した結果、家族構成や家族のあり方にも大きな変化が生じた。

その一つは核家族化である。多くの家庭が両親と子どもだけになり、家庭内でしつけを担うのは親のみとなった。

また、住宅事情から、稼ぎ手である父親は、朝早くから遠く離れた都市部の職場に出かけ、夜遅くに帰宅するといったケースも増えている。こうした家庭では、子どもが父親と顔を合わせるのは休日だけということも珍しくない。

そんな中で、家庭教育における責任は、片方の親(多くは母親)に一方的に重くのしかかっていることが、問題として指摘されるようになった。子どもの目に父親の姿が見えない状況となって〝父性性〟が欠落し、その結果として、本来、相補い合うべき父性性と母性性の調和が失われて、子どもの成長にさまざまな影響を及ぼしているという。

その一つが、母子の分離不安や分離遅延である。子離れできない母親や、いつまでも自立できない、あるいは自立させてもらえない子どもが増えているという現象は、過食症や拒食症といった心身に現れるさまざまな病態の背景としても注視されている。

一方、家庭における子育てを補完し、支えてきた地域社会のありようも大きく変化している。以前は、子どもが悪さをすると近所の大人たちが叱《しか》るなど、父性性や母性性の欠如を補ってくれたものである。しかし都市化、核家族化が進む中で、現代人は近隣の人々との親密なかかわりを排除する傾向にあり、以前のような温かい社会環境は急速に失われつつある。

このような中にあっても、同じ地域で子育てをする親たちの交流は存在する。しかし「公園デビュー」という言葉に象徴されるように、その中に新たに参入するには、大きな精神的負担を覚悟しなければならない。

しかもそこは、なんでも気さくに語り合える場ではなく、「デビュー」がうまくいかなければ、ますます孤立することになる。

隣人と気軽に語り合える、相談し合える雰囲気や機会の喪失は、子育ての重い責任をさらに重く、つらいものとしている。支援もなく、一人委《ゆだ》ねられた母親にとって、しつけの際に頼れるものは市販のマニュアル本だけといっても過言ではない。

　しかし、当然のことながら、子どもはマニュアル通りには育たない。子どもがマニュアルから外れた行動をするとき、適切なアドバイスが得られないと、母親たちはどうしていいか分からなくなる。そうした苛立《いらだ》ちや焦《あせ》りが、児童虐待の一因ともなり得る。

　さらに、このような事態の変化を理解できない家庭外からの圧力――「若い世代は子育てさえ満足にできない」といった上の世代からの批判や、「しつけくらい家庭でちゃんとやりなさい」という発言など――は、個々の家庭にますます重い責任を課し、当事者である親を、さらに追い込む結果にもなっている。

子どもの世界の変化

　子どもを取り巻く環境も大きく変化している。その一つに少子化がある。統計によれば、一人っ子は増えておらず、二人兄弟姉妹《きょうだい》が多い。だが、以前より子どもの数は少なく、兄弟姉妹間で切磋琢磨《せっさたくま》することが少なくなった、と指摘されている。

　また、精神科医の小此木啓吾《おこのぎけいご》氏が「ホテル家族」という言葉で表したように、兄弟姉妹がいても、それぞれが自らの部屋で一人っ子のように暮らしており、社会性を養うといった配慮が、家庭でもあまりなされていない。

　一方、地域社会においても、かつての子どもたちは仲間と群れて遊ぶ中で、他者を思いやる心や社会性を身につけたものである。しかしながら今日では、都市環境の変化で空き地などの遊び場が少なくなったことに加えて、塾通いとテレビゲームなどの独り遊びが増え、ほかの子どもとの交流や群れて遊ぶ機会が失われつつある。

　こうした事態は、自立心や他者との協調、思いやりや感動する心などをはぐくむ場が少なくなったことを意味している。これでは、子どもたちが自己中心的な考え方しかできなくなってしまいかねない。

さらに、最近の特徴として、情報メディアの著しい発達も挙げられる。親が子どもにはふさわしくない有害な情報だと考えるものでも、その流入を遮断《しゃだん》できず、子どもの成長に不適切な刺激を与えてしまうことがしばしば生じる。自我を確立し、しっかりとした価値観を身につける前に、偏った情報にさらされていると、誤った価値観や倫理観が芽生えてしまう恐れもある。

　子どもたちはいま、物質的には何不自由ない環境に暮らしながら、その一方で、自然とかかわる体験や、潤いや痛みを伴うような現実的な対人経験に乏しく、情操の発達や自立の遅れが目立ってきている。洪水のように押し寄せる情報の中で、価値観や倫理観の確立がおぼつかないのも無理はない。

何を教え、何を伝えるのか

「しつけ」や「家庭教育」についての捉《とら》え方は、人によってかなり異なる。

　民俗学者の柳《やなぎ》田《た》國《くに》男《お》氏は「しつけとは礼儀作法や生活技術を身につけさせること」であるとした。

一方、法律家であり家族関係にも詳しい有《あり》地《ち》亨《とおる》氏は、もう少し意味を広げて「社会的に認められた一人前の人間として、他の人々と信頼関係を保って生活するのに必要な生活様式、倫理、信条などを身につけることを目標とする」としている。

　しかし、礼儀作法や生活様式は時代によって変化する。たとえば「歩きながら物を食べる」といった行為は、現在、以前ほど非難を浴びることは少なくなっている。欧米の若い世代は当たり前のように行ってきたからである。

　礼儀作法や生活様式の基盤には、倫理や信条といった価値観があるはずだが、これとて、時代の変化や国際化の波の中で変わり得る。さらに、その社会が何を目指しているのか、何を価値判断の基準に置いているのかといったことも、その時代の倫理や信条に影響を及ぼすのである。

　このように、社会状況と倫理・信条は、善くも悪くも相互に影響を及ぼし合っており、信仰などの普遍的な価値観を持たなければ、目先の利益や欲望に流されがちになる。

しつけの初期段階は親が担うものだが、いまの世の中では、社会が親に対してしっかりした基準を提示しなければ、親は子どもに何を伝えていったらよいか分からなくなってしまう。こうして育てられた子どもが親になったとき、自分が教えてもらった以上のことを次の世代へ伝えるのは極めて困難になる、ということは想像に難《かた》くない。

　実際、ややもすると、偏差値などの数量化できるもので人生のコースや人の価値を決めてしまい、個人の特性を評価しないといった傾向がある。これらは、いまの子どもが育っている社会というだけでなく、親の世代が育ってきた社会の特性でもある。

　また、個人主義と利己主義の履《は》き違いから、他人を思いやる気持ちが薄れつつある。他人に迷惑をかけても、そのことにさえ気づかない人が増えている。つまり「我《われ》さえ良くば今さえ良くば」の風潮に流されているのである。

　現代はまさに、普遍的価値観を見失った社会であり、それだけに、確かな〝拠《よ》り所〟が求められている時代なのである。

子どもは親の姿を映した鏡

「子どもとは大人への発達途上であり、未熟な人間である。したがって、成熟した大人には何が正しいかを子どもに教え込む義務がある」と考える大人は多い。だが、果たしてそうであろうか。

　確かに子どもは未熟ではあるが、心を持たぬ存在ではない。乳児、幼児を問わず、年齢に応じた心や感情を持ち、環境に影響されながら人格を成熟させていく。

　大人にしても、必ずしも成熟した完全な存在とはいえない。子を授かり、子育てをする中で、親も成熟していくのである。

　たとえば、誤解されがちな言葉に「優しい育児」「ほめて育てる」というものがある。これらは、単に「叱らない」ことを意味するのではない。「わがまま」を許すことを「個性や自由を尊重している」と勘違いする親も少なくない。

　叱るべきときには叱らなければならない。また「優しくする」「ほめる」の対象が、いつもわが子であるとは限らない。「両親が互いにほめ合う」「親が他人をいつもほめる」のを見て育った子どもは、親と同じことが自然とできるようになるはずである。

このように、子育ての本質は親子相互の交流、学習にある。夫婦が互いにたすけ合って子育てをする、親が子どもの行動を自分のあり方と関係づけて考える――これらは夫婦のたすけ合いであり、親子の〝育ち合い〟である。親は子を育て、同時に、子育てを通して親自らも育っているのである。〝共育《きょういく》〟の姿が、そこにはある。

だからこそ、それぞれに育っている親子を、傍らから支え、あるいは導く人も必要となるのである。

「親であること」とは

教育学者の遠藤克弥《えんどうかつや》氏は、「親の役割」として、①共に学ぶ存在　②保護する存在　③社会的存在　④行動モデル　⑤援助する存在――の五つを挙げている。

親もまた、一人の人間として成長する存在であることを意識しつつ、子どもにも感じ取らせるよう努力する必要があるだろう。「自分はこうしている」「自分はこのように努力している」ということが、子どもに自然に伝わるようにするのである。

また、自身が社会の一員として社会を理解し、その構成員として最低限の役割を果たしているかどうか。これを通して、親は子どもの社会化を促すことになる。

親にはまた、生きるうえで必要な基本的価値観をしっかりと伝える責任もある。現代っ子のわがままやモラルの低下を嘆く前に、大人がまず自らを反省しなくてはならない。

子育ては、親も共に育ち、共に学ぶ。親も家庭の中の学習者の一人であり、学習者としては、子どもと同様の存在であることを自覚する必要がある。「良い親子関係が良い親を育てる」という言葉の本質は、そこにあると考えられる。

教えに照らしてみれば

このはなしみな一れつハしやんせよ
をなじ心わさらにあるまい　（五　7）

をやこでもふう〳〵のなかもきよたいも
みなめへ〳〵に心ちがうで　（五　8）

さあ〳〵小人《しょうにん》々々、さあ〳〵小人々々連れて戻りた〳〵。（中略）親が子となり、子が親となり、
（明治21・4・16）

親も子も、ともに親神の子供であり、それぞれに独自の魂、そして自由を許された心を持っている。また、生まれ変わりを重ねていく中では、子は前の代の親であり、子育てを通して互いに恩の報じ合いをするのだ、とお教えくださる。

さらに、子育ての場では、子どもの行動や、子どもに見せられる身上・事情を通して、親が教えられることは多い。言い換えれば、親神が子どもの姿を通して、親にさまざまなことを教えてくださるのである。親も子も親神の子供として共に育ち合い、互いに生涯学び続けていくのである。

大きい心を持って通れば大きい成る、小さい心を持って通れば小そうなる。親が怒《おこ》って子供はどうして育つ。皆、をやの代《かわ》りをするのや。満足さして連れて通るが親の役や。
（明治21・7・7）

もう道というは、小さい時から心写さにゃならん。そこえ〳〵年取れてからどうもならん。世上へ心写し世上からどう渡りたら、この道付き難《に》くい。
（明治33・11・16）

人間は「陽気ぐらしをするのを見てともに楽しみたい」との親神の思召《おぼしめし》から創造された。その数多い人間の中で、「いんねんよせてしうごふする」とのお言葉通り、深い親心からの計らいによって、家族や知り合いの縁を結んでいただいている。親となること、子となることのすべては、それぞれに親神から与えられた役割であり、親はをやの代わりに子どもを育てさせていただくのであって、子どもを通して自ら成人の道を歩ませていただくのである。

とすれば、しつけとは、親神からお預かりしている子どもに対し、親神の思召に沿う生き方、つまり陽気ぐらしを目指して歩む人間としての心遣いと行いを身につけさせることである、といえる。

その要諦《ようてい》を、教祖《おやさま》は平易な言葉でお説きくだされている。その一つは『稿本天理教教祖伝逸話篇』一二三「人がめどか」に見える、

「やさしい心になりなされや。人を救《たす》けなされや。癖《くせ》、性分を取りなされや」
とのお言葉である。人間は皆、親神の子供であり「きょうだい」の間柄にある。その人間が互いに立て合い、たすけ合う姿を親神は待ち望んでおられる。そのたすけ合いの前提となるのが、心の癖や性分を除く努力である。競争原理の中で育ってきた現代人は、ともすれば、これとは正反対の「我さえ良くば今さえ良くば」の思いに流されがちである。親子ともどもに自己中心的な考え方を払拭《ふっしょく》し、たすけ心を培いたいものである。

また、同じく『逸話篇』の一三八「物は大切に」には、
「物は大切にしなされや。生かして使いなされや。すべてが、神様からのお与えものやで」
とのお言葉が伝えられている。この世界の一切が親神から与えられたものであると分かれば、物を大切に生かして使うという「慎み」の心が自然に形成されるであろう。また、人間の体が親神からの「かりもの」であることを知れば、生かされている喜びと感謝の心が湧《わ》いてきて、その思いは、おのずと神恩報謝のひのきしんの行動へと向かう。

現代は「物質的に豊かになった半面、心が貧しくなった」といわれる。飽食の中で育った世代に最も欠けている心のありようが、この「感謝」と「慎み」ではないだろうか。

このように、教祖の教えを〝価値観〟として身につけることで、いまを正しく生き抜く、私たちの目指すべき人間像が見えてくる。それは、陽気ぐらしを望まれるをやの思いに基づく人間像であり、拠り所を失っている現代社会に対し、普遍的な生きる目的を提示するものである。

さあ〳〵身上に一つの事情心得んという事情、さあ〳〵十五才までは親の事情、何か万事聞かして置かにゃならん。何か心に理がある。いかなる話聞かし、生涯の話聞かし、何か心治めさゝ、にゃならん。万事聞かして、一つ〳〵話聞かしてくれるよう。　（明治24・3・12）

十五才まで第一の事情、子供取ったり育て子も育つ。情無《なさけな》い、うたていな〳〵思えば、理が回る。
（明治25・8・8）

十五歳までの子どもに見せられる身上や事情は、その親に対する親神のお知らせでもある。わが身に見せられるよりつらい、わが子へのお手入れは、親自身あるいは夫婦の成人を促される切ないまでのをやの思いが込められている。子の姿を通して、親もまた、育てていただくのである。

このことは、親あるいは夫婦の日々の歩み方が、子どもを自然と導き育てているともいえる。子どもの姿は親の心通りの姿であり、〝子は親の鏡〟なのである。

家族を支え導く教会のあり方

まず、家庭内での親の役割を、いま一度顧みたい。基本となるのは「夫婦」のありようだろう。「このよのぢいとてんとをかたどりて」と、みかぐらうた第二節で示されるように、この世の一切は「二つ一つ」の理合いのうえに成り立っている。その基本である夫婦は「水」と「火」、「陰」と「陽」である。そのお互いが補い合い、たすけ合って一つの働き、つまり両親ではなく単数形の「親」となるところに、子どもは健やかに成長するのである。

夫婦が内々互いに尊敬し、温かい心を通わせ合っているかどうか。外へ向かったときに、つい「我さえ良くば今さえ良くば」の思いになっていないか。たすけ心で行動できているかどうか。これらを常々から反省し、互いに勇ませ合うことが大切だろう。

そして、折にふれて親神のご守護について子どもに語り聞かせ、生かされている喜びを態度に表すひのきしんを共にするのが、基本的な親の役割であろう。

また、そうした家族のありようを支え導くのが教会、そして教祖の道具衆としてのよふぼくの務めともいえる。それは、衰えてしまった地域社会の教育力を回復することにもつながるだろう。

具体的には、教会や教区・支部を拠点に、地域の親同士のコミュニケーションを図る場を提供する、少年会活動を通じて子どもたちが触れ合う場を提供する、などが考えられる。

そこで提示される、教えに基づく教育やしつけとは、陽気ぐらし世界を実現するために、人間創造の「元の理」を理解し、それを実際の生活に生かす考え方、生き方を身につけることを目指す営みといえる。

心の拠り所、普遍的価値観を失った現代こそ、親心の真実と人間生活の真の目標を示し、感謝と慎みの心を社会に広めるときである。

参考文献および資料

- 柳田國男監修『民俗学辞典』東京堂出版、1951年
- 服部祥子『精神科医の子育て論』新潮社、1991年
- 小此木啓吾『家庭のない家族の時代』筑摩書房、1992年
- 遠藤克弥『いま家庭教育を考える　親と子の生涯学習』川島書店、1992年
- 柏木恵子『親の発達心理学　今、よい親とはなにか』岩波書店、1995年
- 依田明『少子時代の子どもたち　のぞましい家庭教育を探る』ブレーン出版、1997年
- 澤井義次「親子について」――『天理教学研究』第36号、1998年
- 広田照幸『日本人のしつけは衰退したか　「教育する家族」のゆくえ』講談社、1999年
- 尾木直樹『子どもの危機をどう見るか』岩波書店、2000年
- 有地亨『日本人のしつけ　家庭教育と学校教育の変遷と交錯』法律文化社、2000年
- 道友社編『心の病と癒し』天理教道友社、2000年
- 教育改革国民会議「教育改革国民会議報告　教育を変える17の提案」http://www.kantei.go.jp/jp/kyouiku/houkoku/1222report.html
- 中央教育審議会「幼児期からの心の教育に関する小委員会（第5回）議事録」http://www.mext.go.jp/b_menu/shingi/12/chuuou/gijiroku/004/971004.htm

第三章 生命倫理への教理的視座

「脳死」をめぐって

わが国では平成九（一九九七）年七月に「臓器の移植に関する法律（臓器移植法）」（140ページのコラム参照）が制定（同年十月施行）され、「脳死」の人からの臓器移植が可能となった。しかし「脳死」による臓器提供はなかなか行われず、第一例目が報じられたのは十一年二月のこと。施行から六年余りが経過した十六年七月初旬に、ようやく三十例目の提供が報じられたのである。

そんな中、同法の附則に「施行後三年を目途として、この法律の施行の状況を勘案し、その全般について検討が加えられ、その結果に基づいて必要な措置が講ぜられるべきものとする」と示されていることから、施行三年目の十二年夏には、町《まち》野《の》朔《さく》・上智《じょうち》大学法学部教授らのグループによる厚生省科学研究費助成研究「臓器移植の法的事項に関する研究――特に『小児臓器移植』に向けての法改正のあり方」の最終案が厚生省（当時）に提出された。この案には、臓器移植の可否にかかわらず「脳死」を人の死と定義することや、厚生省の「ガイドライン」に基づいて、現在は認められていない十五歳未満の人からの脳死による臓器提供を可能にすること、本人が臓器提供について「拒否の意思表示」をしていなかった場合、家族の承諾だけで提供できるようにすること――などが盛り込まれており、その後、これに対する賛否さまざまな私案や提言、要望などが出されたが、十六年春の国会にも改正案は提出されなかった（142ページのコラム参照）。

しかし、これらの議論はあくまでも法的次元での問題であり、文化的、社会的、倫理的、宗教的な意味では、必ずしも国民の間でコンセンサス（意見の一致）が得られたとは言えない状況である。教内でも、過去二十年近くにわたって議論が重ねられ、さまざまな見解が発表されてきた（145ページのコラム参照）。

天理やまと文化会議では、十一年の発足直後から、この「脳死」および「臓器移植」を重要なテーマと位置づけ、分科会レベルではなく全体会議の場で討議してきた。法律、医学・医療、倫理学、教義学、おたすけの現場の声など、さまざまな側面に加えて、これまでの教内における議論の蓄積も貴重な資料として検討を重ねてきた。こうした中から、現段階における「脳死」についての議論の一端を紹介して、教友の参考に供したい。

「脳死」とは

臓器移植法では、「脳死」とは第六条2項に「脳幹《のうかん》を含む全脳の機能が不可逆的に停止する」ことと定義されている。

脳幹は生命体としての人の活動の中枢であり、心臓の拍動や呼吸・血圧・血中のガス交換・体温などの調節といった、生命維持に欠かせない機能を司《つかさど》っている。そのため、脳幹の機能が損《そこ》なわれると、呼吸が止まり、心臓は自動性があるため短時間は動き続けるが、間もなく停止する。

この状態でも、なお心臓が動き続けるのが「脳死」で、生命維持装置（人工呼吸器）が使われるようになってから出現したものである。強制的に呼吸させるので心臓は動き続け、体温が保たれ、皮膚は赤みを帯び、眠っているようにも見える。しかし、装置を外せば、すぐに死に至る状態で、装置を着けていても、数日から数十日で確実に死に至るといわれている。

そこに出てきたのが、臓器移植への利用である。心臓、肺、肝臓といった臓器は、医学的に死体からの移植ができないため、血液循環の保たれている「脳死」状態の人から摘出・移植を行うという考え方が現れた。

ただし「臓器移植法」では、「脳死」といっても脳細胞そのものの死ではなく、あくまで「機能の停止」

と定義されているため、判定のための基準（146ページのコラム参照）や方法を定める必要が生じ、これについても、さまざまな議論がなされている。

「臓器移植法」が示す内容

わが国で「脳死」状態の人からの臓器摘出について定めたのが、全二十五条からなる「臓器の移植に関する法律」である。

法律では、常に第一条に「目的」が明示される。その第一条には「死体」とあり、第二条には「死亡した者」とあるが、「脳死」については、ようやく第六条の1項で「死体」の語の後にカッコでくくって「脳死した者の身体を含む。以下同じ」と示した後、「から摘出することができる」と続いている。続く2項に「脳死した者の身体」という言葉の意味、

（目的）
第一条　この法律は、臓器の移植についての基本的理念を定めるとともに、臓器の機能に障害がある者に対し臓器の機能の回復又《また》は付与を目的として行われる臓器の移植術（以下単に「移植術」という。）に使用されるための臓器を死体から摘出すること、臓器売買等を禁止すること等につき必要な事項を規定することにより、移植医療の適正な実施に資することを目的とする。

（基本的理念）
第二条　死亡した者が生存中に有していた自己の臓器の移植術に使用されるための提供に関する意思は、尊重されなければならない。
2　移植術に使用されるための臓器の提供は、任意にされたものでなければならない。
3　臓器の移植は、移植術に使用されるための臓器が人道的精神に基づいて提供されるものであることにかんがみ、移植術を必要とする者に対して適切に行わなければならない。
4　移植術を必要とする者に係《かかわ》る移植術を受ける機会は、公平に与えられるよう配慮されなければならない。

（国及び地方公共団体の責務）
第三条　国及び地方公共団体は、移植医療について国民の理解を深めるために必要な処置を講ずるよう努めなければならない。

（医師の責務）
第四条　医師は、臓器の移植を行うに当たっては、診療上必要な注意を払うとともに、移植術を受ける者又はその家族に対し必要な説明を行い、その理解を得るよう努め

臓器の移植に関する法律（一部）　（平成９年７月16日公布）

なければならない。

（定義）

第五条　この法律において「臓器」とは、人の心臓、肺、肝臓、腎臓《じんぞう》、その他厚生労働省令で定める内臓及び眼球をいう。

（臓器の摘出）

第六条　医師は、死亡した者が生存中に臓器を移植術に使用されるために提供する意思を書面により表示している場合であって、その旨の告知を受けた遺族が当該臓器の摘出を拒まないとき又は遺族がないときは、この法律に基づき、移植術に使用されるための臓器を、死体（脳死した者の身体を含む。以下同じ。）から摘出することができる。

2　前項に規定する「脳死した者の身体」とは、その身体から移植術に使用されるための臓器が摘出されることとなる者であって脳幹を含む全脳の機能が不可逆的に停止するに至ったと判定されたものの身体をいう。

3　臓器の摘出に係る前項の判定は、当該者が第一項に規定する意思の表示に併せて前項による判定に従う意思を書面により表示している場合であって、その旨の告知を受けたその者の家族が当該判定を拒まないとき又は家族がないときに限り、行うことができる。

4　臓器の摘出に係る第二項の判定は、これを的確に行うために必要な知識及び経験を有する二人以上の医師（当該判定がなされた場合に当該脳死した者の身体から臓器を摘出し、又は当該臓器を使用した移植術を行うこととなる医師を除く。）の一般に認められている医学的知見に基づき厚生労働省令で定めるところにより行う判断の一致によって、行われるものとする。

5　前項の規定により第二項の判定を行った医師は、厚生労働省令で定めるところにより、直ちに、当該判定が的確に行われたことを証する書面を作成しなければならない。

6　臓器の摘出に係る第二項の判定に基づいて脳死した者の身体から臓器を摘出しようとする医師は、あらかじめ、当該脳死した者の身体に係る前項の書面の交付を受けなければならない。

（臓器の摘出の制限）

第七条　医師は、前条の規定により死体から臓器を摘出しようとする場合において、当該死体について刑事訴訟法（昭和二十三年法律第百三十一号）第二百二十九条第一項の検視その他の犯罪捜査に関する手続が行われるときは、当該手続が終了した後でなければ、当該死体から臓器を摘出してはならない。

（礼意の保持）

第八条　第六条の規定により死体から臓器を摘出するに当たっては、礼意を失わないよう特に注意しなければならない。

（以下略）

4・5項に脳死の判定方法が定められている。この「死体」の定義は臓器移植法だけの特殊なもので、他の法律はすべて三徴候の死（心臓停止・呼吸停止・瞳孔《どうこう》散大）に従っている。つまり「脳死」は、臓器移植法においてのみ「死体」であり、他の法律では〝生きている人〟として扱われる状態なのである。

そのため「本人による臓器提供の意思表示」と「家族の同意」があり、「移植術に使用される」場合のみ「死体」となる。逆に、これらの条件が一つでも欠けた中で生命維持装置を外したりすれば、刑法の「殺人罪」が適用されることになる。

また、三徴候による一般的な死においては、遺体は〝もの〟として扱われ、その所有権は遺族（相続人）に移るため、相続人が故人の意思を忖度《そんたく》して、臓器を提供することができ、死体損壊には問われない。

ところが、臓器移植法では、書面による本人の明確な意思表示がなければ、第六条1項によって摘出できないことになっている。

臓器移植法は、その名の通り〝臓器移植のためだけの法律〟であり、「脳死」も臓器移植だけに限定され

「臓器移植法」附則に基づいて、二〇〇〇年八月には、厚生省の研究班（町野朔・上智大学法学部教授ら）が「臓器移植の法的事項に関する研究――特に『小児臓器移植』に向けての法改正のあり方」（最終報告）を発表した。

これに続き、臓器移植を受けた人や移植希望者とその家族などでつくる「日本移植者協議会」は、翌年春ごろにホームページ上で「『臓器の移植に関する法律』の改正にむけて」を公表。その中で「脳死を人の死と考えている人が国民の60%に達しようとしている」「臓器提供をしてもよいと考えている人は約50%」であり、「臓器移植に対する国民的コンセンサスは得られつつある」と指摘して早急な法改正を求め、「十五歳以下の子供については遺族（親権者）が承諾すれば臓器を提供できる」「人の死の判定は医師の専権事項であり、脳死判定の実施に当たっては本人の意思や家族の承諾は特に必要としない」などとする改正案を提示した。

一方、森岡正博《もりおかまさひろ》・大阪府立大学教授（倫理学）と杉本健郎《すぎもとたてお》・関西医科大学助教授（小児神経学）は、二〇〇一年二月に「子どもの意思表示を前提とする臓器移植法改正案の提言」を公表。脳死を人の死としてきた欧米でも、これを疑問視する声が上がりつつあることを挙げて、十五歳以上は現行のままとし、子どもについては意思表示のできる

「臓器移植法」改正をめぐって

（脳死を理解できる）下限年齢を定めて「本人の意思と親の承諾があれば臓器提供できる」と提案した。

また、日本小児科学会などにおいても、子どもからの臓器提供の是非や脳死判定の方法と妥当性などについて、さまざまな調査や審議が行われているが、小児における脳死判定の難しさや、脳死と判定された後も比較的長く生きていることなどから、推進論と慎重論が交錯している。

こうした中、自民党の「脳死・生命倫理及び臓器移植調査会」は二〇〇一年十一月から、小児からの臓器提供を盛り込んだ臓器移植法改正案の検討を開始。一方、二〇〇二年六月には、超党派の「生命倫理研究議員連盟」（代表・中山《なかやま》太郎《たろう》元外相）が、臓器提供者を十五歳未満とすることを含めた臓器移植法の抜本的な見直しを検討し始めた。

その後、自民党の「脳死・生命倫理及び臓器移植調査会」は二〇〇四年二月、「本人の拒否の意思表示がなければ、家族の承諾のみで臓器を摘出・提供できる」「脳死判定は、本人や家族の承諾は不要」「配偶者など親族への優先的提供が可能」「提供の意思の有無を運転免許証や保険証に記載できるようにする」といった内容の改正案をとりまとめ、議員立法としての法案提出を目指して「生命倫理研究議員連盟」との検討に入った。

こうした中、日本弁護士連合会は、二〇〇二年十月に出した「臓器移植法の見直しに関する意見書」に続いて、二〇〇四年三月に「臓器移植法改正案に対する会長声明」を出した。同声明は、移植を待つ人々の心情に配慮しつつも「現時点で社会の大多数が脳死を人の死として受け入れているのか否かを検証せぬまま提案されるもの」と指摘し、自己決定権の尊重、児童虐待《ぎゃくたい》が増加している現状に伴う、さまざまな問題点、脳死判定・実施例の少なさと脳死判定そのものに対する検証の必要性などを挙げて、自民党案に反対する立場を明らかにした。

このように賛否さまざまな意見が表明される中、自民党「脳死・生命倫理及び臓器移植調査会」の改正案をもとに、議員立法を目指して話し合いを進めていた「生命倫理研究議員連盟」は二〇〇四年六月、「環境が整っていない」「小児の脳死判定について日本小児科学会の理解も得られていない」などとして通常国会への提出を見送り、秋以降の提出に向けて準備を進めることを表明した。

なお、こうした「臓器移植法」改正に向けたさまざまな意見については、次のインターネットサイトに詳しい。

- 森岡正博大阪府立大学教授「生命学ホームページ」――「臓器移植法改正を考える」
  http://www.lifestudies.org/jp/ishokuho.htm
- 臓器移植法改正案についての意見交換ページ
  http://www 5.fbiglobe.ne.jp/~terutell/index.htm
- 関西医科大学　生命倫理学資料
  http://www 3.kmu.ac.jp/legalmed/ethics/theme 3.html

た概念で、他の法律や社会通念上では「脳死」状態にある人は、まだ〝生きている人間〟そのものである、といえる。

このため「臓器移植法」では、第六条を受けて第八条に、特に「礼意の保持」という項目を設けている。心臓が拍動し、体温のある身体から臓器を摘出するに際しての〝心構え〟までも定められているのである。

死は〝プロセス〟

脳死・臓器移植には常に両義性がつきまとう。つまり、「脳死」を人の死と認め、その死を通じて他者を救済するといった観点に立てば、臓器の提供は〝生命の贈り物〟として崇高《すうこう》な行為となる。

一方、脳の機能が停止し、間もなく死に至るであろうという状況であっても、温かく脈打つ身体から臓器を取り出す行為には、おぞましさも感じ取れる。

生物学的に見れば、死には細胞レベル、臓器レベル、個体レベルがあり、それらが異なる速度で、かつ全体として進行し、最後にすべての細胞が死滅する。つまり、死は出来事というより一種の〝プロセス（過程）〟なのである。従来は、誰もがはっきりと判断できる〝息絶えた〟状態や、心臓が止まったときに、暗黙のうちに生と死の線が引かれてきた。現在でも、圧倒的多数の人の死は、この「心臓死」で判定されている。

「脳死」は、この心臓死に至る過程において、新たに線引きしたものであり、脳の機能が停止した段階、つまり法的、医学的な意味での便宜《べんぎ》的な死の定義であるといえよう。

近年の「脳死」をめぐる議論では、一人称の死（私だったら）、二人称の死（近親者だったら）、三人称の死（第三者の場合は）と想定を変えると、多くの人の判断が分かれることが指摘されている。この〝死の人称〟をめぐって、私たちの心はさまざまに揺れ動くのである。

身体機能も〝かりもの〟

お道では、人間の身体は親神の「かしもの」であり、それぞれにとっては「かりもの」であると教えられて

教内における主な論説

『じん臓移植』（天理教社会福祉研究会、1985）
　飯田照明「臓器移植の教理的是非」
　池田士郎「臓器移植の問題について――天理教の身体論の立場から」
　高橋泰生「腎移植と死後の腎臓提供について」
　西山輝夫「腎臓移植に伴うかしもの・かりものの教理について」
　松本滋「臓器移植とかしもの・かりものの教理について」
　宮崎道雄「脳死・臓器移植と『かしもの・かりもの』」
　山本利雄「移植に関する科学的・教理的見解」
　山本素石「腎臓移植に伴うかしもの・かりものの教理について」
『Ｇ－ＴＥＮ』36号「脳死は『死』か」（天理やまと文化会議、1988）
　松本滋「日本人にとって脳死は『死』とはいいがたい」
　山本利雄「脳死および臓器移植に関する問題点」
　宮崎道雄「脳死・臓器移植と宗教」（インタビュー）
『Ｇ－ＴＥＮ』37号「続・脳死は『死』か」（天理やまと文化会議、1988）
　永関慶重「脳死を死と認めるか」
　座談会「科学・宗教と脳死・臓器移植」
　座談会「『こころ・からだ』と脳死・臓器移植」
山本利雄『いのち――今、を活きる』（道友社刊、1988）「医学神話の罪悪」
『現代・思想・元の理』（天理やまと文化会議、1990）
　井上昭夫「ただいま『腎臓売り出し中』」
『天理教学研究』第31号（1992）
　飯田照明「脳死と臓器移植について考える――資料を中心に」
　金子昭「移植医療と天理教倫理」
『天理時報』「『脳死』と『臓器移植』を考える」
　永関慶重「一ようぼく医師の提言」（1996年10月20日号）
　荒川善廣「『〝移植容認論〟の立場から」（11月10日号）
　金子昭「陽気ぐらしの人間的医療とは」（12月15日号）
　栗栖茂「一般的医療と同じ視点で」（12月15日号）
『天理時報』「『天理教から見た現代』考　第11回」
　小滝透「『生命倫理』（バイオエシックス）」（1996年12月８日号）
友永轟『おやさまの手――医療ようぼくへの道を求めて』（道友社刊、1996）
村上和雄・小滝透『科学者が実感した神様の働き』（道友社刊、1999）
『脳死・臓器移植を考える――天理教者の諸見解』（天理やまと文化会議、1999）
　井上昭夫「『身代わり』の思想と脳死・臓器移植」
　金子昭「陽気ぐらしの人間的医療を求めて――脳死・臓器移植の教学的解釈から見えてくる諸問題」
金子昭『天理人間学総説――新しい宗教的人間知を求めて』（白馬社刊、1999）

いる。

『天理教教典』の第七章「かしもの・かりもの」には、私たちが生きていることについて、「この世に生《うま》れさせて頂き、日々結構に生活《くら》しているのも、天地抱き合《あわ》せの、親神の温かい懐《ふところ》で、絶えず育《はぐく》まれているからである。即《すなわ》ち、銘々が、日々何の不自由もなく、身上をつかわせて頂けるのも、親神が、温《ぬく》み・水気をはじめ、総《すべ》てに亙《わた》つて、篤《あつ》い守護を下さればこそ」と記されている。

こうした身体観の基本である「かしもの・かりもの」の教えに立てば、お借りしているのは有形の身体だけということではなく、身体の諸々《もろもろ》の機能そのものも親神のお働きであり、「かりもの」であると思案できる。

そのうえで、「脳死」をどのように判断できるのだろうか。

脳死・臓器移植を推進する論の一つに、「新鮮な臓器が欲しいから脳死を死と断定するのではない」として、「脳死者の遺体の中で、脳以外の臓器や組織を生かし続けることが可能になったから、脳死状態を延ばすことができ、それから臓器移植の可能性が出てきた」

厚生省の脳死判定基準
（いわゆる「竹内基準」）

前提条件
- 脳内出血や外傷で深い昏睡《こんすい》状態になり、無呼吸となっている
- 原因となった疾患が確実に診断されており、それに対し、現在行い得るすべての適切な治療を行っても、回復の可能性が全くないと判断される場合

除外例（脳死判定を行えないケース）
- 小児（6歳未満）
- 脳死と類似した状態になり得る症例＝急性薬物中毒、低体温（直腸温32度以下）など
- 自発運動、除脳硬直・除皮質硬直・けいれんが見られれば脳死ではない

判定基準
- 深い昏睡
- 自発呼吸がない
- 瞳孔が広がっている
- 脳幹の働きが停止している――目に強い光を当てても瞳孔が縮まない、耳から冷水を入れても眼球が動かない、喉の中に物を入れてもせき込まないなど、反射テスト7項目に反応がない
- 平坦《へいたん》脳波――脳波が連続して30分以上、平坦になっている

時間経過
上記の条件が満たされた後、6時間経過を見て変化のないことを確認する

というものがある。生命維持装置によって心臓やその他の臓器の活動を維持する状態は人為的なものであり、すでに出直し（死亡）しているとの判断である。

しかし、そうであるなら、臓器移植法の場合と同じように、臓器移植を前提としないときの脳死状態についてどのように思案し、対処するのかという点に疑念が残る。

一方で、脳が機能を停止したと判断され、生命維持装置に頼っているとはいえ、なお心臓が拍動し、身体が温みを保っているという点を考えれば、そこにはまだ親神のお働きがあり、〝生かされている〟と受けとめることもできる。そこに「温み・水気をはじめ、総てに亙つて、篤い守護」がなされているなら、とても「かりもの」をお返しした状態とは思われないからである。

「脳死」そのものを臓器移植と切り離して見つめてみたとき、天理やまと文化会議の討議では、「脳死」は、いまだ「かりもの」を返した状態とはいえず、これを〝人の死〟とすることは容認しがたい、ということになった。

しかし、このことが、そのまま臓器移植全体を否定するものとなるわけではない。臓器移植については、いまも討議が続けられている。

「憩の家」の動き

なお、当会議が脳死・臓器移植に関する本格的な討議をスタートさせたのと、ほぼ同じ時期の十一年八月三十日、天理よろづ相談所「憩《いこい》の家」の医の倫理委員会は、一つの決定を下した。発足後の最初の会合で、厚生省の「臓器提供施設指定」を受諾したのである。

しかし、これは「高度医療機関としての公益性」に鑑《かんが》みて、「提供したいと希望する患者がいた場合に、その意思を尊重しよう」というものである。

マスコミの取材に対し、奥村秀弘《おくむらひでひろ》院長は「決して天理教自体の見解ではない」という点と、「われわれの病院が脳死を人の死と認めて臓器移植手術を行うわけでもない」と、繰り返しコメントしている（次ページのコラム参照）。

厚生省の「臓器提供施設指定」を受諾へ
医療機関としての〝公共性〟に鑑み

天理よろづ相談所「憩の家」

※『天理時報』立教162(1999)年9月12日号より

財団法人天理よろづ相談所（「憩の家」＝畑林清次《はたばやしきよつぐ》理事長）では8月30日に開いた「医の倫理委員会」で、昨年6月に出された厚生省の「臓器提供施設指定」を受け入れる意向を決め、9月2日に開かれた定例理事会でも承認された。これを受けて今後、脳死判定委員会の設置、脳死判定マニュアルの作成などの準備に着手、厚生省の認定を受けることになる。ただ、今回の決定は、高度医療機関としての〝公共性〟に配慮したもの。臨床的脳死の状態に陥った患者を他の医療機関へ搬送することはできず、〝脳死判定が可能な施設〟との厚生省の指定を受けた「憩の家」としては、臓器提供を希望する患者と家族の意思を尊重せざるを得ないとの判断からなされた。

臓器提供施設とは、ドナーカード（臓器提供意思表示カード）を持つ入院患者が脳死状態に陥り、家族が同意した場合に、法的脳死判定を行う施設。臓器の摘出などは、移植を行う病院などから派遣されるスタッフが行い、提供施設側は手術室の提供などの世話取りを行う。

厚生省は、脳死判定が可能な施設として一昨年の「臓器移植法」公布に伴って92施設を指定。さらに、昨年6月には「憩の家」を含む383施設が追加指定され、その受け入れをめぐって意思表示を迫られていた。

8月30日の午後、第38母屋《もや》を会場に開かれた「医の倫理委員会」（委員長・畑林理事長）の第1回会合では、各委員の紹介の後、今村俊三《いまむらとしみ》委員（同所事務局長）と奥村秀弘委員（院長）が、倫理委員会設置に至る経過を説明。続いて、「脳死・臓器移植」について各委員の意見を聴取した。

この後、畑林委員長が臓器提供施設指定の受け入れについて賛否を求めた。採決の結果は20人の委員中、賛成が13人で、慎重な審議を求めるなど態度保留が4人、反対が1人。鍋島祥男《なべしまさちお》委員（副院長）が欠席（海外出張）、議長である畑林委員長は採決に加わらなかったため、出席委員の3分の2以上という「倫理委員会規定」に基づいて、受け入れを決定した。これを受けて、「憩の家」では早速、脳死判定委員会の設置、脳死判定マニュアルの作成など臓器提供施設としての体制づくりに取り掛かることになった。

なお、今回の「憩の家」の決定は、あくまでも臓器提供を希望する患者・家族がいた場合に、〝公共性〟の高い医療機関として、その意思を尊重しようというもの。「憩の家」自らが積極的に〝脳死をヒトの死〟としようというものでも、これをもって臓器移植に踏み切るものでもない。

また、「脳死・臓器移植」をめぐっては、この4月に表統領の諮問《しもん》機関としてあらためて位置付けられた「天理やまと文化会議」（上田嘉太郎議長）でも現在、慎重な審議が進められている。

一方、昨年秋に「憩の家」関係者ら教内の医療従事者で結成された任意団体「道の医療者の会」（友永轟《ともながごう》会長）でも主要テーマに取り上げており、今後ともより活発な議論を積み重ねていくことになる。

「臓器提供施設指定」受諾をめぐって

※『天理時報』立教162年９月19日号「視点」より

先週号の本紙で既報のように、去る八月二日の「憩の家」の理事会において、かねてから検討されてきた「天理よろづ相談所　医の倫理委員会規程」と構成委員（二十人）が承認されて正式に委員会が発足し、その第一回会合が同月三十日に開かれた。席上、今般の「憩の家」に対する厚生省の「臓器提供施設指定」受諾の可否について審議が行われ、賛成多数で指定を受け入れることになった。

ここでくれぐれも誤解のないようにしたいことは、臓器提供施設というのは臓器移植それ自体を行うのではなく、ドナーカードを持つ脳死患者が出た場合に法的脳死判定をし、臓器摘出に来院したチームに手術室を提供するなどの世話取りをすることが役目ということである。

教内ではこれまで脳死と臓器移植の問題について「かしもの・かりもの」の教理の上から論議が重ねられ、現在も賛否両論に分かれ、統一見解が出ていないことは周知のところである。こうした背景もあって倫理委員会での審議も賛成、反対、態度保留の三つに意見が分かれたが、採決の結果、医療機関としての公共性を勘案して、差し当たり脳死移植に至るまでの世話取りはさせていただくべきだとする賛成意見が多く、受け入れが決まったものである。

「憩の家」が臓器提供施設になったことから、この決定が踏み台になって、やがてなし崩しに「憩の家」が臓器移植へと移行するのではないかという声が教内に出てくるかもしれない。しかしこの問題に関しては、明確に一線を画すべきであると思う。教内における、脳死と臓器移植の問題は、生殖医療や遺伝子治療などとともに、今後さらに談じ合いを重ねていくべきであり、医療の現場にある「憩の家」としても、慎重に取り組むことが望まれる。

この度の同所「医の倫理委員会」の設置については、かねてよりマスコミの関心が集まっており、去る七日共同記者会見が行われ、テレビ、新聞で大きく報道された。その理由は、指定を受けた臓器提供施設の中に数カ所の宗教関連病院が含まれているが、キリスト教以外では天理教を母体とする「憩の家」が唯一の脳死判定機能を備えた医療施設であり、教義との関係からどのような方針を採るかが注目されたためと思われる。

なお、今回制定された倫理委員会規程の第二条〈任務〉に「当所で行われる医学研究および医療行為の実施責任者から申請された実施計画の内容ならびに成果の公表について審議し、意見を述べ指針を与える」とある。大学病院などの大半の規程では「審査」という文言が使われているが、この規程では「審議」という言葉が使われていることに留意したい。

「審議」の語意は「物事をよく検討して、その可否を相談すること」で、それに対して「審査」は「詳しく調べて、採否、適否、優劣などを決めること」である。日進月歩の現代医療における倫理的判断（承認・不承認）が果たして正しいものなのか。その時代の科学的、医学的、文化的、法的背景等によって異なるのが当然であり、一つの価値観に基づく意見が必ずしも普遍的に正しいものとは言えない。「憩の家」の場合にも、お道の教義上の問題から、白黒をはっきり決めることが困難で、「両論併記」の結論になることもあり得るのではないだろうか。

こうした配慮から、「審査」も含めた幅の広い「審議」という言葉が使われているものと考えられる。

（い）

「移植医療」を考える

天理やまと文化会議では、表統領直属の諮問《しもん》機関として発足した当初から、「脳死」「臓器移植」を最重要テーマの一つとして位置づけ、分科会レベルではなく全体会議の場で討議し、合宿会議を含めて延べ三十時間余りをかけて検討を重ねてきた。そのうち「脳死」については前項で取り上げたので、ここでは移植医療をめぐる討議内容の一端を紹介し、教友の参考に供したい。

討議の中では、もちろん医学・医療、法律、倫理学、教義学、おたすけに携わる教会長の生の声など、可能な限りの視座が顧慮された。さらに、これまでに教内で表明された賛否さまざまな見解、他宗の動向、インターネット上やマスコミにおける議論の数々も貴重な資料としている。

脳死・臓器移植をどう検討してきたか

近代医療の中で、移植医療は現在のところ、さまざまな重症疾患に対する〝確立された治療法〟の一つとなっている。わが国でも、角膜移植や腎臓《じんぞう》移植などが四十数年前から実施されている。さらに、免疫《めんえき》抑制剤や医療技術の発達に伴って移植可能な臓器の枠《わく》組みが広がり、ついには「脳死」の人からの臓器移植が行われるまでになってきた。

つまり「脳死」は、生命維持に不可欠な重要臓器、なかでも心臓の移植を可能にするために登場した、新しい〝人の死の定義〟なのである。言い換えれば、肺や肝臓、腎臓をより新鮮な状態で移植したい、さらには心臓移植を可能にしたいという移植医療を実施する側からの求めがなければ、「脳死」状態を〝人の死〟とする必要性はなかったのである。事実、日本では、移植のために臓器を摘出する場合を除いては、いまなお、法的にも「脳死」状態は〝人の死〟とは認められていない。

このため、「脳死」は常に臓器移植と対《つい》になる概念として論じられてきた。

天理やまと文化会議における討議でも、教内外のさまざまな分野におけるこれまでの議論を踏襲し、当初は脳死・臓器移植という形で一括して検討を進めた。しかし、倫理面や信仰面における考察では、「脳死」および臓器移植をひとくくりにして論じた場合、それぞれに関する基本的な概念の捉《とら》え方の違いによって、問題が曖昧《あいまい》になってしまうのではないかという点が指摘された。

さらに、レシピエント（提供を受ける側）とドナー（提供者）という立場の相違からも、受けとめ方がいろいろと違ってくる。また、レシピエントないしドナーそれぞれの中でも、前項の「『脳死』をめぐって」でも指摘した、一人称（自分だったら）・二人称（近親者だったら）・三人称（第三者もしくは一般論では）と想定を変えると、同じ人でも心情的・倫理的、さらには信仰的な悟り方において異なった判断を持ち得ることが明らかになった。

そこで、当会議では、脳死と移植医療をひとまず分離し、まず安楽死・尊厳死問題から脳死までを視野に入れ、「死とは何か」について討議した。そして、これを受ける形で、移植医療そのものについての検討を行ったのである。

確かに、移植医療そのものが、あらためて問われるようになったのは、脳死・臓器移植に社会的関心が集まり、賛否さまざまな見解が表明されるようになった結果といえる。「脳死」を人の死とするか否かという死生観の根本にかかわる問いがなされるようになって初めて、密接不離の関係にある移植医療にも目が向けられるようになったのである。

ところが、あらためて「移植医療」そのものを見つめてみると、その幅広さに、あらためて驚かされる（左ページのコラム参照）。

「憩の家」における移植医療

天理よろづ相談所病院「憩《いこい》の家」では、昭和四十一（一九六六）年の開所以来、心臓の手術などに大量の血液が必要とされたため献血を推進し、その動きは、すぐに全教的に広がった（献血を〝血液細胞の移植〟と見る向きもある）。

次いで、他の施設で死者（心臓死＝三徴候による死）から摘出された角膜が「憩の家」で移植されるようになり、十数年前からは骨髄移植も行われている。そのほか、皮膚や骨といった組織移植などは、通常の医療行為として続けられている。

これらは、従来からの医療の延長と見なされており、ほとんど問題視も議論もされずに今日に至っている。

一方、腎臓移植については、昭和六十年に天理教社会福祉研究会が医療や教義の側面から検討を行い、『じん臓移植』と題する小冊子を上梓《じょうし》している。こうした動きもあって、「憩の家」では、腎臓を含む重要臓器の移植については今日まで慎重な姿勢をとり続けており、移植目的での摘出や移植手術そのものは一例も行われていない。

脳死・臓器移植に関連して、「憩の家」は平成十一（一九九九）年、「臓器移植法」に伴う厚生省（当時）の「臓器提供施設指定」を受諾した（148ページのコラム参照）。前項でもふれたが、これは「高度医療機関としての公共性」に鑑《かんが》みての決定であり、臓器を提供したいと希望する患者や家族がいた場合に、その意思を尊重しようというものである。

その後、奥村秀弘《おくむらひでひろ》院長自らが、マスコミに対してコメントを発表し、「われわれの病院が脳死を人の死と認めて臓器移植手術を行うわけでもない」ことを確認している。

「かしもの・かりもの」から考える

それでは、教理のうえからは、どう考えられるのだろうか。

あらためて言うまでもなく、身体は親神の「かしもの」であり、人間の側からすれば「かりもの」である。そのことは単に、物的な身体だけを意味するのではない。親神の「十全の守護」により、身体が不断に成長・変化を続けることは、親神のお働きを頂いて生かされて生きていること、つまり生体としての機能そのものまでも「かしもの・かりもの」に含まれているからである。

借りている主体は、それぞれの魂である。その魂にふさわしい身体を借りてこの世に生を享《う》け、やがて時がくれば、借りていた身体を親神にお返しし、出直すことになる。その後、親神の懐《ふところ》に抱かれていた魂は、また新たな身体をお借りして生まれてくる。この出直しと生まれ変わりを重ねながら、人間は親神の待ち望まれる陽気ぐらしに向かって、成人の歩みを進めるのである。

移植医療の広がり

ドナーの違いから、生体移植、死体移植、脳死移植に分けられ、生体では自身の組織を他の部位に移植するもの、近親者などから提供を受けるものがある。

生体（自分自身）
皮膚、骨、骨髄《こつずい》、血管など
生体（他の人から）
骨髄、腎臓、肝臓、肺、血液など
死体から
腎臓、角膜、皮膚、鼓膜・耳小骨など
脳死から
心臓、腎臓、肝臓、肺、角膜、皮膚、すい臓、腸など

輸血――〝血液細胞の移植〟とも考えられるが、「移植した細胞が体内に定着し機能し続けるわけではないので、いわゆる臓器移植と同等に扱えるものではない」とするのが、一般的な見解のようである。ただし、ウイルス感染などの危険性もあるため、外科手術など事前に用意できる場合には、本人の血液を採取保存しておく自己血輸血や、手術時に出た血液をきれいにして体に戻す方法なども取り組まれている。

角膜――角膜自体そのものには血管が通っていないため、拒絶反応の発生率は、臓器移植に比べて極めて低いといわれている。

それぞれの魂にふさわしいという点を考えれば、顔形、指紋、遺伝子とその発現が一人ひとり異なるように、身体は〝その人のみ〟に貸し与えられた〝固有〟かつ〝専用〟のものであるということが諒解《りょうかい》される。

このことから、「かしもの・かりもの」であるということは、〝使用〟のみが許されているのであって、借り手の恣意《しい》による〝譲渡〟などの〝処分〟までは許されていないと思案するのが順当であろう。

そう考えれば、身体の一部をやりとりする移植医療は、本来的には親神の思召《おぼしめし》にそぐわない、不自然な営為であると考えざるを得ない。

では、出直した後の遺体はどうであろうか。教祖《おやさま》が現身《うつしみ》をかくされた後のおさしづから、「古着のようなもの」「脱ぎ捨てた」といった部分を引いて、臓器提供を含む二次的利用も可能との見方がある。

しかしながら、遺体となったからといって、単なる〝もの〟や匿名《とくめい》の身体とはならないだろう。このことは、遺体から摘出した臓器であっても、移植後の拒絶反応を免れないという事実が如実に物語っている。移植を受けた生体は、他者の臓器を〝異物〟〝非自己〟と認識し、排除しようとするのである。そのため移植を受けた人は終生、免疫抑制剤を服用し続けなければならない。まさに身体は、一人ひとりの魂に応じて、その人だけに貸し与えられる固有・専用のものなのである。

「修理肥」として医療を捉える

この教えは、医療そのものを否定したり、拒否するものではない。おふでさきには、

にんけんにやまいとゆうてないけれど
このよはじまりしりたものなし　（九　10）
この事をしらしたいからたん／＼と
しゆりやこゑにいしやくすりを　（九　11）

と記されている。

病は、人間存在の本質や意味を理解できないことに対する神の「りいふく（立腹）」「ざんねん（残念）」であり、さらには成人への「てびき（手引）」「みちをせ（道教え）」「ていり（手入れ）」であって、陽気ぐらしをさせてやりたい、たすけたいとの親神の親心か

らの働きかけである、と教えられる。

　つまり病は、「かしもの・かりもの」という人間存在の根底を自覚する契機であり、親神の思召、思惑を悟る契機ともなる。人は病のもとを探る中で親心を悟り、自らの心遣いや行動を反省し、心のほこりを払って、親神の思召に沿う生き方、陽気ぐらしへと成人していくのである。

　その過程の中で、医者・薬はどう位置づけられるのだろうか。

「修理肥」との表現からすれば、人が作物の種をまき、世話をして育て上げるように、医療は、人間の成人の歩みに手を添えるものであると理解できる。だが、まかない種は生えないように、真実の種をまくという営みが心の立て替えであり、それに手を添えるのが医療とも考えられる。

　作物も人の病も、実際に成長したり癒《い》えたりするのは親神のお働きによるものであり、人はそうなるように真実の種をまき、願いを込め、そして手を添えなければならないのである。

身体が教えてくれること

　医療の発達は、日進月歩である。そのどこまでが「修理肥」であり、どこからが人としての営みの枠《わく》を超えるものであるのか、その明確な線引きをするのは、まず不可能であろう。身体そのものと、医療の持つ意味や役割を見つめながら、思案を重ねていくしかない。

　その思案の拠《よ》り所として、生体そのものの特徴が一つの手がかりとなろう。そこに親神のお働きがあるからである。

　移植医療が、基本的には「かりもの」の身体の一部をやりとりする不自然な医療であるとしても、拒絶反応の有無や強弱、提供した後に、その組織が再生されるかといった生体の特徴に応じて、いわゆる段階的差異といったものがあるように感じ取れる。

　その意味で、生命そのものにかかわる重要臓器と、常に再生され、型さえ合えば一時的に他者の身体で働くことのできる血液とでは、その性格はかなり異なるのではないだろうか。それらすべてを「移植医療」と、ひとくくりにして論じることは難しい。

親神の思召を念頭に置いて

ここで、人間の心そのものに目を向ける必要がある。病のもとは、心の「ほこり」であると教えられる。それは、今生だけのものではない。親神によって創造されて以来、人は幾度も生まれ変わり出変わりを重ねて今日に至っている。人間それぞれの「生」における「心の道」が魂に刻まれ、その積み重ねが、それぞれの今に現れているともいえよう。そして、今の生における心の道は、出直しをし、生まれ変わってくる次の生へと受け継がれていくはずである。

よふぼくとしては常に、おたすけに掛かっている眼前の病だけでなく、その人の心の内を見つめるとともに、今生だけでなく、出直しにより生まれ変わってくる来生にも目を向ける必要がある。

さらに、時として、病んでいる本人以上に心を痛めているかもしれない家族や周囲の人々にも目を向け、〝真のたすかり〟を思案することが肝心である。

現実のおたすけに際しては、まず〝身体のたすかり〟に目が向くのは当然のことである。しかし、そのもとである心、そして〝魂のたすかり〟こそが、お道のおたすけの本領である。現に、心を入れ替える中で、身上に不思議なご守護を見せていただいて、この道は伸び広がってきた。

いずれにしても、よふぼくは、今の生だけでなく、元初まりから陽気ぐらしに至るまでの長く大きな視野で考え、決断し、行動していくことが望まれる。その意味で、病が癒えることはもちろん大切であるが、同時に、病のもとである心を見つめ、ほこりを払い、陽気ぐらしに向けて心を立て替えていくという普遍の真理に立つことが重要である。

一方で、医療は科学であり、技術である。科学技術は不断に変化・発展を続けるものである。その中で、過去に最新の医療、最適の技術とされたものが、いまでは不適切になっているものも多い。移植医療も将来、人工臓器や、ほかのより良い治療法に取って代わられる可能性は多分にあるだろう。

「心の自由」をどう用いるか

親神は人間に身体を貸し与えられると同時に、「心の自由」を許された。それは、人間が自らの判断で、納得して親神の思いを受け取り、陽気ぐらしに向かって成人していくことを望んでおられるからである。

教祖は、この心遣いの誤りを「ほこり」に例えられ、人間は知らず識《し》らずのうちにほこりを積んでしまう存在であるから、そのことを自覚し、常にほこりを払う努力をするように、と教えられた。

一れつにあしきとゆうてないけれど
一寸のほこりがついたゆへなり　（一　53）

おたすけの現場で、あるいは自分の身上に、よふぼくである私たちも、いつ如何《いか》なる姿を見せていただくか分からない。「移植を必要とする」「移植しなければたすからない」と医師に告げられたときには、まず、そういう事態を見せられた親神の思召に心を向けることが大切であろう。そのうえで、何をどう悟らせていただくのか。

その場合も、当事者が、自分自身か近親者か、よふぼく・信者であるのか、あるいは、まだ教えを知らない人なのか。それぞれの立場において思案の仕方、諭し・悟りが異なってくるはずである。

もしも、やむにやまれぬ思いで移植医療を選択する場合も、親神からの「かりもの」の身体の一部を譲る、あるいは譲り受けるという意味の重さを、十分に自覚する必要があるだろう。

そのうえで、心づくりや、行動のあり方を思案しなければならない。どこまでも親神の思召に照らして、それまでの心遣いや行動を省み、さんげし、おつとめを勤め、ひのきしんに勤《いそ》しみ、人だすけに励むことが大切である。

その中で、心を入れ替え、運命を切り替えていくことが望まれるのである。

参考文献および資料（前項「『脳死』をめぐって」と共通）

●黒川利雄監修『よくわかる脳死臓器移植一問一答』合同出版、１９８５年
●加藤一郎・竹内一夫・太田和夫・新美育文『脳死・臓器移植と人権』有斐閣、１９８６年
●水谷弘『脳死論　生きることと死ぬことの意味』草思社、１９８６年
●三輪和雄編『脳死　死の概念は変わるか』東京書籍、１９８７年
●鷲田小彌太『脳死論　人間と非人間の間』三一書房、１９８８年
●立花隆『脳死再論』中央公論社、１９８８年
●山本利雄『いのち　今、を活きる』天理教道友社、１９８８年
●水谷弘『脳死と生命』草思社、１９８８年
●中山太郎編『脳死と臓器移植　日本で移植はなぜできないか』サイマル出版会、１９８９年
●加賀乙彦編『脳死と臓器移植を考える』岩波書店、１９９０年
●吉田惠子『脳死　私はこう思う』北窓出版、１９９０年
●渡辺淳一『いま脳死をどう考えるか』講談社、１９９１年
●立花隆・ＮＨＫ取材班編『ＮＨＫスペシャル　脳死』日本放送出版協会、１９９１年
●梅原猛編『「脳死」と臓器移植』朝日新聞社、１９９２年
●梅原猛編『脳死は、死でない。』思文閣出版、１９９２年
●山本利雄『続人間創造　天理教「かぐらづとめ」』天理教道友社、１９９２年
●小松奈美子『新版　生命倫理の扉　生と死を考える』北樹出版、１９９８年
●飯田照明「脳死と臓器移植について考える」――『天理教学研究』第33号
●創価学会生命倫理研究会・東洋哲学研究所共編『生と死をめぐる生命倫理　脳死・臓器移植問題』第三文明社、１９９８年
●中野東禅『中絶・尊厳死・脳死・環境　生命倫理と仏教』雄山閣出版、１９９８年
●「脳死患者はやっぱり生きている！　第２弾」――幸福の科学出版『The Liberty』１９９９年６月号
●飯田照明『だめの教えと他宗教（其の二）』１９９９年
●人類愛善会・生命倫理問題対策会議編『異議あり！　脳死・臓器移植』天声社、１９９９年
●粟屋剛『人体部品ビジネス　「臓器」商品化時代の現実』講談社、１９９９年
●柳田邦男『脳治療革命の朝』文芸春秋、２０００年
●小松美彦『死は共鳴する　脳死・臓器移植の深みへ』勁草書房、１９９６年
●水谷弘『脳死ドナーカードを書く前に読む本』草思社、１９９９年
●生命操作を考える市民の会編『生と死の先端医療　いのちが破壊される時代』解放出版社、１９９８年
●近藤喜代太郎、藤木典生『医療・社会・倫理』放送大学教育振興会、１９９９年
●道の医療者の会「脳死および臓器移植に関するアンケートの集計結果」信仰と医療Ⅱ
●奈良県臓器移植コーディネーター　宮崎登喜子「臓器移植を考える　明日はもっと素敵な日」２０００年
●「脳死臓器移植に対する主な教団の対応」レルネット

http://www.relnet.co.jp/relnet/brief/r21.htm

●「トランスプラント・コミュニケーション［臓器移植の情報サイト］」

http://www.medi-net.or.jp/tcnet/

●内閣府大臣官房政府広報室「臓器移植に関する世論調査概要　平成14年7月調査」

http://www8.cao.go.jp/survey/h14/h14-zouki/

●日本移植者協議会

http://www.jtr.ne.jp/

安楽死・尊厳死について

世界の先進諸国では、衛生知識や予防医学の普及、医療技術の進歩によって、かつてない高齢社会を迎えている。ところが、寿命の延びた分だけ健康で活動力を保った人が増えたというわけでもなく、高血圧、糖尿病、がんといった慢性の疾患や機能障害を抱え、時には人工呼吸器などによって延命し、やがて生を終えるといった高齢者が増えている。

こうした中で近年、「安楽死」や「尊厳死」といった〝人の死のあり方〟そのものが、あらためて問われるようになってきた。

天理やまと文化会議が、この問題をテーマに取り上げたのは、発足直後の平成十一（一九九九）年五月のことである。「脳死・臓器移植」に関する討議を始める前に、死そのもの、あるいは医療現場における死を見つめ直す必要性に迫られたからである。

以後、主に全体会議の場で、医療、法律、倫理学、社会習慣、おたすけの現場での経験といったさまざまな角度から検討を重ねた。ここに、議論の一端を紹介したい。

「安楽死」「尊厳死」とは

「安楽死」「尊厳死」について生命倫理学では、手段や方法、本人の意思の有無、状況などから十数通りにも分類されるという。

その中から、現在の使われ方に即して大づかみにいえば、「安楽死」とは「余命いくばくもないと診断され、心身の痛みで苦しんでいる患者に、第三者が薬物を投与する、あるいは延命治療を中止するなどして人為的に生命を断つ方向へ導くこと」となる。

一方の「尊厳死」は、患者本人が「無意味な延命治療を拒否する」もので、「安楽死」との相違は、本人の意思表示が不可欠であるという点にある（**左コラム参照**）。

こうした考え方が広まった背景には、たとえどんな状態であっても、生きていること自体に尊厳を置くと

尊厳死

「日本尊厳死協会」（昭和58年に「日本安楽死協会」から改称）は、「治る見込みのない病気にかかり、死期が迫ったときに『尊厳死の宣言書』（リビング・ウイル）を医師に提示して、人間らしく安らかに、自然な死をとげる権利を確立する」として運動を展開している。

リビング・ウイルとは、自発的意思で明示したものでなければならず、その主な内容は、

①不治かつ末期になった場合、無意味な延命措置を拒否する
②苦痛を最大限に和らげる治療をしてほしい
③植物状態に陥った場合、生命維持措置をとりやめてもらいたい

というもの。

安楽死をめぐる判例から

1962年の名古屋高裁判決――病床で痛みに苦しむ父親から「殺してくれ」と懇願された息子が牛乳に農薬を入れて死なせた事件。

安楽死に必要な六つの条件として、

①不治の病で死が目前に迫っている
②苦痛が激しい
③死苦の緩和が目的
④本人の嘱託または承諾がある
⑤医師が行う
⑥倫理的に妥当な方法による

を挙げた。

1995年横浜地裁判決――末期がん患者に医師が塩化カリウムを投与した東海大付属病院の安楽死事件。

「医師による積極的安楽死の４要件」として、

①耐え難い肉体的苦痛がある
②死が避けられず、その死期が迫っている
③肉体的苦痛を除去・緩和するための方法を尽くし、他に代替手段がない
④生命の短縮を承諾する患者の明確な意思表示があること

を挙げた。

いう延命治療の「生命の尊厳」に対し、「生命の質（QOL＝クオリティー・オブ・ライフ）」が提起されたことによる。患者本人が個人の権利として〝非人間的〟と考えられる治療を拒否し、〝人間らしい〟尊厳ある死を選ぶという「尊厳死」の思想が主張されるようになってきたのである。

また、近年になって浸透してきた、西洋的な個人の権利に関する考え方の一つ「死の自己決定権」の主張も、「安楽死」「尊厳死」をめぐる動きに大きな影響を与えている。

こうした「安楽死」「尊厳死」にかかわる今日的問題は、まさに高度医療技術の副産物といえる。それは単に、以前なら自然に死に至るような状態の患者が、人工呼吸器や薬剤によってある程度の延命が可能になったということだけを指すのではない。たとえば、遺伝子診断など診断技術の進歩によって、病気のその後の経過や、自分が将来かかる可能性のある重い病気まで分かってしまい、このことが患者の自殺や安楽死願望を招く一因ともなっているのである。

法律的側面から見る「尊厳死」

日本尊厳死協会が推し進めている「尊厳死の宣言書」（リビング・ウイル）を考えた場合、その信頼性を疑問視する声もある。

リビング・ウイルは、いわゆる「生前発効遺言」である。もともと遺言は、当人が死亡した後に有効となるもので、生きている限りは何度でも書き換えが可能である。たとえ書面によらなくても、新たに口頭による意思表示や遺言と異なる行為をすることで、以前の遺言は自動的に取り消される。

そこで、患者本人の意思を考えれば、リビング・ウイルを書いたときと、人工呼吸器を装着するような状態になってからの遺言が、必ずしも同じものとは断定できない。しかし、人工呼吸器をつけた状態での意思確認は難しく、わが国にはそれを判断する公的機関がないため、現場の医師、あるいは患者の家族の判断に委《ゆだ》ねられることになる。

こうした状況下で、あからさまに生命維持装置を取り外すことはできず、もし行った場合には、大きな社会的問題にまで発展する可能性がある。また、たとえ「死にたい」との本人の意思表示があったとしても、刑法上は自殺幇助《ほうじょ》ということになる。

何をもって「尊厳」とするか

海外では、法的に安楽死を認めている所もある。オランダのように、医師によって数多くの患者が安楽死を遂げている国もある。

だが、言うまでもなく、医療は、患者が可能な限り健康な状態に回復し、少しでも長生きできるよう努めるものである。医療従事者が手を加えて患者を死に至らしめるという行為は、決して許されるものではない。「安楽死」が法的に認められている国であっても、これにかかわる医師の苦悩は大きいという。

その一方で、日本で「尊厳死」が取り上げられるようになった背景には、終末期医療の飛躍的な進歩に伴うさまざまな側面がある。心臓や呼吸器系の機能が致命的に損《そこ》なわれても、生命維持装置によって、より長く生きられるようになった。そのためには何本ものチューブにつながれることになるのだが、その姿を〝スパゲティ症候群〟と例えて、非人間的・非人道的だと考える人もいる。

これと同じ状況であっても、そこに懸命に生きようとする患者の姿勢や、一刻でも長く生きてほしいという家族の祈りを見いだすこともできる。そうした思いに立てば、「死にたい」と思わずにはいられない人間関係や心の絆《きずな》の希薄さこそが、尊厳を欠いているのではないかという見方も出てくる。

また、「尊厳ある死」が「尊厳ある生」の終末としてあるのだと考えれば、たとえスパゲティ症候群に見えようとも、最後まで生きることを大切にしつつ「出直す」ことも、人間として一概に見苦しい最期とはいえない。何をもって「尊厳」とするかは、一人ひとりの価値観にかかってくるのである。

さらに、いわゆる〝死の人称〟の問題もある。以前、『天理時報』が行った調査では、教友の多くが、自らの死については「無理な延命を望まない」としつつも、親しい人については「どんなことをしても少しでも長く生きてほしい」と答えている。自分自身（一人称）と、近親者（二人称）、第三者（三人称）では、死をめぐる思いは変わってくる。

　そして、スパゲティ症候群になることが〝無意味な延命〟だと、誰が、いつ、どのように判断するのかという問題もある。そうした表現の根底には、医療に対する不信があるのではないかと思われる。とするなら、医療従事者はまず、「医療とは病気を治すだけでなく、全人的なもの」と認識し、人としての患者に目を向け、家族との信頼関係を築く努力をすることが不可欠である。

　そのうえで、患者や家族の持つ人生観や死生観に基づいた治療が選択され、家族の愛情に包まれて人生を全うするのであれば、それがどのような医療の形であれ、決して〝無意味〟ではなく、その人にとって〝尊厳ある死〟であったと見なされるであろう。

　今後の課題としては、技術の高度化に伴う医療費の高額化がある。これは経済的な理由で延命治療の打ち切りを余儀なくされる可能性を意味しており、将来的に極めて大きな問題となることが予測される。

与わった生をどう生きるか

「尊厳死」あるいはリビング・ウイルを推進する人々は、患者自身に、死に方を決める権利があると主張する。このことを考えるとき、次のおふでさきが手がかりになる。

　にんけんハみな〳〵神のかしものや
　神のぢうよふこれをしらんか　（三　126）

　私たち人間は、親神から身体をお借りして生まれ、親神の懐《ふところ》と教えられるこの世界で、その守護のもとに暮らしている。そして、やがて時が至れば、身体をお返しすることになるが、また新たな身体をお借りして、この世界に生まれ変わってくる。

　この「かしもの・かりもの」の真実と、「出直し」を思案すれば、死はすべての終局ではなく、人は生まれ変わりを重ねつつ、成人の歩みを続け、親神の望まれる陽気ぐらし世界の実現を目指す存在であることが浮き彫りとなる。

　その出生は、

たいないゑやどしこむのも月日なり
むまれだすのも月日せわどり　（六　131）

と教えられるように、親神の思召《おぼしめし》のままになされるのであり、そこに当人の決定権はない。とするなら、同様に、息を引き取るのもご守護の世界であり、いつ、どのように出直すかは、親神のおはからいによるところである。

『天理教教典』の第四章「天理王命」には、親神の守護の理の一つとして、「たいしよく天のみこと　出産の時、親と子の胎縁《たいえん》を切り、出直《でなおし》の時、息を引きとる世話、世界では切ること一切の守護の理」と教え示されている。

このことから、もともと「死の自己決定権」なるものは、人間の側にはないといえよう。

親神によって銘々に許されている「心の自由」は、与わった生をどのように生きていくかということであり、そこにこそ「尊厳」を考える鍵《かぎ》があり、〝尊厳ある生〟を生き抜いた結果として〝尊厳ある死〟がもたらされると捉《とら》えられる。

さらにまた、人は一人で生きているのではなく、親神によって組み合わされた親子・夫婦と、さまざまな人と人との関係の中に生きている。その意味では、一人の死は、その人一人にとどまらない、かかわりを持つあらゆる人々にとっての死でもある。

とするならば、一人の「出直し」は、家族や同じ教会につながる人々にとっても、一層の成人を促されている「ふし」と受け取ることができる。

併せて、医療そのものをどう捉え、思案するかということも大切な視点である。

おふでさきには「修理や肥に医者薬を」と示されているが、医療とは本来、人体に備わっている力に手を添えるものである。また医療は、親神の「智恵の仕込み」に由来するものであり、かつ病める人をより良き方向へ導きたいと志すうえでの人としての努力であるともいえる。そう考えるならば、生かされて生きていることを厳粛に受けとめたうえで、「医療の選択」をする自由はある、と考えてもよいだろう。

ただし、ともすれば私たちは、医療の効果が現れて病状が改善されるかどうかということにのみ目を奪われがちである。信仰者として、より大切なことは、その人の身上の障《さわ》りをいかに受けとめ、心の向きをいかに改めていくかにあることは言うまでもない。

〃真のたすかり〃を目指して

一般に「死を考えることは、どう生きるかを考えることだ」といわれる。人は出直しても、また、この世に生まれ変わってくるということを知っている私たちよふぼくにとって、死を見つめることは、一段と深い意味で、まさに今生をいかに生きるかと自らに問うことでもある。

同時に、ご守護とは何であるかを思案することも大切である。信仰者であっても、身上がたすからずに出直せば、ご守護を頂けなかったと否定的に考えてしまうこともあるだろう。しかし、生まれてから息を引き取るまでの人生のすべてが、親神のご守護のもとにあると自覚できれば、「出直し」もまた、親神のお働きによるものであると心から納得できるであろう。人間の思案では到底喜べないことであっても、その根底にある親神の子供可愛《かわい》い親心をよく悟らせていただくなら、必ずや、その「ふし」を喜びに変えることができるはずである。

そのためには、前生・今生・来生と、生まれ変わりを重ねて成人していく真実を胸に治め、「出直し」が新たな生へ向けての出発点であると受けとめることが大切であろう。

人間の身体は、親神からの「かしもの・かりもの」であり、人間は心の自由を与えられている。しかしながら、知らず識《し》らずのうちに、親神の思召に沿わない、わが身勝手な心遣いをしてしまうものである。

こうした心遣いを「ほこり」に例えて教えられ、親神の深い親心から、ほこりを払うべく、さまざまな形でメッセージを送っていただいているのが身上の障りであり、事情のもつれである。したがって、生起するすべての事柄を「成ってくる理」と受けとめ、心の治め方を思案し、成人に向けて心を定めることが肝要となる。

これは病んでいる人、あるいは出直しを前にした人だけでなく、かかわるすべての人たちが、それぞれに自らへのメッセージとして受けとめ、成人に向けて心を定め、実践に移していくことが求められているのである。

今ある生は有限であるが、同時に、魂が生まれ変わりを繰り返していくことを考えれば、無限ともいえる。眼前の事象の背景にある親心を悟り取るには、生を重ねて受け継がれていく「いんねん」を思案し、新しき生を視野に入れて、今を精いっぱい生きることである。そこに〝真のたすかり〟が見えてくるはずである。

文明の急速な進歩に伴い、現代社会で新たな問題となっているものは数多い。この「安楽死」「尊厳死」の問題も、高度先進医療が実現した現代において、あらためてクローズアップされてきたものである。

こうした技術の進歩も、親神のご守護の賜物《たまもの》ではあるが、その技術をどう用いるか、あるいは用いるか否かも含めて、すべては人間の心次第である。その決断に際しては、強欲でないかどうか、「我《われ》さえ良くば」といった思いがないか、根底にある心の動きを見つめることが大切であろう。

〝真のたすかり〟とは何か――を自覚するという「真実の心」がなければ、どれほど進歩した技術も、真の幸せには結びつかない。思召に沿った思案が、いま強く求められているのである。

参考文献および資料

●橋本正治「おもかげ」――『みちのとも』１９５８年９月号、天理教道友社
●深谷忠政『教理研究　事情さとし』天理教道友社、１９７４年
●日本安楽死協会編『安楽死とは何か　安楽死国際会議の記録』三一書房、１９７７年
●宮川俊行『安楽死の論理と倫理』東京大学出版会、１９７９年
●J・レイチェルズ／加茂直樹監訳『生命の終わり　安楽死と道徳』晃洋書房、１９９１年
●中野東禅『中絶・尊厳死・脳死・環境　生命倫理と仏教』雄山閣、１９９８年
●五十子敬子『死をめぐる自己決定について　比較法的視座からの考察』批評社、１９９７年
●日本医師会「末期医療に臨む医師の在り方についての報告」１９９２年
●日本尊厳死協会
http://www.songenshi-kyokai.com/
●関西医科大学　生命倫理学資料
http://www 3.kmu.ac.jp/legalmed/ethics/theme 1.html

「出生前診断」をめぐって

医療の長足の進歩に伴って、私たちは、「生命とは」「生きるとは」「死とは」といった、人間存在の本質にかかわるさまざまな課題を突きつけられている。それは、「脳死・臓器移植」「尊厳死」といった終末期にかかわる問題であり、一方で「生殖補助技術」「ES細胞（胚《はい》性幹《かん》細胞）」「クローン」といった受精や誕生にかかわる複雑で重い課題でもある。

ここでは、その中から「出生前診断」についての討議の一端を紹介する。

「出生前診断」とは

「出生前診断」とは、受精から出生までの期間において、胎児に異常や疾患がないかどうかを調べるもので、染色体異常症の子が生まれる確率が高いとされる高齢出産などの場合に、しばしば勧められる。

これには、胎児に異常がないかを調べる狭義の「出生前診断」と、体外受精を行った場合に、受精卵に特定の病気がないかどうかを、卵を子宮に戻す前に判別する「着床前診断」がある。

狭義の出生前診断を非侵襲的な方法から侵襲的な方法の順、つまり胎児への安全性が高いものから低いものの順に挙げると、次のようになる。

①超音波断層法

超音波を母体に当てて、胎児の状態を画面で見る検査で、主に形態異常を診断する。解像度は二～三ミリ程度。妊娠初期から検診的検査として広く行われている。妊娠後期になると、胎児の体重を推定したり、生まれてすぐに対応しなければならない疾患の有無などが分かる。受ける側に、出生前診断という意識はない。

②母体血清マーカー検査

妊婦の血液に含まれる胎児や胎盤に由来する成分を調べ、その値をもとに胎児に異常がないかを判定する検査。通常、三種類の成分を調べるので「トリプルマーカー・スクリーニング」ともいう。対象となるのはダウン症（21トリソミー）、神経管奇形が多く、エドワード症候群（18トリソミー）など他の染色体異常症も診断可能とされる。検査結果は確率で表され、年齢などの条件を勘案して「陰性」「陽性」などと判断される。しかし、あくまでも確率にすぎないので、「陰性」と判断されても疾患がある可能性はゼロではなく、「陽性」と判断されたからといって疾患があるとは限

出生前診断の対象となる主な疾患

出生前診断の対象となる先天性疾患の主なものは次の通り。これらの疾患の程度はさまざまで、死産の可能性が高いものから、出生後も長期生存が可能なもの、さらには産後の手術によって完全に治癒《ちゆ》するものもある。

①ダウン症（21トリソミー）
21番目の染色体が３本あることにより発生。知的・身体的発達障害、心臓病などの合併症を有する場合が多い。

②エドワード症候群（18トリソミー）
18番目の染色体が３本あることにより発生。小頭症、耳介低位、手指の奇形のほか、重篤《じゅうとく》な先天性疾患を有する場合が多い。

③神経管奇形
主に中枢神経に関する神経管に欠損が生じ、脳や脊髄《せきずい》が発達しない疾患。外脳症や無脳症、開放性二分脊髄など。

④血液型不適合
Ｒｈ（－）の血液型の女性がＲｈ（＋）の胎児を妊娠した場合に、その次に生まれる子供に発生する危険がある。胎児血が何らかの理由で母体側に流れ込んでしまうことでＲｈ（＋）赤血球に対する抗体ができ、胎児に溶血性疾患が起こる。

⑤筋ジストロフィー
進行性の筋萎縮《いしゅく》が起こる遺伝性の疾患。重度の身体障害をもたらすものであるが、治療法は現在のところない。

⑥血友病
一般に男性のみに現れる遺伝性の血液疾患。いったん出血が起きると止まらなくなる。

⑦脆弱《ぜいじゃく》Ｘ症候群
遺伝的な精神発達遅滞や身体の異常を伴う先天性疾患。男児と女児の間で症状に差がある。

らない。最終的には、羊水検査を行わないと確定しない。

③羊水検査

羊水から胎児の細胞断片を採取し、染色体異常や遺伝性疾患を判定する検査。ほぼ一〇〇パーセントの確率で胎児に疾患があるかどうかが分かる。妊婦の子宮に注射針を刺すため、約三百分の一の確率で流産や胎児死亡を生じる危険性がある。

④絨毛検査

膣《ちつ》あるいは腹部からカテーテルを挿入《そうにゅう》し、将来、胎盤になる絨毛《じゅうもう》の一部を採取し、染色体異常や遺伝性疾患を判定する検査。母体組織が混入しなければ、ほぼ一〇〇パーセントの確率で診断できる。あまりに早い週数で行うと、胎児奇形を誘発する危険性がある。副作用の頻度《ひんど》は羊水検査よりもやや高く、術者の技術の差が大きく影響する。

⑤胎児採血

胎盤表面の血管、臍帯《さいたい》が胎盤に付着する部位などから採血して異常を判定する。胎児の貧血を含め、血液疾患の有無が診断できる。採血は十八週から可能とされるが、誤りが生じる（母体血を採血する）ことがあり、まれに胎児を死亡させる危険性がある。

◇

一方の着床前診断は、体外受精後に受精卵を子宮に戻す前に行う。受精卵が四分割ないし八分割して胚になった際に、細胞の一部を採取して染色体や遺伝子の異常を判定する。異常が認められた胚は廃棄され、異常の見つからないもののみを子宮に戻すものである。

何が問われているのか――医療面から

医療の面では、「早期発見・早期治療」を目的とする場合ならまだしも、実際には多くの場合が、障害を有する可能性の高い胎児の発見・排除が目的となっており、これを正常な医療のあり方といえるかどうかが問われている。

また、検査によっては胎児を傷つけたり、死に至らしめる危険性があり、安全性の問題も指摘されている。

さらに、診断そのものの精度についても、疾患がある可能性を確率として示された場合、どう判断すればよいのか、当事者が深刻な葛藤《かっとう》に直面する。そのため、「陽性」と判定された場合には、より正確な診断を求めて、侵襲性の高い検査を受けざるを得ないというケースが出てくる。

何が問われているのか――法律面から

アメリカなどでは、出生前診断があるということを親に教えなかった、あるいは出生前診断によって胎児に異常が認められたのに、それを親に告げなかったということで裁判になったケースがある。

これは、産むか産まないかの判断の機会を奪ったことを〝損害〟と捉《とら》えたもの。同時に、障害児を産み育てることが損害との前提に立ち、それを避けることができたのに、医療側がその措置を講じなかったという理由による。そのため、医療訴訟を起こされないための安全策として、出生前診断が定着しているという側面があり、わが国に波及する可能性も考えられる。

また、人工妊娠中絶に関して、わが国の刑法には堕《だ》胎《たい》罪があるが、一方で、母体保護法が堕胎罪の例外規定として人工妊娠中絶を認めており、母体の健康の名のもとに中絶が「自由化」しているという現実がある。

しかし、障害者と健常者の共生を目指す社会の動きの中で、障害児の存在を〝損害〟と認めることには問題があり、また障害があるといっても、親に排除する権利はないという点において、こうした医療訴訟に反対する理由が法律論として構成できるとも考えられる。

何が問われているのか――生命倫理から

生命倫理上の問題としては、①診断の目的が障害を有する（可能性の高い）胎児の発見と排除であるという悪《あ》しき優生学的見地の問題性と、②生命の尊厳の侵害という人工妊娠中絶そのものの問題性――がある。

「優生学」は、生命の品質管理という発想に立った学問という性格を有している。優秀な子孫を残すために、医療的な措置を講じようとすること自体に問題がある。これが暴走すると、遺伝子・染色体の異常や先天性異常などを持った人々の生存権そのものを脅《おびや》かすことにもなりかねない。

二十世紀前半の米国の断種法、ナチスによる障害者への強制不妊手術・安楽死、あるいは戦後になっても、北欧福祉国家で見られた優生政策や、わが国でも最近まで存続してきた「らい予防法」「優生保護法」の差別的な条項など、優生思想の行き過ぎが人道上・倫理上、極めて大きな問題であったことを想起したい。

しかし、その一方で、生まれてくる子が五体満足であってほしいと願うのは、親としてのごく自然な思いであろう。そうした思いまでも優生思想として断罪してよいかという議論もある。この点で、個人レベルでの自然な思いと、先述のような国家の制度的対応とは区別しなくてはならないように思われる。

人工妊娠中絶の問題点

胎児は、法律上はまだ人格として認められていないとはいえ、やがて人間として誕生してくる生命である。生命の尊厳という観点からは、人工妊娠中絶は悪《あ》しき行為だと言わざるを得ない。

しかし、さまざまなやむを得ないケース（レイプによる妊娠、妊娠を継続すると母体に危険が生じる場合など）で、中絶という選択肢を選ばざるを得ない人々が少なくないのも事実である。

だが、胎児に重篤《じゅうとく》な障害があるからという場合は、問題の性質が異なってくる。それは、障害があっても胎児の生存権は認められるべきだと考えられるからである。

このことに関連して近年、「女性の自己決定権」（中絶する権利）と「胎児の生存権」が、ぶつかり合う場面も出てきている。

民法の前章には、人としての権利能力は「出生に始まる」とあり、「生まれるまでは女性の身体の一部」と見なすがゆえに、胎児を産む・産まないについては、女性に決定権がある、との主張である。

一方で、受精した時点で独立した生命がそこに芽生えていると見なすなら、「胎児の生存権」ということが考えられてもよいであろう。

つまり、中絶は誰の都合による判断なのかということである。胎児は権利を主張することができないだけに、よく考えなければならない点である。

そうした判断に際して、もしも医療者の側が〝不幸な子〟をつくらないようにと、暗に妊婦や家族に中絶を勧めることがあるとすれば、それもまた大きな問題である。

前もって〝分かる〟のは良いことか

出生前診断は「胎児の生命の質を評価する」ものである。かつては、生まれるまでは何も分からなかった。だから、障害を有する子が生まれるのも「神様の思《おぼし》召《めし》」あるいは「大自然の摂理」として受けとめることができた。そう考えれば、胎児のことが前もって〝分かる〟ということが、果たして良いことかどうかという根本的な疑問も生じてくる。

そもそも出生前診断が普及する背景には、高齢出産による不安からという受診動機のほかに、医療訴訟への対策という面もあり、医療検査による経済的効果（病院・製薬会社などの利益）という面も否定できない。

現時点で、日本産科婦人科学会や厚生労働省では、妊婦および家族の側の希望があれば対応してもよいが、積極的に推進しているわけではない、としている。そのため、出生前診断を行うに当たっては、当事者への十分な説明と同意（インフォームド・コンセント）が必要となっている。

しかし、医学的な観点や技術的な側面だけの説明に終始することが多く、診断を受けるかどうかの判断に際して、これまで指摘したような問題点については容易に気づきにくい。

また、一般の人々の医療知識も高まっており、受ける側から強く主張されると、医療側もこれを受け入れざるを得ない。このため、出生前診断は、実際にはかなりの頻度で行われており、今後も増える傾向にあると思われる。

視点を変えてみれば

出生前診断をめぐる問題の焦点は、障害者をどのように受けとめるかということと関連している。

よくいわれる障害児・者問題のダブル・スタンダード（二重基準）とは、生まれる前なら「生まれないほうがよい」、しかし生まれた後では「生活は保障されなければならない」という主張である。

これに対して、障害者問題というのは、ダブル・スタンダードではなく、根底に流れているのは「障害者差別」というシングル・スタンダード（単一基準）だという意見もある。

先天的疾患を有する胎児の選択的人工妊娠中絶を正当化する理由としては、よく、それをしないと「負担」が大きいということがいわれる。

『女性と出生前検査――安心という名の幻想』（日本アクセル・シュプリンガー出版）によれば、①高額医療費の問題（家庭への経済的影響）②社会保障その他の社会的費用（政府の負担）の問題　③家族の崩壊につながる　④障害をもつ人のＱＯＬ（生活の質）の問題　⑤「パーフェクト」という考え方――が挙げられている。

しかし、障害をもつ子が生まれることを悲劇と受けとめることがあるとすれば、まず夫婦・親子・家族のあり方を見つめ直す必要がある。と同時に、そうした家族を支え、援助する社会づくり（法律や制度の問題も含む）を目指すのが本筋であろう。

また④についても、「障害は不便だけれども不幸ではない」「障害とは、障害者が暮らしにくい社会のことだ」との訴えに耳を傾けるなら、周囲の判断や価値観では推し量れないものがあることに気づく。

何より、ここで論じられている「負担」とは、どれも証拠立てられているものではない。さらに、たとえこうした「負担」があるとしても、それは法律や制度が対応しなければならない部分であろうし、倫理的・社会文化的には、偏見を取り除く努力こそが求められている。そのためにも、障害および障害児・者についての理解を深めることが非常に重要になってくる。

教えに照らしてみれば――命の始まり

道の教えに照らすとき、出生前診断をめぐる諸問題は、どう思案できるだろうか。

まず第一に、〝命の始まり〟をどのように考えるかということがある。おふでさきに、

そのとこでせかいぢううのにんけんわ

みなそのぢばではじめかけたで　（十七　7）

と示されているように、元初まりの夫婦の雛型《ひながた》による人間宿し込みの地「ぢば」に天理王命の神名を授け、その「ぢば」に据えられた「かんろだい」を囲んで、よろづたすけのつとめが勤められる。

このことから、人の命の始まりは出生ではなく、受精の時であるとすべきことが導き出される。さらに、

たいないゑやどしこむのも月日なり
むまれだすのも月日せわどり　（六　131）

とも示されるように、受精から出産に至るまでの母体の精妙な働き、そこで形づくられる人体の精巧な構造と機能も、すべて親神の思惑とご守護のもとにあることは言うまでもない。

こうした立場に立てば、人間の都合による人工妊娠中絶は基本的には許されないことになる。

しかしながら、そうと承知しながらも、さまざまな事情により、中絶のやむなきに至ることもあり得る。そうした場合には、そのように成ってきた身の上を思案し、親神にさんげし、人だすけの道を、それまで以上に真剣に求めることである。

教えに照らしてみれば——子は与え

親神の守護のもとに受精し、成長し、生まれ出てくる命。それは、親神から夫婦への「授かりもの」であると教えられる。「夫婦皆いんねんを以《もっ》て夫婦という」（明治24・11・21）と教えられるように、夫婦とは、それぞれにふさわしい相手を親神によって組み合わされたものである。その夫婦の間に授かる子どももまた、「親と成り子と成るは、いんねん事情から成りたもの」（明治40・4・9）であり、夫婦といい、親子といい、深いいんねんの絆《きずな》に結ばれたお互いであると自覚することが肝要である。

そして「この世へ出た人間というは、何程の理というや分からせんで」（明治40・4・10）と示されるように、生まれてくる一人ひとりに、親神の深い思いが掛けられているということを忘れてはならない。

こう考えれば、先天的疾患を有する胎児を選択的に中絶するための出生前診断については、夫婦で談じ合ったうえで「受けない」と決断するのもよいだろう。

また、もし診断を受けるとするなら、その結果をどう受けとめるのか、事前に夫婦で談じ合いを重ねることが大切である。

おたすけに際して

出生前診断について相談を受けた場合、基本に置いておきたいのは、「難儀さそう不自由さそうという親はあろうまい」（明治24・7・7）との親神の親心である。人間の目に一見悪しき姿のように映る事態であっても、その根底には親神の深い親心があると受けとめるのが、この道の信仰である。

個々の姿は、どんなに善く見えるものであろうと、悪く見えるものであろうと、それは相対的なレベルの善悪であって、すべては陽気ぐらしの元のいんねんに基づいているというのが根本である。

障害児を育てる親から「この子のおかげで、家族が成人の道を歩んでいる。この子はわが家の宝だ」といった声を聞くことがある。しかし大抵の人は、すぐにすべてを親神の「たすけたい」との親心からのはからいと悟って、陽気に明るく生きる「たんのう」の境地に至れるものではない。戸惑いや嘆きを越えて踏ん張りきるには、確かな手がかりが無くてはならない。

また、周囲の支えや助言も欠かせないだろう。そうした中で、信仰信念は次第に高められ、強められて、心からたんのうできるようになるのである。

相談を受け、かかわる者は、「見るもいんねん、聞くもいんねん。添うもいんねん」（明治23・9・27）と教えられるように、自分のこととして受けとめ、共に神意を求め、心を尽くして歩む姿勢が大切である。

と同時に、障害児・者が安心して住める社会づくりを目指して、共に努力していくことも不可欠である。

その中で、本教としても「障害をもった子どもが生まれたら、教会にいらっしゃい」と名実ともに言えるように、たすけの受け皿をつくっておくことも求められるであろう。本教がそうした社会づくりに積極的に取り組むこともまた、広い意味での世界たすけの実践だからである。

参考文献および資料

●金城清子『生命誕生をめぐるバイオエシックス』日本評論社、1998年

●佐藤和夫・伊坂青司・竹内章郎『生命の倫理を問う』大月書店、1988年

●山本利雄『人間創造　天理教「元初まりの話」』天理教道友社、1990年

●カレン・ローゼンバーグ、エリザベス・トムソン編『女性と出生前検査　安心という名の幻想』日本アクセル・シュプリンガー出版、1996年

●江原由美子編『生殖技術とジェンダー』勁草書房、1996年

●加藤尚武・加茂直樹編『生命倫理学を学ぶ人のために』世界思想社、1998年

●佐藤孝道『出生前診断　いのちの品質管理への警鐘』有斐閣、1999年

●坂井律子『出生前診断　生命誕生の現場に何が起きているのか?』日本放送出版協会、1999年

●大橋謙策監、十東支郎・野川とも江・高橋流里子編著『高校生が学ぶ社会福祉シリーズ第9巻「精神保健・地域医療・リハビリテーション」』中央法規出版、1999年

●恩田威一・北川道弘・飯沼和三『トリプルマーカー・スクリーニング検査』医歯薬出版、1999年

●米本昌平・松原洋子・橳島次郎・市野川容孝『優生学と人間社会　生命科学の世紀はどこへ向かうのか』講談社、2000年

●全国キリスト教障害者団体協議会『喜びのいのち　出生前診断をめぐって』新教出版社、2000年

●村松聡『ヒトはいつ人になるのか　生命倫理から人格へ』日本評論社、2001年

●日本カトリック司教団『いのちへのまなざし　二十一世紀への司教団メッセージ』カトリック中央協議会、2001年

●篠原駿一郎・波多江忠彦『生と死の倫理学　よく生きるためのバイオエシックス入門』ナカニシヤ出版、2002年

●大野明子『子どもを選ばないことを選ぶ　いのちの現場から出生前診断を問う』メディカ出版、2003年

●水谷徹・今野義孝・星野常夫「障害児の出生前診断の現状と問題点」――文教大学『教育学部紀要』第34集、2000年

●国立成育医療センター研究所　成育遺伝研究部
http://genetics.nch.go.jp/

●現代文明学研究「出生前診断・選択的中絶をめぐるダブルスタンダードと胎児情報へのアクセス権　市民団体の主張から　玉井真理子」
http://www.kinokopress.com/civil/0201.htm

●信州大学遺伝子診療部遺伝ネットワーク「遺伝医学の基礎知識　出生前診断」
http://genetopia.md.shinshu-u.ac.jp/basic/basic5.htm

●「日本ダウン症ネットワーク－JDSN」
http://jdsn.ac.affrc.go.jp/dowj1.html

●京都ダウン症児を育てる親の会「ダウン症とは」
http://web.kyoto-inet.or.jp/people/angle-3/down-s.html

●Lady's Home「血液型不適合妊娠って?」
http://www.ladys-home.ne.jp/faqsite/ans-files/FAQ-I/FAQ-I5.html

●読売新聞関西本社「命は選べるか　出生前診断」
http://osaka.yomiuri.co.jp/mama/chie/pregnancy/pregnancy.htm

生殖医療が提起するもの

第一部　生殖医療の現状と課題

「不妊」の一般的な定義は「妊娠を希望するカップルが、二年以上性生活を行っても妊娠しない状態」で、日本では夫婦のおよそ十組に一組が不妊であるといわれている。しかし、そのすべてが「不妊症」というわけではない。子どもができないことを当事者が苦痛と感じているときに「不妊症」という〝病気〟と見なされ、治療の対象となる。つまり、不妊自体は病気と見なされていないのである。

とはいえ、子どもを欲しいと思っている当事者にとって、不妊は深刻な問題である。日本の封建時代には、子どもが生まれない女性は離縁されることさえあったといわれる。現代でも「まだ、できないの?」とか、「つくらないの?」「どちらが悪いの?」といった、舅《しゅうと》や姑《しゅうとめ》をはじめとする親族や第三者の無思慮な言葉に深く傷ついている多くは、女性である。

ところが、不妊症の原因を有する割合は男女半々くらいで、一〜二割は原因不明の不妊だといわれている。

男性側の主な原因としては「無精子症」「精子無力症」「性機能不全」などがあり、女性側は「排卵障害」「卵管障害」「子宮障害」などが挙げられる。

〝病〟としての不妊

「不妊症」という言葉がよく聞かれるようになったのは、ART（assisted reproductive technologies）の発達によるところが大きい。ARTの定訳はないが、「生殖補助技術」「生殖補助医療」「高度不妊治療」などとも呼ばれており、人工授精もこの中に含まれる。

こうした技術の進展によって、以前は「産めない」と思ってあきらめたり、養子をとるなどしていた人たちにも、時間や経済力、体力、精神力を費やすことをいとわなければ、「産めるかもしれない」という可能性が見いだされるようになってきた。これに伴って、子どもが生まれないことが「治療の必要な〝病気〟の一つである」との認識ができてきたのである。そして、その歴史は意外と古い。

第三者からの提供精子による非配偶者間人工授精（AID）は、昭和二十四（一九四九）年に慶応《けいおう》大学病院で行われたのが最初で、現在までの出生児数は、累計一万人を超えたと推測されている。

また、一九七八年には、英国で初めて体外受精児が生まれ、〝試験管ベビー〟として話題になった。日本でも昭和五十八（一九八三）年に東北大学で成功し、その後、平成十一（一九九九）年だけで一万千九百二十九人が誕生。同年現在、日本産科婦人科学会登録の医療機関だけで累計五万九千五百二十人が体外受精によって生まれている。

同年の例を見ると分かるように、新生児の百人に一人が体外受精によって生まれている計算になり、ほかの病気や傷を治す一般的な治療と同じように、ごく身近な医療の一つになってきているのである。

生殖補助技術とは

一般的な不妊治療では、まず排卵日を考慮して夫婦関係をもつタイミング指導をはじめ、排卵誘発剤や卵巣刺激剤などによる薬物療法、卵管の通過障害などを改善する外科的手術といった方法を行い、自然妊娠ができるようにする。

それでも妊娠しなかった場合、さらに望むのであれば人工授精、体外受精や顕微授精といった生殖補助技術を用いることになる。これらは、妊娠の〝手助け〟的なものであり、患者本人の疾患の治療とは異なる。

こうした生殖補助技術は、精子や卵子の由来によって表（左ページ）のようなパターンに分けられるが、種類としては、大きく分けて次の四通りがある。

①人工授精

精液を、注入器を用いて直接子宮腔《こう》に注入し、妊娠を図るもの。これは乏精子症、無精子症、精子無力症などの精液の異常、性交障害等の場合に用いられ、精子提供者によって「配偶者間人工授精（ＡＩＨ）」と「非配偶者間人工授精（ＡＩＤ）」に分けられる。

②体外受精（ＩＶＦ）

人為的に卵巣から取り出した卵子を、シャーレ（培養器）の中で精子と受精させ、受精後の受精卵や胚《はい》を子宮腔や卵管に戻し、妊娠を期待するもの。

なかでも、受精卵を二日間ほど培養した後、胚の状態にしてから母体に戻す場合を「体外受精・胚移植（ＩＶＦ―ＥＴ）」と呼ぶ。また、胚の段階からさらに培養を続け、胚盤胞になったところで子宮に戻す場合を「体外受精・胚盤胞移植」という。近年の胚培養技術の進歩に伴い、可能となった方法である。

また、こうした体外受精は、精子・卵子・胚の提供者によって、

①配偶者間体外受精
②非配偶者間体外受精
③胚提供体外受精

――に分けられる。

③顕微授精（ＩＣＳＩ）

通常の体外受精を発展させたもの。卵子を採取するのは同じだが、精子を一つだけ選び、卵細胞質内に針を刺して注入し、受精させる方法である。精子は、よく運動していて、見た目（形態的）に最も良いと思われるものが用いられる。授精後の経過は、先述の体外受精と同じである。

④代理出産

がんや、ほかの病気で子宮を失って妊娠できない妻に代わり、第三者に妊娠・出産を依頼するもの。その中で、妻の卵子と夫の精子からなる受精卵を第三者の子宮に移植する方法を〝借り腹〟、夫の精子を第三者

の女性の子宮に人工授精する方法を〝代理母〟と呼んでいる。

◇

このほか、生殖補助にかかわる技術として、受精卵の凍結保存がある。

体外受精や顕微授精では、人為的に卵巣から卵子を取り出して培養器の中で受精させるが、子宮腔に戻した受精卵がすべて着床し、妊娠が成立するわけではない。成功率を上げるために、また、一回の採取にかかる経費や身体的苦痛を軽減するという理由から、通常は十から十五個程度の卵子を採取し受精させる。その中から子宮へ戻すのは、多胎妊娠を避けるために三個以内となっており、残りは凍結保存して、次回の治療に用いられる。

しかし、妊娠が成立した場合に、残った受精卵（余剰胚）を廃棄しなければならないことや、不妊に悩む第三者への移譲、さらにはＥＳ細胞（胚性幹細胞・万能細胞）研究への〝二次利用〟などが倫理的、社会的問題となっている。

また、先に紹介した生殖補助技術は、いずれもすでに確立された技術であるが、ほかにもさまざまな研究や実験が続けられている。平成十五年には、凍結保存しておいた未受精卵を使って体外受精させ、妊娠・出産したことが報じられた。翌十六年には、海外で凍結保存しておいた卵巣組織を本人に再移植して妊娠したことなどが報じられており、今後、第三者の精子を卵子の活性化に使う方法や、精子そのものを使わずに幹

生殖補助技術のパターン

精子	卵子	子宮	方法
夫	妻	妻	配偶者間人工授精（AIH） 体外受精（IVF） 顕微授精（ICSI）
他人	妻	妻	非配偶者間人工授精（AID） 非配偶者間体外受精
夫	他人	妻	卵子提供体外受精
夫	妻	他人	借り腹（代理母）
夫	他人	他人	代理母
他人	妻	他人	精子、子宮提供
他人	他人	妻	胚提供体外受精

細胞から精子を取り出して受精させるといった、さまざまな技術が臨床に用いられる可能性も出てきている。

　このように、生殖補助技術には多様な種類があるが、これらのうち、日本産科婦人科学会が現在認めているのは、ＡＩＨ、ＡＩＤと配偶者間のＩＶＦ、ＩＣＳＩの四種類である。同学会は、基本的に配偶者間の受精しか扱わないとしているが、ＡＩＤについては平成八年十一月から認めている。しかし、非配偶者の卵子提供による受精は認めていない。

生殖補助技術の問題点

　不妊の原因はさまざまであるが、不妊に悩む夫婦にとって、子どもを望む気持ちには切実なものがある。また、不妊の原因のいかんにかかわらず、技術的に可能であれば、そうした方法を用いて子どもを授かりたいと望むことを、生殖を繰り返しながら連綿と続いてきた生命の〝本能〟と考えるならば、それは理解しがたいことではない。

　確かに、子どもを持ちたいという願いをかなえるべく進歩してきた生殖補助技術ではあるが、その速すぎる技術の発展に伴い、さまざまな問題点も指摘されている。

生命倫理の問題

　第一は生命倫理の問題である。こうした技術によって人間の身体が子どもを産むための道具、あるいは手段と見なされ、人間としての尊厳を侵すことになりはしないかとの懸念である。

　また、卵子を採取し人為的に精子を受精させ、受精卵を胚あるいは胚盤胞にまで培養して子宮に戻すという行為は、本来「神の領域」とされてきた過程に踏み込むものであり、どこまで人為的に介入することが許されるかということが問われている。これは生命観、人間観、さらには人類の未来まで視野に入れた、人間存在の根本にかかわる問題である。

女性が被る苦痛

　こうした生殖補助技術の大半が、女性の身体に対して行われるものであり、女性側に過度の負担を負わせるという点では看過できない問題である。それは単に、身体に傷を負わせたり、痛みを伴うといった侵襲性の問題だけでなく、有形無形の重圧からくる精神的な負担も小さくない。

「子どもを産まない女性は一人前でない」「○○家の嫁としての役割を果たしていない」といった周囲からの圧力などが、女性たちを心ならずもゴールの見えないマラソンのような生殖補助技術へと駆り立てている事実もあるからである。

というのも、妊娠が成立して無事に〝治療〟を終了できればよいが、生殖補助技術を用いても、どうしても妊娠しない、あるいは出産に至らないといった場合に、いつやめるのか、それを誰が決断するかといった難しい問題も起きてくる。費用や時間、心身に重荷を背負って苦しんでいるケースも少なくないという。

そのほか、代理出産においては、「代理出産する女性の安全が確保できない」「女性は子どもを産む道具ではない」「協力する女性に心理的負担を負わせる」「協力した女性の夫も精神的に不安定になる」といった問題点が挙げられている。

家庭と社会の問題

家庭あるいは社会における問題も挙げられる。複雑化した人間関係による心理的影響やストレス、それにより生じる家庭や社会における不和、争いなどが出現するといわれている。

とりわけ、第三者からの精子・卵子・胚の提供や、代理出産では、遺伝的な親と法的な親が異なるため、夫婦関係や親子関係が複雑化することになる。

また、夫婦にとっても子どもにとっても、配偶者以外の第三者から提供を受けたことに対する精神的な影響というものは、決して小さくないであろう。

これまで第三者の精子の提供による人工授精（ＡＩＤ）は、血液型が合ってさえいれば父親の特定が正確にできないという状況下であったため、認可され普及したという側面があった。しかし、ＤＮＡ鑑定などの発達により、父親の特定がかなり正確にできるようになった現在では、ＡＩＤの適用には再考の余地があると考えられている。

また、精子や卵子の仲介サービスまで登場して、代理出産が商業化している米国の一部の州では、「富裕層が貧困層を利用するといった状況が進みかねない」との論議も起きており、社会への悪影響も心配されている。

加えて、医学的な問題として、生殖補助技術で生まれた子どもは障害をもつ可能性が高いということや、出産時の異常が一部で指摘されているとの調査結果もあるが、その原因等については、今後の調査研究を待たねばならないというのが実情である。

子ども自身が抱える問題

第三者から精子や卵子の提供を受けて子どもを授かった場合、遺伝上の親の情報をどこまで子どもに知らせるべきかという問題もある。この点については、提供者のプライバシーに配慮し、「提供者側の家族に悪影響を与えるのを避けるため、子の出自を知る権利を制限すべきである」との意見と、「受精卵の提供は形を変えた養子縁組と一緒であり、子どもが自分のルーツを知りたいと思ったとき、それをたどる道を残すべきである」との意見がある。

法律面の諸問題

このような問題に対応するための法的な整備を、どうするかということも問題である。

家族問題や社会問題に発展した事例としては、ＡＩＤによって生まれた娘を夫が「認知」拒否したケース、死亡した夫の凍結精子を用いて子どもを出産したケースなどがある。米国では、代理母が依頼主への出生児の引き渡しを拒否するケースも起きており、今後とも、生殖補助技術の進展によっては、これまでには考えられなかったような問題が生じる可能性は高い。

こうした問題に対する法的な整備については、厚生労働省での取り組みと同時に、法務省の「法制審議会生殖補助医療関連親子法制部会」でも検討が進められており、平成十五年七月には「精子・卵子・胚の提供等による生殖補助医療により出生した子の親子関係に関する民法の特例に関する要綱　中間試案」を発表。その中で、親子関係の法制上の基本的な考え方を示した。

①女性が自己以外の女性の卵子（その卵子に由来する胚を含む）を用いた生殖補助医療により子を懐胎し、出産したときは、その出産した女性を子の

卵子・胚の提供は容認　代理懐胎は禁止――――厚生労働省

厚生労働省の「厚生科学審議会生殖補助医療部会」は平成15年４月、「精子・卵子・胚の提供等による生殖補助医療制度の整備に関する報告書（最終）」を公表した。

同部会では、意見集約の基本的考え方として「生まれてくる子の福祉を優先する」「人を専《もっぱ》ら生殖の手段として扱ってはならない」「安全性に十分配慮する」「優生思想を排除する」「商業主義を排除する」「人間の尊厳を守る」との６項目を踏まえたうえで、以下の結論を出している。

- **生殖補助医療を受けることのできる条件**

「子を欲しながら不妊症のために子を持つことができない法律上の夫婦」を条件とし、「自己の精子・卵子を得ることができる場合には精子・卵子の提供を受けることはできない」「加齢により妊娠できない夫婦は対象とならない」としている。

- **容認される技術**

提供された精子による人工授精、同体外受精、提供された卵子による体外受精、提供された胚の移植（不妊治療の余剰胚に限る）を認めるとした。

- **代理懐胎の禁止**

代理母・借り腹は、以下の理由により禁止すべきであるとした。

①第三者の人体そのものを妊娠出産のために利用するものである

②生命の危険さえも及ぼす可能性がある妊娠・出産による多大な危険性を、第三者に約10カ月もの間、受容させ続けること

③自己の胎内で約10カ月もの間、子を育《はぐく》むことになることから、通常の母親が持つのと同様の母性を育むことがあり、代理懐胎を依頼した夫婦と代理懐胎を行った人との間で、生まれた子を巡る深刻な争いが起こり得る

- **精子、卵子、胚の提供における匿名性**

提供者と提供を受ける者の双方が匿名でないと、「受ける側が提供者の選別を行う可能性がある」「両者の家族関係に悪影響を与える等の弊害が予想される」ため、匿名《とくめい》性を条件とした。

- **出自を知る権利**

匿名性の一方で、生殖補助医療により生まれた子が15歳以上になって希望すれば、氏名・住所など提供者を特定できる内容を含め、「その開示を請求することができる」とした。

※以上、厚生労働省ホームページ参照。

http://www.mhlw.go.jp/shingi/2003/04/s0428-5.html

平成16年１月、新聞各紙は「生殖医療法制定に黄信号」などの見出しを掲げて、厚生労働省が「生殖補助医療部会」の報告に沿って、第三者提供の精子・卵子・胚などを使った生殖補助医療の実施基準を定めた〝生殖補助医療法〟案の国会提出を断念したことを報じた。自民党内などから、「子どもを産む権利を国が規制するのはおかしい」などといった反発が出てきたためである。

母とするものとする。

②妻が夫の同意を得て、夫以外の男性の精子（その精子に由来する胚を含む）を用いた生殖補助医療により子を懐胎したときは、その夫を子の父とするものとする。

③生殖補助医療のために精子を提供した者は、その精子を用いた生殖補助医療により女性が懐胎した子を認知することができない。また、提供者に認知を求めることもできない。

この「中間試案」については、インターネットなど

第三者の受精卵　使用認めない

――――――――日本産科婦人科学会

日本産科婦人科学会は平成16年４月、同倫理審議会、理事会、総会の承認を経て「胚提供による生殖補助医療に対する見解」を発表。この中で「胚提供による生殖補助医療は認められない」とし、「精子卵子両方の提供によって得られた胚はもちろんのこと、不妊治療の目的で得られた胚で当該夫婦が使用しない胚であっても、それを別の女性に移植したり、その移植に関与してはならない。また、これらの胚提供の斡旋《あっせん》を行ってはならない」との会告（学会規則）を示した。

そして、「認めない論拠」として「生まれてくる子の福祉を最優先するべき」「親子関係が不明確化する」との２点を挙げた。

「福祉」の面からの理由としては、生まれた子が発達過程においてアイデンティティーの確立に困難をきたすおそれや、出生の秘密の存在によって親子関係が希薄になるおそれ、それに伴って子が体験し得る疎外感を挙げるとともに、出自を知った場合に子が抱くであろう葛藤《かっとう》と社会的両親（血のつながらない育ての親）への不信感などを指摘している。

また、障害をもって生まれた場合や、社会的両親と死別するといった事態になった場合に、前者では社会的両親に、後者では親族に養育の継続を期待することができるかどうかに懸念を示した。

一方、「親子関係」の視点からは、「胚提供における法的親子関係については誰が親であるのか（遺伝的親なのか、分娩の母とその夫なのか）必ずしも自明ではない」と述べ、民法の養子に関する規定、出産した人を無条件に母親とする規定などとの整合性に疑問を呈し、さまざまな想定を行ったうえで、「いずれの考え方を立法化するとしても、親子概念にまったく別の要素を取り込むことになり、子の福祉の見地から胚提供による生殖補助医療を許容する意義を認めることは難しい」と結論づけている。

※以上、日本産科婦人科学会ホームページ参照
「胚提供による生殖補助医療に関する見解」
http://www.jsog.or.jp/kaiin/html/H 16_4.html

を通じて同年七月から八月にかけて意見募集（パブリックコメント）が行われ、それらを参考に検討が進められている。

また、法務省のこれまでの審議では、次のような問題点も指摘されている。

①受精卵を取り違えて妊娠・出産した場合は誰が親になるのか。

②血のつながりのない兄弟姉妹同士で結婚はできるのか。

③違法とされる代理出産で生まれた子どもの親は誰と規定するか。

④死んだ夫の精子を使って出産した場合は実子と認めるのか。

これらの問題に対しても現在、具体的に検討が進められている。いずれにしても、生殖補助技術を用いることによって複雑化する夫婦・親子関係は、さまざまな問題を引き起こす可能性があり、その対策が急がれている。

こうした状況を考慮するならば、使用する卵子や精子の〝選択〟を人が行い、人為的に受精を試みるという方法は、通常の妊娠に比べ、多くの危険や問題を抱える可能性があると言えるのではないだろうか。

アンケート調査から

厚生科学審議会は、平成十一年二月および三月に「生殖補助医療技術についての意識調査」として、「第三者の精子を用いた人工授精（ＡＩＤ）」「第三者の精子を用いた体外受精」「第三者の卵子を用いた体外受精」「第三者の受精卵を用いた胚移植」「代理母」「借り腹」について、一般の人々、不妊治療患者、不妊治療に当たっている産婦人科医、一般の産婦人科医、小児科医に対してアンケートを行った。

これによると、それらの技術を自分自身が利用するかどうかについては、七割以上が「配偶者が望んでも利用しない」と答えている。その理由としては「家族（親子）関係が不自然になるから」と「妊娠はあくまで自然になされるべきだと思うから」という回答が、前記のすべての生殖補助技術で六割以上に達していた。

こうした結果から、多くの人は、夫婦以外の第三者がかかわる不自然な生殖補助技術に対しては、否定的な感情を持っていることがうかがえる。

ただし、一般論として尋ねた場合には、一般の人々は「胚移植」と「代理母」以外、また治療に携わる当事者は、前記の生殖補助技術の全項目について「認めてよい」「条件付きで認めてよい」と半数以上が答えており、特に患者では、生殖補助技術を肯定する割合が高くなっている。このように、自分自身を想定した場合と一般論とでは、意識面で大きく異なっているようである。

第二部「ようぼくフォーラム」から

平成十五年二月二十六日に開催した天理やまと文化会議主催の第四回「ようぼくフォーラム『現代社会における夫婦・親子の絆《きずな》——生殖医療が提起するもの』」のパネルディスカッションの概要を紹介する。

フォーラムでは、島薗進《しまぞのすすむ》・東京大学大学院教授（宗教社会学）の基調講演が行われた後、島薗教授に加えて、天理やまと文化会議から羽成守《はなりまもる》・日帝《にってい》分教会長（弁護士）、松尾真理子《まつおまりこ》・加古《かこ》大教会長夫人の両委員がパネリストとして登壇。コーディネーターを金子昭《かねこあきら》・天理大学助教授（倫理学）、アドバイザーを山《やま》中忠太郎《なかちゅうたろう》（「憩《いこい》の家」医師、小児科）の両委員が務めた。

金子　島薗先生の基調講演には、二つのポイントがあったと思う。一つは、家族の絆が弱くなり、確信が持てなくなってきたために、血のつながり、遺伝子のつながりを求めて生殖医療へのニーズが高まったのではないかということ。
もう一つは、生殖医療が陽気ぐらしに向かう手助けとして、どこまで認められるのかという点だ。患者の側からは、さまざまなニーズがあるが、どこまでを医療として認めていけるのか。島薗先生は、社会からどんどん声を上げてほしいと言われたが、私たちはどういう声を上げられるだろうか。

五種類の「親子」関係

羽成　「親子」関係は、次の五つに分類できるのではないかと思う。

第一は、生物学的な意味での親子。出生をきっかけとしており、現在の法律はこれが中心で「婚姻中、妻が懐胎した子は夫の子と推定する」と、妻の子は夫婦の子と推定するという形で親子関係をまとめている。

第二は「養子縁組」に基づく親子。通常の養子縁組は、法律が定めた親子関係として家族をつくるが、一番目の生物学的な親子と両立する。したがって、たとえば相続は、実親と養親の双方から受けることができる。

第三は「特別養子制度」に基づく親子関係。養親を血族と見なし、一番目の生物学的な親よりも優先する制度で、これを使うと、実親との親族関係は完全に断ち切られる。実の親は法律上消えて、特別養子縁組した親だけが親となる。

第四に「里親と里子」がある。法律上の親子ではないが、世界的にはフォスター・ペアレント（foster parent＝育ての親、里親、仮親）と呼ばれ、重んじられている。お道でも「人の子を預かって育ててやる程の大きなたすけはない」（『稿本天理教教祖伝逸話篇』八六「大きなたすけ」）と示されており、親子の一つの形として考えていいだろう。

第五は、教えのうえからの親子関係。親神様・教祖《おやさま》を親、人間を子とする関係。また、導きの親と子という関係もある。

こう見てくると、お道では、日ごろから「親子」という言葉をさりげなく使っているが、それは生物学的な親子関係にとらわれない、非常に広く深い、高度な精神世界を持っているのではないかと感じる。

さまざまな「親子」を経験

松尾　私は結婚十一年目に子どもを与わった。授からないときの女性の心情を味わい、その道中で教理に照らして考えさせていただいた。

　また、私の夫は養子である。教会では実子だけでなく養子、あるいは婿《むこ》養子を迎えることもあり、いろいろな親子関係を考えなくてはならない。さらに、教会にはいま、住み込みの人の子どもが十五人ほどいる。

　そして、お道には〝理の親子〟ということもある。そういう親子関係の経験を踏まえて、お話ししたい。

　生殖医療について思うことは、ある意味で、欲にきりない世界ではないかということ。与わらない中にも、素晴らしい日々はあると思う。子どもを授からなかったとき、私は「どんなことでも、できないことはない」と思い込んでいた自分に気づいた。しかし、妊娠は自分の努力や意思とは関係ない。もっともっと勉強するところがあるのかもしれないと考えさせていただいた、素晴らしい十年だった。

どこからが「いのち」なのか

金子　天理よろづ相談所病院「憩の家」では、生殖医療としてどこまでなされているのか。

山中　夫婦間の人工授精までで、体外受精や顕微授精ということは行っていない。

金子　島薗先生は、よく「いのち」「いのちのもと」という表現を使われるが。

島薗　政府の生命倫理専門調査会では、有能な医学者や生命科学の研究者の方と議論をする。科学者は「受精卵といっても所詮《しょせん》は細胞。ヒトではない」と言う。だが、それが育てば人になるのだから「〝ヒトのもと〟ではないか？」と聞くと、「普通に受精卵ができても流産することがある。全部が子どもになるわけではないから、絶対に尊ばなければならないというものでない」と言われた。でも、何か変な気がする。

　もっとさかのぼれば、精子や卵子といった生殖細胞に至り、もっと……と考えると止めどがないから、カトリック教会のように「生殖細胞が合体したときが『いのち』の始まり」という考え方には説得力がある。

　一方で、受精卵を使えば難病がたすかると分かったならば、法律的には許されないとしても、いま、そこにいる人をたすけるために何とかしたいという気持ちが出てくることも否定できない。ただ、それは受精卵をモノのように扱うということでもある。

金子　このような「いのち」の問題について、法律面からはどうだろうか。

羽成　法律では、胎児について「いのち」という概念は全くない。人権も、出生が大原則となっている。例外として、損害賠償と相続で「胎児は……既《すで》に生まれたものと見なす」という規定がある。つまり、日本の法律では、生まれなければ、少なくとも法律上の「いのち」とは考えない。だから、堕胎《だたい》しただけでは殺人罪にならないし、受精卵を廃棄しても罪には問われない。モノとしての規制しかないというのが実情だ。

金子　松尾先生のお考えは。

松尾　「たいないゐやどしこむのも月日なり　むまれだすのも月日せわどり」（六　131）とあるように、胎内に宿し込まれた瞬間が「いのち」の始まりだと考えている。また信仰的に、妊娠中の十月十日《とつきとおか》の心遣いということも教えていただいているので、そこから「いのち」は始まっていると思う。

立場によって異なる視点

金子　生命倫理のさまざまな論を読むと、生きる権利、生存権、産む権利・産まない権利といった言葉に違和感を持つ。そうした法律用語だけで扱えるものだろうか。

羽成　昭和四十（一九六五）年以降にできた権利を思い出してみると、日照権、環境権、嫌煙権、肖像権、プライバシー権などがある。逆に言うと、権利として確立されるには、形としての権利に名前をつけ、定義づけをして法律を作らないといけない。

　ところが、受精卵や胚《はい》の利用、臓器移植というのはおかしいのではないかという素朴な感情、常識というのは、法律で言えるような明確なものではないし、定義づけもできないのではないか。そうなると法律家の限界として、なんとなくおかしいけれど法律には違反していませんと言うしかない。

山中　医学は基本的に生物学。患者を診《み》てはいるが、診断する場合は、たとえばがんなら、細胞を取ってきて顕微鏡で細胞の顔かたちを見るときは、どちらかというと元の人間の姿を忘れている。細胞を見ているときの感覚と、診察しているときの感覚は、大多数の医者にとって違うものだと思う。

　生殖医療でも、まだ細胞の塊《かたまり》にしかすぎないうちは、どうしても人という実感がわかないだろうという気がする。それが、いいか悪いかは別として「細胞の塊にしかすぎないのに、なぜそのようなことを言うの？」という言葉に表れていると思う。

金子　医療は「修理肥」と教えられているが、生殖医療の範囲についてはどうか。

松尾　いろいろな夫婦がおられるし、さまざまな経緯がある。病気でやむを得ない方もおられるから、一概にいいとかダメだとか言いきれないと痛切に思う。私自身、あのころに今のような生殖技術があったら使っただろうかと考えても、そのときの気持ちでないから分からない。

　子どもが授からない十年間は、いろいろな方からいろいろなことを言われ、つらい日もあったし、苦しい思いもした。「お子さん何人？」と聞かれて、「おりません」と言うと、必ず「それはお気の毒に」と。次いで「でも、お道は結構よね。理の子をつくればいいのだから」と言ってくださるが、やはり最初に「お寂しいわね」という言葉が来る。それは、子どもがいないということへのマイナスイメージがあるから。

　そんなとき、ある先生が即座に「それは素晴らしい」と返してくださった。驚いて聞き返すと、「子育ての苦労をしなくてもいいという神様の思召《おぼしめし》だし、溺《おぼ》れている人を見ても、子どもがいたら気になって無条件に飛び込めないけど、いなかったら、ポンと飛び込める」と言われた。それで「なるほど、これは神様が与えてくださった立場なのだ」と得心した。そう得心がいって間もなく妊娠した。そしたら今度は、子育ての苦労をしてみよう、味わってみようという、次の成人への過程を与えてくださったのだと思うことができた。

　だから、生殖医療を受けていいとか悪いとか、どうしたらご守護いただくかとか、ひと言で言いきれることではなくて、すべてはケース・バイ・ケース。個々に即して相談に乗らなくてはならないのが、お道の者ではないかと思っている。

山中　少し補足したい。子どもが授からないときに、よく女性のほうが悪いと責められることがあるが、医学的にはそうではない。原因はいわば男女ほぼ半々だから、女性だけを一方的に苦しめるというのは間違いだと強調しておきたい。

宗教家は率先して発言を

羽成　話は少しそれるが、法律家や医者が言えないこと、あるいは従来の規則・規定や定めごとにはないが、人間的に大事な、素朴な見識や常識といったものを、本来は宗教家が話していたはずだと思う。

ところが、こういう大事なことに関して宗教家が発言しにくくなり、控えているような状況があるのではないか。見識を言わずに医者の下についたり、法律家の下についたりして発言するところがある。

しかし、法律は時代によって解釈が変わるという側面がある。ＡＩＤ（非配偶者間人工授精）の問題も、その一つである。卵子は妻のものだが、そこに第三者の精子と夫の精子を混ぜて授精させることは一九五〇年ごろから始められ、法律でもいいとされてきた。ＡＩＤによって子どもができると、「この子は自分たちの子だ」と思い込むという仕組みで、法律上も嫡出子としての資格を与えていた。

ところが現在は、髪の毛一本から本当の親子かどうかが分かる。もし四、五十年前に私が布教をしていたなら、「ＡＩＤで生まれたとはいえ、この子は神様から授かったと思って、〝自分の子〟として育てなさいよ」と話したと思うが、いまならＡＩＤには反対だと言う。遺伝子を調べれば、誰が親かすぐに分かるわけだから、法律の限界を超えている。こう考えると、かつては正しいと思えたことでも、いまは間違いだということが出てくる。

そういうことを宗教家は率先して、はっきり言わなければいけない。法律で許されているからいいじゃないかということでは、いつまでたっても宗教家の地位は上がらない気がする。したがって、私は配偶者間の人工授精以外はダメだと考えている。

島薗　私も羽成先生に賛成で、ＡＩＤはおそらく非常に難しくなってくると思う。これまでは、精子を提供したら、不妊の人がたすかると考えられていた。ところが、親が分かるようになると、子どもが「あなたが父親なの？」と聞きに来るかもしれない。そうすると、精子をあげたいという人は減るだろう。現行の法律では、精子の提供者は一切責任を負わないとされている。子どもに対して権利もないし、責任もない。しかし、子どもがＡＩＤのことを知れば、子どもには提供者について知る権利がある。そんな中で、精子を提供しようという人は、おそらくいなくなるだろう。

拡大家族としての教会

金子　日本で多数を占めるのは核家族だが、天理教の教会は、拡大家族的要素を持っている。こうしたあり方は、多くの一般国民にとって魅力的ではあっても、なかなかモデルにはなりにくい。子どものいない夫婦、家庭というのは、大きな生命の流れからすると、どうしても断絶した孤立感があるように感じる。そんな人々のおたすけに当たる場合、どのようなアドバイスをしたらいいのだろうか。

松尾　私どもの教会にも、子どものいない夫婦が結構いる。そういう方たちは、ある程度の年齢を過ぎると、あきらめざるを得ない。しかし、教会に出入りすることによって、二人だけの家族から一歩出て、〝大家族〟が味わえる。いま教会には四十人くらいが生活を共にしているが、いろんな方がおられる。独りぼっちのお年寄りもいれば、アルコール依存症の人も、家族から見捨てられたような人もいる。子だくさんで、てんてこまいの母親もいる。そんな中に、子どものいない人たちも出入りして、一緒に喜びも悲しみも分かち合っている。

私は、子どもができるできないは、親神様がなさることだと思う。子どもがいないならいない分だけ、子どもがいる人より存分に動ける、人さまのことも存分に考えさせてもらえると、お話ししている。そういう方にどんどん教会へ来てもらい、老後は必ず教会で面倒を見るからという感じで接しているので、子どものいない夫婦も元気に活躍しておられる。

血のつながりと家族の絆

金子　倫理的な問題を抱える不妊治療をしてまで、ぜひ子どもを持ちたいという夫婦が増えているのは、自分と血のつながった子どもが欲しい、自分と遺伝子のつながった赤ちゃんが欲しいと非常にこだわっているからではないか。そこで、フロアから「血のつながりと家族の絆について、島薗先生はどうお考えか」という質問があるが。

島薗　たぶん私たちが、結婚するのは当たり前、子どもがいないのは変だと一番考えている世代だろう。その時代は、血縁による家族ができて当たり前と考えられていたからに違いない。だが、それ以前は、もう少し養子縁組の例があっただろうし、自分の家に血縁でない人がいても変に思わない、そういう時代だったのではないだろうか。

確かに、血がつながっていることからくる信頼感というものはあるだろうが、それだけが重んじられると、かえってつらい場合もある。血がつながっているから、どうしても一緒にいなければならないとか、何がなんでも血がつながった子どもが欲しいとかいうのは、ある時代が持っていた執着のような気がする。血がつながっていなくても、本当に大事な友達という場合もある。だから、同性愛家族も、普通の家族からすれば全然違うように見えるかもしれないが、当事者から見たら、本当に心強いつながりであるということも、これからは考えていく必要があるように感じる。

自分たちは、生殖医療は受けないという場合でも、いろいろと違う形で、心から安心できるつながりというようなものを人は持っている。そういうものも認めなければならないし、家族が孤立してしまわないような社会にしていかなくてはいけない。

天理教は、今日の日本社会に欠けているものを、違う形でたくさん持っている。そういうものをアピールしていくことが大切だろう。決して自慢するというのではなく、いいところを提案するということが、あっていいのではないだろうか。

羽成　冒頭に申し上げた五つの親子関係のパターンの中で、生殖医療というのは詰まるところ、生物学的な親子関係を維持するためのものにすぎないと考えている。ほかの四つの類型、養親子とか、里親と里子とか、理の親子とかの関係は、真の親子になるための道を、それぞれが求めて歩んでいかなければならないものだと思う。

　そうであれば、天然自然の理に沿うような生殖医療の方法ならば、そんなに深刻に考えなくてもいいのではないか。そういうレベルであれば、陽気ぐらしに役立つ医療として受け入れていいのではないだろうか。

　ただ、やはり不自然な感じがするもの、人としての素朴な感情や、信じている教えから見て少しおかしいのではと考えられるものに対しては、宗教者は発言していかなければいけないと思う。

松尾　羽成先生が言われた、不自然でないということと同じように大事なことは、夫婦が十分にねり合い、談じ合い、悩んで考えて、いたわり合って、その結果を神様にお受け取りいただいて、そのうえでの思召を夫婦で受け入れる――ということにある気がする。

　つまり、初めに生殖医療ありき、というのではなくて、夫婦が先にあって、その向こうに子どもがあるということを忘れてはならない。

　みかぐらうたで「ぢいとてんとをかたどりて　ふうふをこしらへきたるでな」と教えられるように、夫婦が元だというところを心に留めておきたい。夫婦でねり合い、談じ合い、心を治め合って、成人させていただく。また、成ってくる理を、どう悟らせていただくのか。これらを踏まえたうえで、今後の科学の発展があるということを考えてはどうか。

天理教の生命倫理

金子　天理教の生命倫理を考えるとき、その出発点は「たいないゑやどしこむのも月日なり　むまれだすのも月日せわどり」というおうたに端的に示されていると思う。「いのち」を宿し込み、生まれ出させる主体は、あくまで月日・親神だということ。そのための補助を「修理肥」として人間が行う。これが、天理教的な生殖医療に関するガイドライン（指針）になると思う。

　そのうえで、松尾先生がおっしゃったようなケース

・バイ・ケース、教えを指針としながら、現場で柔軟に対応していくということが大切になるのではないか。
また『稿本天理教教祖伝逸話篇』八六の「大きなたすけ」にある、「人の子を預かって育ててやる程の大きなたすけはない」というお言葉を、いま一度、生殖医療の文脈に置き換えて、考えてみることも大切なのではないかと感じた。

参考文献および資料

●小松奈美子『新版　生命倫理の扉　生と死を考える』北樹出版、１９９４年
●金城清子『生命誕生をめぐるバイオエシックス　生命倫理と法』日本評論社、１９９８年
●中野東禅『中絶・尊厳死・脳死・環境　生命倫理と仏教』雄山閣、１９９８年
●小島榮吉、久保春海『もっと知りたい不妊治療』海苑社、１９９９年
●森岡正博『生命学に何ができるか　脳死・フェミニズム・優性思想』勁草書房、２００１年
●毎日新聞社会部『いのちの決断』新潮社、２００１年
●篠原駿一郎、波多江忠彦『生と死の倫理学　よく生きるためのバイオエシックス入門』ナカニシヤ出版、２００２年
●軽部征夫『クローンは悪魔の科学か』祥伝社、１９９８年
●粥川準二『人体バイオテクノロジー』宝島社、２００１年
●堤治『生殖医療のすべて』丸善、１９９９年
●根津八紘『代理出産　不妊患者の切なる願い』小学館、２００１年
●厚生労働省「第5回厚生科学審議会先端医療技術評価部会・生殖補助医療技術に関する専門委員会の概要」平成11年5月6日
http://www1.mhlw.go.jp/houdou/1105/h0506-1_18.html
●厚生科学審議会生殖補助医療部会「精子・卵子・胚の提供等による生殖補助医療制度の整備に関する報告書」平成15年4月28日
http://www.mhlw.go.jp/shingi/2003/04/s0428-5.html
●慶応大学　非配偶者間人工授精の現状に関する調査研究会
http://www.hc.keio.ac.jp/aid/

第四章 環境問題と天理教

「環境ホルモン」が指し示すもの

数年前から、環境問題の中で大きな危機感をもって取り上げられているものの一つに「環境ホルモン」がある。

実は、環境ホルモンという言葉は、日本で呼び習わされている造語で、環境省による正式な呼び方は「外因性内分泌攪乱化学物質《ないぶんぴつかくらん》」。環境中に放出された化学物質の中には、ホルモンとよく似た働きをするものがあり、これが体内に取り込まれると生体ホルモンの働きを攪乱したり、阻害したりして、人間や動物の生殖系に異常を引き起こしたり、生殖器などにがんを発生させたりするため、こう呼ばれるようになった。

こうした〝環境ホルモンの問題〟が取り沙汰《ざた》されるかなり以前から、農薬など環境中の化学物質が動植物や人体にもたらす影響についての指摘はあったが、一九九六（平成八）年に刊行されたシーア・コルボーンらによる『奪われし未来』（邦訳は一九九七年、翔泳社刊）によって世界的に関心が高まった。

しかし、わが国で広く一般に認識されるようになったのは、平成九年に放送されたテレビ番組の中で使われた「環境ホルモン」という表現が、その端緒となったようである。現代人の問題意識に強く訴える「環境」という言葉と、「ホルモン」という人体や健康を考える際のキーワードの二つが重なったことで、遠い世界の問題ではなく、私たち一人ひとりの生命に直結した身近な問題として受けとめられ、人々に強い衝撃を与えたのである。

「内分泌攪乱化学物質」

環境ホルモンとは、工業製品の製造過程や廃棄物の焼却などで自然界に放出された、ある種の化学物質のことである。生物の体内に取り込まれると、ホルモン（特に女性ホルモン＝エストロゲン）と同じような作用をし、生体や生態系に悪影響を与えるという。

これらが注目されるようになったのは、ニジマス、サケ、ワニのような水棲《すいせい》動物の異変からであった。オスの生殖器に不全を起こし、メス化しつつあるという異常が世界各地の河川や海で確認されたことが発端となった。その原因として、自然界に放出されたある種の化学物質の影響によるものではないかと指摘され、世界中を震撼《しんかん》させた。

また世界的に、先進国の男性の精子数が年々減少傾向にあることや、女児の出生が増えているといった現象も、環境ホルモンの影響ではないかといわれている。

わが国では、こうした問題についてマスコミ報道が先行し、対応の遅れが指摘されていたが、平成九年に環境庁（当時）が専門家による研究班を設置、翌年に「内分泌攪乱化学物質問題への環境庁の対応方針について――環境ホルモン戦略計画ＳＰＥＥＤ'98」を発表（二〇〇〇年に一部改定）して、ようやく調査・研究がスタートした。

環境庁の研究班が、環境ホルモンの疑いがあるとしている物質は七十種類ある（次ページのコラム参照）。これらは三つのグループに大別できる。第一は、廃棄物の焼却過程で発生するダイオキシンなど。第二は、先進国ではすでに規制されているが、発展途上国では、いまもなお使われているＰＣＢやＤＤＴといった薬剤、船底の塗料に用いられる有機スズなど。そして第三には、使い勝手が良く、代替品がすぐには見つからないとの理由から、現在も工業製品として幅広く使用されている樹脂原料のビスフェノールＡや洗浄剤のアルキルフェノール類などがある。

生体のバランスをかき乱す

本来の生体ホルモンとしてよく知られているのは、

「環境ホルモン」と疑われる物質

「環境ホルモン」の疑いがある物質として、環境省がリストアップしているのは、化学物質が67種類で、その約３分の２が農薬。これに重金属の水銀、鉛、カドミウムの三つを加えた70の物質が、なんらかの形で内分泌攪乱作用を起こすのではないかと疑われている。その中で現在、最も危険視されているのは次の物質である。


〈ダイオキシン類〉

塩素を含んだ廃棄物を焼却する過程などで生成される化学物質。ダイオキシン類の代表的な物質２，３，７，８－ＴＣＤＤは、〝最強の毒物〟として社会問題となっている。環境ホルモンだけでなく、発がん性物質として最も危険視されている。

〈ＰＣＢ類（ポリ塩化ビフェニール類）〉

熱媒体、トランス、コンデンサーなどの絶縁体として1970年代まで大量に使われていた。ＰＣＢ中毒を起こしたカネミ油症事件で問題となり、73年に製造禁止。だが、環境残留、人体への蓄積の不安は、いまなお解消されていない。

〈ＤＤＴ〉

有機塩素系の殺虫剤。71年に販売禁止になったが、環境中に長期間とどまり、脂肪組織に蓄積される。食物連鎖で濃縮されるため、動物の低レベル残留が続いている。

〈有機スズ化合物〉

船底にフジツボ、ホヤなどが付着するのを防止するための船底塗料、漁網防汚剤として使われてきた。現在、国内の船舶《せんぱく》には使用されなくなった。海洋汚染化学物質として不安が持たれている。

〈ビスフェノールＡ〉

ポリカーボネート樹脂、エポキシ樹脂の原料として使われている。プラスチック製の食器、哺乳瓶《ほにゅうびん》など、身近なところで広く使われている。缶詰・缶飲料の内面塗料にも使われ、アルコールや油脂に溶けやすいというテスト結果も。容器の表記だけでは、使われているのかどうか分かりにくい。

〈フタル酸エステル類〉

プラスチックの可塑剤《かそざい》として使われている。特にポリ塩化ビニールに適し、日用雑貨品、食品包装材、シートなどに多用されている。塩化ビニール製のおもちゃから乳幼児の体内に入るのではないかと不安が持たれている。

〈ノニルフェノール〉

数種のアルキルフェノールの一つ。界面活性剤、油性ワニス、石油製品の酸化防止剤などに使われている。


これらの化学物質のほかに、水銀、鉛、カドミウムといった重金属の慢性毒性も危険視されている。水俣《みなまた》病の原因となったメチル水銀は、男児の出生率を減少させたとする報告もある。

脳下垂体ホルモン、甲状腺《こうじょうせん》ホルモン、性ホルモンなど。

これらのホルモンは、内分泌腺など特定の組織や器官から分泌され、血液などの体液によって全身に運ばれる。そして、作用すべき細胞にある受容体（レセプター）と結びついて特定の組織の機能に一定の変化を与え、体の成長や働きを調整している。この受容体は、それぞれ特定のホルモンとのみ結びつくようになっている（左コラム参照）。

このようなホルモンは、極めて微量で作用を起こす。そのため生体のバランスは、いわばホルモンバランスによって保たれているといっても過言ではない。言い換えれば、特定のホルモンの分泌量が多くても少なくても、さまざまな疾病が引き起こされるのである。

その一方で、ホルモンを疾病治療に活用する方法も広く行われている。たとえば心臓については、血圧や心拍数などを調整する際、これまでは物理的に対処していたが、近年は心臓に影響を与えるホルモンを使う治療法も始まっている。

「環境ホルモン」と呼ばれるわけ

生体内のホルモンは、生命活動の〝指令〟を伝達するメッセンジャーのような役割を担っている。さまざまなホルモンは、分泌されると血液などの体液に入って全身へ運ばれる。それぞれのホルモンが、必要とされる場所で必要な作用を起こす仕組みは〝カギ〟と〝カギ穴〟に例えて説明されることが多い。

いわばホルモンがカギで、細胞膜に備わっているレセプター（受容体）がカギ穴。ホルモンは全身を巡る中で、自らと合致するカギ穴を見つけて取りつき、反応を起こす。ホルモンがカギ穴に入ると受容体は変化したり、細胞内に信号を送ったり、あるいはＤＮＡにくっついて必要な作用を起こす。

この例えを用いれば、環境ホルモンは〝合カギ〟のようなもの。本来のホルモンと化学構造がよく似ているため、カギ穴が錯覚して反応を起こし、さまざまな弊害《へいがい》をもたらすことになる。

一方、ある種の化学物質は〝偽《にせ》カギ穴〟のような作用をするものもあるという。本来のホルモンが〝偽カギ穴〟に入ってしまい、必要なホルモンが不足する結果となる。

このように、ホルモンのように振る舞ったり、ホルモンの働きを阻害したりすることから、内分泌攪乱物質のことを日本では「環境ホルモン」と呼ぶようになった。

こうしたホルモン作用は、分子レベルのミクロの世界で起きている。「50メートルプールに目薬を１滴たらしたぐらい」（ppt：１兆分の１）という極微量で作用するため、影響の確認や規制をするのが難しい。

こうした微妙なバランスのうえに成り立っている生体に環境ホルモンが侵入すると、本来のホルモンと同様に、受容体に取りついて悪影響を及ぼす。もし受精の直後に、そうした攪乱が起きれば、生殖器異常などの奇形を引き起こしてしまうこともあるという。

また、人間においても、精子減少、子宮内膜症などの疾患の増加と環境ホルモンとの関連が疑われており、近年は免疫《めんえき》系や神経系への影響のほか、児童に増大しているといわれる注意欠陥多動性障害（ＡＤＨＤ）との関係も懸念されている。

しかしながら、人体に対する影響については、まだ確認されたわけではない。その因果関係は複雑であり、しかも生殖器の異常などの影響を確認できるころには、すでに原因物質が姿を消してしまった後という、いわゆる〝ヒット・エンド・ラン作用〟のために、因果関係を特定するのは極めて困難なのが実情である。とはいえ、極めてわずかな量で、次世代まで取り返しのつかない影響を及ぼす危険性を考えれば、事態は深刻である。

また、生態系に影響を及ぼすのではないかと懸念される化学物質の数は、捉《とら》え方によって二万種とも一千万種ともいわれており、実に膨大《ぼうだい》である。さらに、新しい化学物質が世界中で刻々と生み出されており、安全性の確認や安全対策の立案に向けた国際協力が模索されている。

身近なところにある危険

環境ホルモンは、特別な場所にある、特殊な物質というわけではない。コラム（202ページ）に示したように、私たちに便利な生活を提供してくれるさまざまな物質の、ほかならぬ〝副産物〟である。

たとえば、ポリカーボネート製品からは、ビスフェノールAという物質が溶け出しているのではないかと疑われている。ポリカーボネートは、食器や幼児のおもちゃ、また虫歯治療の詰め物にまで使用されている。

また、ダイオキシンは近年、ごみ焼却炉の排煙として環境中に放出されていることが大きな社会問題となった。大気中から直接体内に入ることはほとんどないといわれているが、周辺の土壌や水源を汚染し、そこに棲《す》む生物の体内に蓄積される。さらに、川から流れ込んで〝母なる海〟を汚染し、最終的には魚介類などの体内に蓄積されるという。人体内で見つかる化学物質の多くは、こうした水棲生物を食することで取り込まれたもの、といわれている。

その影響は、いまだ明らかになっていない。が、たとえばダイオキシンの場合、現時点で指摘されている問題は、女性の体内に入ると子宮内膜症を引き起こしたり、卵巣や子宮に蓄積されて胎児に深刻な影響を与えること、といわれている。また、発がん性などについても指摘されている。

こうしてみると、私たちが利便性や経済性を優先させた生活スタイルが、結果として環境破壊を招き、私たち自身の生命の存続にも影響を与えかねない状況に至っているのである。

現代人に課せられた責務

環境問題に大きな関心が集まる中、世界ではいま「自らの文明がつくり出した負の側面から目をそらしたり、問題を先送りして子孫にツケを回してはならない」という機運が高まりつつある。そして、可能な限り、こうした化学物質を製造や流通、廃棄などのあらゆるレベルで規制しようと、官民あげて対策に取り組むことが求められている。

私たちの生活に密着している化学物質は七万種類以上、しかも毎年千種類以上の新しい化学物質が合成され製造されている。人類は当分の間、これらの化学物質と付き合っていかざるを得ない。多様な化学物質によって成り立っている現代文明そのもののリスク・マネジメント（危機管理）が必要な時代になってきたことを、私たちは十分自覚して生きていくことが求められているのである。

「神のからだ」に見せられた事情

環境ホルモンは、人間が合成した化学物質が、あたかもホルモンのように作用して、人間を含めた生物体内に悪影響を与えるものである。ここから見えてくることは、外なる「自然環境」と内なる「体内環境」は、相互にかかわっているという事実である。

　本教では、十全の守護の説き分けに見られるように、世界（外的環境）と身の内（内的環境）は、同じ天の理法によって支配されていると教えられる。

　おふでさきには、

　たん／＼となに事にてもこのよふわ
神のからだやしやんしてみよ　（三　40・135）

にんけんハみな／＼神のかしものや
なんとをもふてつこているやら　（三　41）

このたびハ神がをもていで、るから
よろづの事をみなをしへるで　（三　136）

めへ／＼のみのうちよりのかりものを
しらずにいてハなにもわからん　（三　137）

と示され、教祖《おやさま》は、この世界が「神のからだ」であり、私たち人間も、その一部をお借りして「懐《ふところ》住まい」をしている真実を、繰り返し教えてくださっている。

そう考えれば、外なる自然環境は、人間が「保つ」ものでも「護《まも》る」ものでもなく、何よりもまず感謝して大切に使わせていただくべきものとなろう。

　と同時に、「かしもの・かりもの」の教えから思案すれば、私たち人間は〝親の懐〟の中で生まれ変わりを繰り返し、陽気ぐらし世界の実現を目指しているということになる。とすれば、この地球環境は、来生もまた生まれ変わってくる場所であるから、いま、ここにある環境問題は、子や孫の代の問題であると同時に、今生に生きる私たちにとっても、まさしく〝わが身〟の問題である。

　さらに、環境問題は「神のからだ」に見せられた地球規模の事情を通して、陽気ぐらしをさせたいとの切なる親心を、私たち人間にあらためて気づかせ、目覚めさせるための〝手引き〟と受け取ることができる。それは同時に、「我《われ》さえ良くば今さえ良くば」の自己中心的な心遣いで生きている現代人に対する〝警鐘〟ともいえる。

　だとすれば、地球環境に見せられた姿を、私たちは真摯《しんし》に受けとめ、それぞれが自らのライフスタイル（生活様式）を反省し、本来あるべき生き方に立ち戻らなければならないだろう。

感謝と喜びと慎みをもって

このように考えると、『諭達第一号』に教え示された環境への思案は、確かな「指針」となる。そこでは「飽くなき欲望は生命の母体である自然環境をも危《あや》うくして、人類の未来を閉ざしかねない」と指摘されるとともに、「今こそ人々に元なるをやを知らしめ、親心の真実と人間生活の目標を示し、慎みとたすけ合いの精神を広めて、世の立て替えを図るべき時である」と力強く教え示されている。

土地所の陽気ぐらしの手本雛型《ひながた》と教えられる教会、そして、教祖の手足ともなるべきよふぼくは、まず外なる地球環境と内なる体内環境が、ともに親神の守護のもとにあるという根本をあらためて心に刻みたい。そして、それをさらに掘り下げることによって、「生命の母体」であり「神のからだ」であるこの地球環境において、「生かされて生きている」私たち自身のライフスタイルそのものを反省し、日常生活に反映していく契機としたいものである。

環境問題への対処は、「私たちお道の者に何ができるのだろうか」という自らへの問いかけを、日々常々、心に置き、感謝と喜びと慎みをもって暮らしていくことにほかならない。

参考文献および資料

●シーア・コルボーン、ダイアン・ダマノスキ、ジョン・ピーターソン・マイヤーズ（長尾力訳）『奪われし未来』翔泳社、１９９７年

●環境庁リスク対策検討会監修『環境ホルモン　外因性内分泌攪乱化学物質問題に関する研究班中間報告書』環境新聞社、１９９７年

●村松秀『生殖に何が起きているか　環境ホルモン汚染』日本放送出版協会、１９９８年

●綿貫礼子編『環境ホルモンとは何かⅠ　リプロダクティブ・ヘルスの視点から』藤原書店、１９９８年

●綿貫礼子編『環境ホルモンとは何かⅡ　日本列島の汚染をつかむ』藤原書店、１９９８年

●筏義人『環境ホルモン　きちんと理解したい人のために』講談社、１９９８年

●左巻健男、桑嶋幹、水谷英樹『ダイオキシン　100の知識』東京書籍、１９９８年

●読売新聞科学部『環境ホルモン・何がどこまでわかったか』講談社、１９９８年

●養老孟司、高杉暹ほか『よくわかる環境

ホルモン学』環境新聞社、１９９８年
●高山三平『ダイオキシンの恐怖　あなたを蝕む汚染の実態と、身を守る方法』ＰＨＰ研究所、１９９８年
●上野千鶴子、綿貫礼子『リプロダクティブ・ヘルスと環境　共に生きる世界へ』工作舎、１９９６年
●厚生労働省医薬食品局審査管理課化学物質安全対策室「内分泌かく乱化学物質ホームページ」
http://www.nihs.go.jp/edc/edc.html
●国立環境研究所「環境ホルモンデータベース」
http://w-edcdb.nies.go.jp/

地球環境問題をめぐって

二十一世紀は「環境の世紀」といわれる。工業化の進展に伴って地球環境がかつてない大変貌《へんぼう》を遂げ、その危《あや》うさに気づいた〝環境破壊の二十世紀〟を越えて、新世紀は、深刻な状況にある環境問題をどう捉《とら》え、どう行動していくかが問われているのである。

天理やまと文化会議でも、環境問題をめぐる社会の大きなうねりの中で、この問題を重要テーマの一つに据え、「環境ホルモン」「ごみ問題」などを軸に、環境問題全般の把握《はあく》と対処を念頭に置いて討議を重ねた。

しかしながら、ひと口に環境問題と言っても、その広がりは大気汚染による地球温暖化、オゾン層の破壊、砂漠化の進展、酸性雨、土壌汚染、河川や海洋の汚濁、森林破壊、特定化学物質の放出による生態系の破壊など、自然環境のありとあらゆる面に及んでいる（次ページコラム参照）。

「循環型社会の創造」めざし

こうした現状を考える中で、あらためて浮かび上がってくるのは、環境問題は過去に大きな社会問題となった「公害」のような、特定の地域や企業の問題ではないという点である。

人類の存続を脅《おびや》かすほどの地球規模の大問題でありながら、環境破壊を生み出しているのは企業活動だけでなく、地球上に暮らす人間一人ひとりの営み、特に先進国における過剰ともいえる資源の消費やエネルギ

地球はいま

「神のからだ」と教えられる地球環境は、人間の営みの弊害《へいがい》によって深刻な事態を迎えている。その概略を紹介する。

〈温暖化〉

地球の温度は、太陽からの日射エネルギーと地球から宇宙に放出される赤外線によって一定に保たれてきた。しかし、大気中に「温室効果ガス」と呼ばれる二酸化炭素やメタンなどが増え、これらが赤外線を吸収して地表に放射し、地表面の温度が上昇するようになった。

温室効果ガス発生の原因は、車や工場などでの化石燃料の燃焼、窒素《ちっそ》肥料の使用、ごみなど、私たちの生活そのものにある。このまま温暖化が進めば、島国や平野部などの多くが海面下に沈むといわれているほか、異常気象による食糧危機も懸念されている。

〈オゾン層の破壊〉

原因は、フロンなどの化学物質による大気汚染にある。オゾンの量が1％減少すれば、皮膚がんの発症が2％、白内障が1％弱増加するといわれる。

また、海の生態系の基礎といわれる動植物プランクトンや、穀物生産への影響も懸念されており、食糧危機に直結する恐れもある。

〈砂漠化〉

地球規模での気候変動に伴う乾燥地の移動、さらには、そのような土地での再生能力を超えた牧畜や薪《たきぎ》などの採取、過剰な灌漑《かんがい》による地表への塩類の集積など、さまざまな問題が複合している。アジア、アフリカなどを中心に、影響を受けている土地の面積は、地球上の全陸地の4分の1、耕作可能な乾燥地域の7割に相当するといわれる。環境難民の発生、部族間抗争の原因ともなっており、多くの人命や家畜の命が失われている。

〈酸性雨〉

石炭や石油などの燃焼に伴って発生する硫黄《いおう》酸化物や窒素酸化物が大気中に放出され、雲に取り込まれると、複雑な化学反応を繰り返して強い酸性の雨になる。これにより、北欧などを中心に、湖沼の生態系が破壊された「死の湖」、土壌の酸性化による森林の枯《こ》死《し》などが相次いで報告されている。日本でも、その影響は年々増大している。

〈森林の減少〉

森林回復を考慮しない方法での焼畑《やきはた》、燃料にする薪の過剰採取、不適切な商用伐採《ばっさい》、放牧地や農地を広げるための伐採などで年々、広大な面積の熱帯雨林が消滅している。これに伴い、さまざまな動植物が種《しゅ》の絶滅に瀕《ひん》しているほか、化石燃料の燃焼による炭素放出量の3～4割に相当する規模の炭素が放出されており、温暖化など地球規模の気候変動にも影響を及ぼしている。木材の8割を輸入に頼っている日本は、他人事では済まされない。

〈海洋汚染〉

河川や大気からの栄養塩類や有害物質の流入、船舶《せんぱく》の航行や海底資源開発に伴う油の流出、廃棄物の海洋投棄・洋上焼却など、近代以降、人間は海に〝つけ〟を押しつけてきた。赤潮の発生や海洋性生物の異常など、取り返しのつかない事態を招く恐れがある。

ーの大量使用が、その大きな原因となっているという事実である。

このような認識に立ち、世界はいま「持続可能な開発」という枠組《わく》みで先進国と発展途上国間のバランスを取ろうとしている。さらに、国内では平成十二（二〇〇〇）年に「循環型社会形成推進基本法」と、これに関連する法律が次々と制定（次項「『ごみ問題』について」参照）され、「循環型社会の創造」を目指して、大量生産・大量消費型の社会構造の改革に向けた取り組みが進められている。と同時に、大量生産・大量消費に慣らされた市民一人ひとりの意識変革も求められているのである。

本教の教えが求められる時代

環境問題を討議する中で、本教の教えを掘り下げれば、世界の現状に対し、人々の意識を変革する豊かな内容を持っていることに、あらためて気づく。

無秩序な開発が行われた背景には、自然を人間の支配対象と見なす、近代的な主客二元論があったものと思われる。「地球を守る」「地球にやさしく」と唱える「環境保護」や「環境保全」といった考え方も、単に方向性を反転させただけで、主客二元論の範疇《はんちゅう》にあると見られる。

そして、大量生産・大量消費を美徳とし、飽くなき発展を求め続け、環境破壊をもたらした根源には、人間一人ひとりの心に「強欲」を生み出した物質優先の社会があった。

こうした現状を見るとき、環境問題は同時に、世界観や生命観といった価値観の問題であり、現代人の心の問題であるともいえるであろう。

このように思案するとき、本教には、

たん〳〵となに事にてもこのよふわ
神のからだやしやんしてみよ（三 40・135）

とおふでさきに示されるように、「神のからだ」と教えられる世界観があり、

にんけんハみな〳〵神のかしものや
なんとをもふてつこているやら（三 41）

めへ〳〵のみのうちよりのかりものを
しらずにいてハなにもわからん（三 137）

とあるように「かしもの・かりもの」という生命観が教えられている。

おさしづには、

> さあ〳〵聞き分け。内も外も同じ理や。人間はかしものや〳〵と聞かしてある。世界にはいかなる事も皆映してある。それ世界に映る。世界は鏡や。皆々めん〳〵心通りを身の内へ皆映る。前生の事もどうなるも、皆身の内へ映すと聞かしてある。たんのうと。いかなるもたんのうと。
>
> （明治22・2・4）

と示されている。環境問題は、外の問題ではなく、「神のからだ」に懐《ふところ》住まいしている人間の心遣いが現れたものであり、その結果なのである。

こうした教えに立脚すれば、環境は「保護」するものでも「保全」するものでもない。「神のからだ」と認識して環境に対するとき、人はおのずと自らの日常を省み、畏敬《いけい》の念と「天の与え」を喜び尊ぶ感謝の心を持つようになるはずである。そして、「慎みが理」「慎みが往還」と教えられるように、「慎み」をもって生きるという本教独自のライフスタイル（生活様式）が、そこから生まれてくるであろう。

つまり、環境問題を真の解決へと導く糸口は、法による規制や社会倫理に基づく抑制、あるいは単に個人や集団のレベルでの節約の奨励、リサイクル運動の推進にとどまらず、「たんのう」の心で生きられるように意識改革をすることにある。そして、それこそが

〝環境〟を考えるときのおことば

このよふのぢいと天とハぢつのをや
それよりでけたにんけんである　（十　54）

はたらきもとんな事やらしろまいな
せかいちうハをやのからだや　（十五　37）

はたらきもなにの事やらしろまいな
せかいの心みなあらわすで　（十四　68）

このせかい山ぐゑなそもかみなりも
ぢしんをふかぜ月日りいふく　（六　91）

このよふハ一れつハみな月日なり
にんけんハみな月日かしもの　（六　120）

せかいぢうこのしんぢつをしりたなら
ごふきごふよくだすものわない　（六　121）

「神のからだ」である地球環境の中で生まれ変わりを繰り返しながら、陽気ぐらし世界をこの世に建設するという、私たち人間に託された親神の思いを実現していく〝前提条件〟であるともいえる。

「感謝」「慎み」の生き方を世界へ

先述したように、環境問題は地球上に住む人間一人ひとりの日常生活と密接にかかわっている。言い換えれば、特定の誰か、あるいは特定の企業が〝加害者〟というのではなく、すべての人間がかかわっている問題なのである。

だからこそ、いま国や自治体が行っている環境問題への大規模な取り組みの一環として、あらゆる媒体を駆使した啓発活動にも重点が置かれているのである。その中では、大量生産・大量消費が美徳とされた過去の意識を清算し、循環型社会を確立しようと叫ばれている。

しかし、人の意識は急には変わらない。現状を見渡せば、環境保護運動として過激なほどの取り組みをする比較的少数の人々がいる半面、大切なことだとは思いつつも、なかなか行動に移せない、より多数の人々がいるといったところであろう。

こうした問題が社会で取り沙汰《ざた》されるはるか以前に、教祖《おやさま》は、自ら身をもって「感謝」と「慎み」のライフスタイルを示しておられる。『稿本天理教教祖伝逸話篇』をひもとけば、二六「麻と絹と木綿の話」、四五「心の皺《しわ》を」、六四「やんわり伸ばしたら」、一一四「鉋《かんな》屑《くず》の紐《ひも》」など、現在のリサイクル、リユースの先駆けともいえる逸話にふれることができる。さらに、

「物は大切にしなされや。生かして使いなされや。すべてが、神様からのお与えものやで」

（一三八「物は大切に」）

と、分かりやすい言葉で教え示されている心は、物だけではなく人への慈しみにも及んでいることが分かる。また、一三二「おいしいと言うて」では、動植物の命を頂かなくては生きていけない私たち人間の基本的な心遣いを示されている。

ところが、いまスーパーに並ぶ魚や肉の切り身は、あくまで〝商品〟であり、そのもの自体から大海を泳

ぐ魚の姿や、農場で草をはむ牛の姿を想像しにくい。私たちはまず、食卓に上る料理を前に、手を合わせ、感謝と畏敬の念を持ち続けているだろうか、と自問する必要があるだろう。

本教の先人たちはおそらく、教祖のひながたをそのままに受けとめ、道を求める中で、すべてを天からの「お与え」と押し頂く感謝と慎みをもって生きたはずである。

こう考えるとき、感謝と慎みの心で日々を送り、その姿をもって人々に真の生命観、世界観を伝え広めていく「にをいがけ・おたすけ」は、「神のからだ」に見せられている事情に応《こた》えようと決意するよふぼくにとって、まさに「第一の務め」である。

環境問題の根本的な取り組みは、一人ひとりの価値観の転換にある。ゆえに、まず一人ひとりの心に働きかけることが大切である。世界の人々が生かされて生きている真実を知り、親神様のご守護を感得するとき、必ずや感謝と慎みのライフスタイルが広がっていく。いまこそ、よふぼくは自信をもって、お道の世界観、生命観を世に伝えていくときなのである。

いま、ひのきしん

「天の与え」への感謝は、かしもの・かりものの理と相まって、ひのきしんの実践へと駆り立てずにはおかない。教祖の道具衆を任ずるよふぼく一人ひとり、そして、たすけの道場であり土地所の陽気ぐらしの手本雛型《ひながた》と教えられる教会が、感謝と慎みをもって生きる姿を示すとともに、ひのきしんの心を実践していくことも求められている。

いま、環境問題に関する市民や市民団体の取り組みは、ライフスタイルの変革と合わせて、緑を増やす、河川を浄化するといった積極的な行動へと移りつつある。本教でも、北海道・有珠山《うすざん》など各地で進められている植樹活動のように、緑化や環境美化へのさまざまな取り組みは、以前から黙々と続けられている。こうした実践をあらためて見つめ直し、誇りとしてもいいのではないだろうか。

さらに、世界の状況が教えをより理解しやすくなっている現代だからこそ、よふぼくのより以上の実動が求められているともいえる。それは、社会の動きを意識してというより、教祖が教え示されている人間の本来あるべき生き方を踏み行うことが、結果として、現在の環境問題への対処にもつながるとの自負から発するものとなるはずである。

教化・教育と情報の提示

　本稿では、環境問題解決のための実践規範として謳《うた》われている「Think Globally, Act Locally（地球規模で考え、地域で行動する）」とのありようが、お道の教えとも決して無縁ではないことを示してきた。

　言い換えれば、環境問題への関心が高まっている現在は、お道ならではのものの見方や考え方を、より多くのよふぼくや道の後継者に伝えるとともに、実践に移していく好機なのである。お道の信仰は、世界を見つめ、そのたすかりを念じつつ足元の日常生活を律し、周囲へ働きかけていく実践のうえに成り立つものだからである。

　そのために、いま必要とされるものは、教区・支部といった地域や、教会、そして家庭と、あらゆるレベルにおける教化・教育、すなわち丹精の充実である。お道の教えに基づく世界観や生命観が、よふぼく一人ひとりの信条となるよう、先人たちの足取りも含めて、新しい視点で学び直したいものである。

　それを、よふぼく一人ひとりの日常生活や教会活動の根底に据えていくような「情報の提供」も不可欠となる。環境問題は、認識するだけでなく、解決に向けて実践に移すことが大切である。その際、環境に影響を及ぼす事柄をチェックしたり、環境に良い行動を推進するためのＥＭＳ（エコ・マネジメント・システム）などの社会的資源の研究と活用も、有効ではないかと考える。

　そのうえで、こうした歩みをさらに推し進め、よふぼく一人ひとりが自信と誇りをもって歩めるように、教えに基づく世界観や生命観を世界に向けて高く掲げ、分かりやすい表現と手法をもって広く訴えかけていくことが必要であると思われる。

「ごみ問題」について

この世界が創造されて以来、変わることなく恩恵を受けてきた自然の持つ浄化力、生命力が、人間の「飽くなき欲望」によるさまざまな活動のために危機に直面している。とりわけ、戦後の「大量生産、大量消費、大量廃棄」を是《ぜ》とする高度経済成長に伴い、オゾン層の破壊、地球温暖化、森林破壊など、地球環境全体に変動を及ぼす状況が生まれ、人類だけでなく、すべての生命の存続にかかわる大きな問題となっている。

こうした事態は、ある地域や特定の企業の特殊な活動によって引き起こされた問題ではない。この地球に住む私たち一人ひとりの、長期間にわたる日常活動が集積された結果として現れてきた危機であることを理解しなければならない。

今日、私たちは、まさに「飽くなき欲望は生命の母体である自然環境をも危《あや》うくして、人類の未来を閉ざしかねない」と『諭達第一号』で指摘される状況に置かれている。このことを重く受けとめ、生かされている基盤としての自然と人間の関係を見つめ直し、まずは身近なところから、この地球に住む一人ひとりが何ができるのか、何をしなければならないのかを考え、直ちに実行に移すことが求められている。

特に、私たち道のよふぼくは、こうした危機的状況を通してお示しくださる親神の思召《おぼしめし》を思案し、教祖《おやさま》の教え、ひながたをもとに、まさに〝わが事〟として、それぞれの生き方やライフスタイル（生活様式）を見直し、率先して問題に取り組むことが急務である。

廃棄物の分類

廃棄物は、大きく産業廃棄物と一般廃棄物に分類できる。産業廃棄物とは、事業活動によって生じる廃棄物であり、法律で定められている焼却炉などの燃えがら、汚泥、廃油、酸性廃液、アルカリ性廃液、廃プラスチック類などのほか、紙くず、木くず、繊維くず、食料品や医薬品などを製造した際に出る動植物性残渣《ざんさ》、ゴムくず、金属くず、ガラス・コンクリート・陶磁器くず、建設廃材など合わせて19種類を指す。

一方、一般廃棄物は、「ごみ」と「し尿・生活排水」に分けられ、さらに「ごみ」は、商店やオフィス、レストランなどの事業活動によって生じる「事業系ごみ」と、一般家庭の日常生活により生じる「家庭ごみ」に分けることができる。

「ごみ」(事業系ごみと家庭ごみを合わせたもの)の総排出量(平成13年度)は約5,210万トンで、これは総廃棄物(産業廃棄物と一般廃棄物とを合わせたもの)の排出量の約17%。ごみの排出量は年々、微増傾向にあったが、平成2年以降は、ほぼ横ばい。一方の産業廃棄物は、平成13年度には前年比1.4%減となっている。その理由は、ごみの減量対策が進んだことと、景気の停滞などによるものと考えられている。

※『環境白書』(環境省/平成16年度版)から

かかるうえから、「環境ホルモン」問題に続いて、「ごみ問題」に焦点を当てたい。

人類の誕生以来、ごみは人間が生活を営むうえで、切っても切れない存在であるが、環境汚染物として問題視されるようになったのは、それほど遠いことではない。高度経済成長とともに、ごみの排出量が急激に増えたため、処分場のスペースが限界に近づき、焼却に伴うダイオキシン等の発生や、不法投棄が後を絶たないなど、近年になって深刻な社会問題となってきているのである。

ごみ問題は〝生活習慣病〟

これまでは、「大量生産、大量消費」の経済構造のままでも、ごみを効率よく燃やすか、埋め立てれば、処理できると考えられていた。しかし近年、さまざまな環境破壊の実態を眼前に突きつけられて、ようやくその誤りに気づくようになった。つまり、出されたごみを適正に処理するには限界があり、「大量生産、大量消費、大量廃棄」のシステムから、「最適生産、最適消費、最小廃棄」という、いわゆる〝循環型社会〟へと転換する必要性が指摘されている。

そのためには、三つの「R」の実践が提唱されている。一つ目の「recycle」（リサイクル）は、使用済み製品などを再生し、原材料として利用する。二つ目は「reuse」（リユース・再使用）で、使用済みとなった

ごみの排出量は、平成13年度で1人1日平均1・1キログラム。その67％が家庭ごみで、33％が事業系ごみである。

その家庭ごみの内訳を見ると、重量では容器包装が24％、紙が26・3％、生ごみなどを含む「その他」が44・6％となっている。ところが、これを容積比で見ると、容器包装が61％を占め、そのうち紙が17％、プラスチック40・7％、ガラス0・7％、金属2・6％である。容器包装以外（39％）では紙が23・7％、プラスチックが4・2％などとなっている。つまり、食品類のトレーなども含めて、軽くて持ち運びやすく、強くて丈夫、加工しやすいといった特長を持つプラスチック製容器が、ごみになればかさばり、大きな割合を占めているのである。

こうしたプラスチック容器の生産量は、平成6年ごろまでは年間20万トン台で推移したが、7年に30万トン台に、9年には40万トン台となり、13年からは60万トン台に急増している。リサイクルなどの取り組みも進められてはいるが、便利な生活が半面、大きな環境問題をも引き起こしていることに留意したいものである。

こうした家庭ごみに関する主な問題点は、次の四つである。

①容器包装の問題

上記の家庭ごみの容量の40％を占めているプラスチック類は、ほとんどが食料品関係の袋やカップ、販売店の手提げ袋などの容器や包装として使われたものである。また、容器や包装にはプラスチック類のほか、紙やガラス、金属なども使われており、合わせると、家庭ごみ全体の容積の約60％を容器・包装で占めている。

容器や包装は、消費者が必要としている物ではなく、ごみとして捨てなければならない物である。こうした状況から、平成7年にできた「容器包装リサイクル法」が平成12年4月から完全施行された。事業者は、自治体が分別収集した指定容器包装を回収し、再商品化しなければならないという法律で、消費者が分別を心掛けることにより、ごみではなく資源として再使用または再利用されることになる。

②厨芥類《ちゅうかい》（生ごみ）の問題

平成9年度の調査によると、国民1人当たり1日につき

家庭ごみの現状

2619キロカロリー（酒類を除く）の食料が供給されているのに対し、1948キロカロリー（酒類を除く）の食料を摂取しているという。断言できないが、この差が概《おおむ》ね食べ残しであり、廃棄の量と見なすことができる。

農林水産省（当時）の推計によると、食品廃棄物の50％が家庭から、30％が食品販売業や外食産業などから、残りの約20％は食品製造業から排出されている。以前と比べると、食品製造業や外食産業からの量が増えており、調理済み食品の摂取や外食が年々増えていることが裏づけられる。

京都市の調査によると、調理くずの重量が減り、食べ残しの重量が増える傾向が見られ、また食べ残しの中には、未開封のまま捨てられるものが増加しているという。

こうした中、平成12年には「食品リサイクル法」が制定され、13年から施行。食品廃棄物の発生を抑制するとともに、肥料や飼料へのリサイクルを促進することが求められている。また、家庭生ごみは分別などの徹底が困難なため、飼料の原料にはなりにくいが、家庭用の小型コンポストも普及しつつあり、補助金を出して生ごみの堆肥化を勧めている自治体も少なくない。

③ごみ焼却とダイオキシンの問題

近年まで、ごみの多く（平成8年度は全体の76・9％）は焼却処分されていたが、これまでの焼却方法では、ダイオキシン等を発生させることが分かってきた。その削減対策として、焼却対象となるごみを減らすとともに、紙類とプラスチック類の分別を進めることが重要とされている。つまり、日ごろからダイオキシン等による環境汚染を防止するための積極的な取り組みが望まれている。

④大型ごみ（家電製品）の問題

家庭における家電製品の普及に伴い、廃棄される家電製品も増大した。冷蔵庫、テレビ、ルームエアコン、洗濯機の4品目では、昭和62年の廃棄台数は約1300万台であったが、平成11年には約2000万台と、12年間で約54％増加した。こうした家電製品は、大型化や構造の複雑化などのため、適正な処分が難しくなってきている。

また、パソコンなどの情報関連機器は、技術の急速な進歩によりモデルチェンジも頻繁に行われ、今後、廃棄量が増加すると思われる。

これに対し、「家電リサイクル法」が平成13年4月から施行され、業界を中心にリサイクルの動きが進行中である。しかし、家電製品の平均使用年数は、あまり変化しておらず、今後は、より長期に使用できる製品の開発とともに、修理用部品の保有期間をより長くすることなどが望まれている。

※『環境白書』（環境省／平成12年度版および16年度版）から

製品およびその部品を再使用し、廃棄物となるまでの期間をできるだけ延ばす。そして「reduce」（リデュース・減量）は、物やエネルギーを効率的に利用し、無駄を減らし、廃棄物の発生を抑える――ということである。

また、処理や処分に当たっても、環境への影響をいかに減らすかを最優先に考えなければならない。

こうした循環型社会の実現には、まず第一に、消費者としての個人が重要な役割を果たす。というのは、消費者の購買姿勢が、おのずと企業の生産・販売の姿勢に影響を与えるからである。

すなわち消費者が、一見割高でも、長期間使用可能な物や繰り返し使用できる物、リサイクルしやすい製品を優先的に購入すること（グリーン購入）によって、環境に配慮した製品の開発を企業に促すことになるからである。

ところが、消費者は依然として新製品に飛びつき、不必要とも思える機能が付いた物を選んだりする。当然、企業も消費者のニーズに対応すべく、細かなモデルチェンジを頻繁に行い、過剰な機能の搭載に力を入れ、製品の長期使用や製品の部品の再使用、有害物質の使用抑制などへの配慮を後回しにする傾向になる。

また「大量生産、大量消費」時代の物の豊かさ、便利さを享受《きょうじゅ》してきた現代人にとっては、その生活スタイルを直ちに変えることはなかなか難しい。

加えて、一人の人間が一度に出す少量のごみが、地球全体に影響を及ぼすとは考えにくいため、つい「少しぐらいなら……」という気持ちも働く。

こうした図式は、人間の「身の内」における生活習慣病とよく似ている。すなわち、高血圧症や糖尿病などの場合、初期にはほとんど自覚症状がなく、放置してしまいがちだが、やがては心筋梗塞《こうそく》や脳梗塞、腎《じん》不全などの致命的な疾病を引き起こすことになる。その予防のために、日ごろから嗜好品《しこうひん》を制限したり、規則正しい生活を心がけることが求められるが、初期は直接的な痛みや不利益がないため、自ら厳しく律することは難しい。

ところが、痛みや苦痛を感じるようになってからでは、もはや手遅れである。そのような事態になる前に、強い信念をもって実行することが肝要なのである。

さらに言えば、予防の手立てを無理強《じ》いするのでなく、むしろ楽しんで実行するように仕向けるほうが望ましい。たとえば糖尿病の療法では、医師から「歩きなさい」と言われてしぶしぶ歩いても、なかなか長続きしない。しかし、歩くこと自体を楽しむならば苦痛とは感じず、長続きするものである。

こうした「身の内」における傾向は、ごみ問題を考えるうえでも示唆《しさ》に富む。

取り組みがもたらすもの

ごみ問題を直視することで、同時に、実にさまざまなことを考えさせられる。

ごみ問題への取り組みは、①ごみの減量化 ②再使用、リサイクル ③ごみの片づけ――の三つに大別されるが、これらを実践する中で、次のようなことも期待できる。

①減量化を心がけることで、無駄な物や不要な物を省くことになり、何が必要か、何が大切かを見直すことができる。また、こうした質素なライフスタイルへの転換により、物の豊かさにとらわれない真の豊かさについて考える絶好の機会となる。

さらに、「もっと便利に」「もっと快適に」といった人間の欲の心は、プラスチックなど、そのままでは自然界で分解されない物まで作りだした。こうした「今さえ良くば」の欲の心から生み出された産物の積み重ねが大きな問題となっていることから、目先の利益にとらわれない、何十年、何百年先にも思いを致す〝長い心〟で日々を通ることの大切さも確認できるはずである。

②再使用、リサイクルを心がけることによって、簡単に新しい物に買い替える生活から、何度も修理をしながら、なるべく長く使う習慣が身につく。再使用が無理であれば、資源としてリサイクルしようというライフスタイルへの転換は、おのずと物を大切にする心を培う。さらには物のみならず、人との出会い、時間、さまざまな機会や人生のうえで遭遇《そうぐう》する「ふし」をも大切にしようとする心が養われるものと思われる。

③片づけを心がけ、ごみそのものと向き合う中で、物を使わせていただいたおかげと、感謝する心をはぐ

くむ。さらに、片づけるという行為は、次の準備をするという前向きの心にもつながる。これまでの反省と感謝の思いをもとに、心を切り替え、新たな出発をする機会となる。

最近は、子どもたちが掃除をする機会が少なくなっているというが、一方で掃除を学校教育に積極的に採り入れるところもある。「トイレ掃除は我慢や思いやり、感謝などを学ぶことにつながる」との群馬県富岡《とみおか》市の教育長の話や、福岡市の荒れていた中学校がトイレ掃除で変わったとの元中学校長の体験が、新聞など

「循環型社会」に向けて

日々排出される膨大《ぼうだい》な廃棄物。その一方で、最終処分場はどこも逼迫《ひっぱく》し、処分地の確保も困難になっている。

政府では、平成３年に「資源有効利用促進法」、５年に「環境基本法」などを定めて対処してきたが、廃棄物の３Ｒ（再利用・再使用・減量）を総合的に推し進めようと12年には「循環型社会形成推進基本法」を制定。先に制定されていた「容器包装リサイクル法（容器包装に係《かかわ》る分別収集及び再商品化の促進等に関する法律）」「家電リサイクル法（特定家庭用機器再商品化法）」（平成10年）に加え、12年に「食品リサイクル法（食品循環資源の再生利用等の促進に関する法律）」と「建設リサイクル法（建設工事に係る資材の再資源化等に関する法律）」を制定し、14年には「自動車リサイクル法（使用済自動車の再資源化等に関する法律）」を制定して、対策を推し進めている。

こうした法律は、関係する事業者、さらには消費者である国民一人ひとりが遵守《じゅんしゅ》し、実践することが前提となっている。ところが、不適切な廃棄物処理や不法投棄が増加し、社会問題となったため、リサイクル法などの制定・施行と併せて、12年には「廃棄物処理法（廃棄物の処理及び清掃に関する法律）」（昭和45年）を改正し、排出から最終処分までの経過をチェックできるマニフェスト（産業廃棄物管理票）制度を充実。さらに15、16年の改正では、事業者や排出事業者への規制や罰則を強化した。

また、同じく12年に制定された「グリーン購入法（国等による環境物品等の調達の推進等に関する法律）」は、循環型社会を推し進めるためには、多少割高であってもリサイクルされた商品が売れなければならないとの考えに立ったもので、行政や市民レベルで環境物品の購入や情報提供の推進を目指している。

一方、「循環型社会形成推進基本法」に基づいて、15年３月には、将来に向けた具体的数値目標を示した「循環型社会形成推進基本計画」を閣議決定。行政、事業者、さらには国民一人ひとりをも含む国を挙げての取り組みを推し進めている。

※環境省ホームページ参照
（http://www.env.go.jp/index.html）

で報じられた。
おさしづには、
修行のため、銘々身上磨きに出るのが修行。通さにゃなろまい。修行という、心の身を磨きに出るのや。修行、大切に扱《あつこ》うては修行にならん。そら水汲《く》みや、掃除や、門掃《かどは》きやと、万事心を磨くのが修行。　（明治23・3・17）
とあり、掃除に励むことは心を磨くことにもつながる、と教示されている。

教祖ひながたに学ぶ

環境問題を考え、実行に移すうえで、『稿本天理教教祖伝逸話篇』には示唆に富む逸話が数多く見いだせる。

「物は大切にしなされや。生かして使いなされや。すべてが、神様からのお与えものやで」

（一三八「物は大切に」）

とのお言葉では、「物はすべて親神からのお与えである」とともに、「お与えくださる親神の思いに沿えるよう、すべてを陽気ぐらしのうえに生かして使わせていただくことが大切である」ということを教えられている。高価だから、希少な物だからといった理由で、大切に使わねばならないというのではなく、どんな物もすべて親神からのお与えであり、常に感謝と慎みの心を忘れることなく、使わせていただくことが大切なのである。

また、

「すたりもの身につくで。いやしいのと違う」

（一一二「一に愛想」）

とあるように、捨ててしまうようなものでも、できる限り修理し、再使用を心がけるよう奨励されている。それは決して「いやしい」行いではなく、工夫に工夫を重ね、使えなくなるまで使いきる心である。

「よいもの食べたい、よいもの着たい、よい家に住みたい、とさえ思わなかったら、何不自由ない屋敷やで。これが、世界の長者屋敷やで」　（七八「長者屋敷」）

とも仰せられている。物の溢《あふ》れた豊かな世界を目指すのではなく、「飽くなき欲望」を離した心の豊かさが大切なのである。

さらに教祖は、一枚の紙も、反故《ほご》やからとて粗末になさらず、おひねりの紙なども、丁寧に皺《しわ》を伸ばして、座布団の下に敷いて、ご用に使われ、

「皺だらけになった紙を、そのまま置けば、落とし紙か鼻紙にするより仕様ないで。これを丁寧に皺を伸ばして置いたなら、何《な》んなりとも使われる。落とし紙や鼻紙になったら、もう一度引き上げることは出来ぬやろ。人のたすけもこの理やで。心の皺を、話の理で伸ばしてやるのやで。心も、皺だらけになったら、落とし紙のようなものやろ。そこを、落とさずに救《たす》けるが、この道の理やで」　（四五「心の皺を」）

と、お聞かせくだされた。物を大切にする心は、人を大切にするという心につながると教示されており、ごみについて思案することは、生き方の問題でもあることを示唆するお話である。

よふぼくとしての思案

親神の大きな恵みに包まれて「懐《ふところ》住まい」をさせていただいている子供として、「かしもの・かりもの」の理合いを深く噛《か》みしめて日々を歩む中に、おのずと感謝の心がわき上がる。ごみ問題に取り組む基本は、この感謝の心である。

再利用・再使用・減量、あるいはごみの処理、処分といったことは、新しいものを生み出す作業とは違い、時間や労力をかける割には成果を実感しにくい。それだけに、実行する人の姿勢が大切であり、喜びと感謝の気持ちが根底にあるかどうかが、周囲の人々に映り、取り組みの輪を広げることにもなる。

『逸話篇』に、

「どんな辛《つら》い事や嫌《いや》な事でも、結構と思うてすれば、天に届く理（中略）。なれども、えらい仕事、しんどい仕事を何《な》んぼしても、ああ辛いなあ、ああ嫌やなあ、と、不足々々でしては、天に届く理は不足になるのやで」　（一四四「天に届く理」）

とのお言葉があるように、まずは、この点にしっかり留意しなければならないだろう。

しかし、よふぼくであるなら、単に不足心を戒めるにとどまらず、むしろ積極的なひのきしんの態度が求められる。

それは、「地球環境のために仕方なく……」という行為ではなく、周囲の人々に喜んでもらうことを目的とするものでもない。親神への報恩感謝の心が溢れているからこその、ひのきしんなのである。

ごみ問題についても、よふぼく一人ひとりがひのきしんの心で取り組むことにより、結果として道の信仰者としてのありようを世に映すことができる。

社会の動きに追随するのではなく、世上の価値観をあらためて見直すとともに、「慎みは往還」と教示される「慎み」と「感謝」の生き方こそが、真の幸福に至る確かな道であることを、一人ひとりの日々の実践によって世に示す時なのである。

この世、すなわち「神のからだ」に住まいさせていただく人間が、自らの欲望のために地球資源を無駄遣いし、環境を汚し、さらには自然を破壊するといった行為は、厳に慎まなければならない。

一般的には「子孫のためにきれいな地球を」といわれているが、この世に生まれ変わり出変わりを重ねて、陽気ぐらしを目指して成人していくことを考えれば、苦しみ困るのは子孫や他人だけではなく、自分自身であることに思い至る。

こうした視点に立って、よふぼく一人ひとりがごみ問題に真剣に取り組まなければならない。

教会として率先実行を

たすけ一条の道場であり、土地所の陽気ぐらしの手本となるべき教会は、環境問題の現状を認識し、慎みと感謝の心をもって生きるさまを世に示さなければならない。そのため、ごみ問題という視点から、日ごろの教会生活をはじめ、月次祭および直会《なおらい》などのあり方まで、いま一度見直し、再検討してみることも必要ではないだろうか。

とりわけ、月次祭などでは、大量のごみが出ることから、その処理などには細心の注意が必要であろう。量も多く、手間はかかるが、分別できるものはきちんと分け、地域の手本となるような処理を心がけたい。

また、教会に集うよふぼく・信者とごみ問題についてねり合い、一手一つに「ごみの減量」「ごみの分別」などの具体的なアクションを始めることで、それぞれの家庭に取り組みの輪を広げることにもつながるはずである。

ただ、ごみ問題に熱心になりすぎると、つい口うるさくなり、周りに窮屈《きゅうくつ》な感じを与えてしまうこともある。押しつけるのではなく、まず自ら実行することが肝要である。自分一人だけ実行しても、意味がないと考えがちであるが、とにかく、まず率先することが第一歩となる。根気よく、かつ明るく実行に努めることにより、周囲も変わるものである。

大人であれ、子どもであれ、ごみを出すことへの責任は同じである。誰でも共に取り組めるし、取り組まなければならない問題である。

教会ぐるみ、家族ぐるみで、日々実践することは、ともすれば時代に流されがちな次の世代の若者に、お道の心と生き方を伝える一助ともなるはずである。

また、単にごみ問題の解決にとどまらず、これまでの生き方を見直し、新しい生き方へと導く絶好の契機ともなるのではないだろうか。

ごみ問題への取り組みを通して、おのずと人の心も正され、社会のさまざまな問題の収まりへとつながることも期待できるはずである。

参考文献および資料
（「環境問題をめぐって」と共通）

●天理やまと文化会議『G-TEN　第46号』１９８９年
●大来佐武郎『地球規模の環境問題〈１〉』中央法規出版、１９９０年
●ＯＥＣＤ編、樋口清秀監訳『エコ効率　環境という資源の利用効率』インフラックスコム／ＣＡＰ出版、１９９９年
●福田成美『デンマークの環境に優しい街づくり』新評論、１９９９年
●Ａ・シュネイバーグ、Ｋ・Ａ・グールド『環境と社会　果てしなき対立の構図』ミネルヴァ書房、１９９９年
●Ａ・ドブソン編『原典で読み解く環境思想入門』ミネルヴァ書房、１９９９年
●鬼頭秀一『自然保護を問いなおす』筑摩書房、１９９６年
●向井征二、水野一男「環境マネジメントシステム（ＥＭＳ）」１９９９年
●向井征二「叱る文化から誉める文化へ」１９９９年
●奈良県環境県民フォーラム「環境家計簿」１９９８年
●土田雄三、森岡政彦「病院厨芥のコンポスト化　環境にやさしく、経費節減」天理よろづ相談所病院
●佐藤孝則「環境問題と天理教（１）　教内発行雑誌に掲載された環境問題」

●佐藤孝則「環境問題と天理教（2）教理からみた環境破壊」

●環境省ホームページ
http://www.env.go.jp/index.html

●独立行政法人　国立環境研究所
http://www.nies.go.jp/index-j.html

●富士総合研究所「注釈　循環型社会基本法」
http://www.fuji-ric.co.jp/kankyo/detail/junkan.html

第五章 社会問題への取り組み

インターネットと教会活動

「IT（Information Technology＝情報技術・情報通信技術）革命」という言葉が流行語大賞を受賞したのは、二十世紀最後の年、二〇〇〇（平成十二）年であった。迎えた二十一世紀は、急速に進み続けるデジタル技術が、好むと好まざるとにかかわらず企業経営や教育、コミュニケーションといった社会生活のあらゆる側面に大きな影響を及ぼすことは確かである。

天理やまと文化会議では、将来的にインターネットが布教伝道と大きなかかわりを持ってくるものと予測し、教会活動とのかかわりを中心に討議を行った。そして平成十二年の夏には、「宗教とメディア」に造詣《ぞうけい》の深い石井研士《いしいけんじ》・國學院《こくがくいん》大学教授らを迎えて「ようぼくフォーラム　インターネット新時代――布教活動のあり方を探る」を開催した（『みちのとも』平成十三年四・五月号掲載）。

爆発的な普及を受けて

平成十六年七月に総務省が公表した『平成十六年版情報通信白書』によると、わが国のインターネット利用人口は、十五年末の時点で七千七百三十万人、人口普及率六〇・六パーセントに達したという（**左グラフ参照**）。これは「パソコン、携帯電話・PHS、ゲーム機・TV機器等のうち一つ以上の機器から利用している六歳以上の者が対象」との注記があり、インターネットがさまざまな機器から利用されていること、さらには「六歳以上」という政府調査の設定そのものが、インターネット利用の拡大と層の広さを物語っている。

この爆発的な普及の速さは、尋常ではない。全世帯の一割に普及するまでに、電話で七十六年、携帯電話で十五年かかったのに比べ、インターネットは、平成五年の一般利用開始から、わずか五年しか要していない。

現在の利用者は十三〜十九歳で九一・六パーセント、二十代が九〇・一パーセント、三十代が九〇・四パーセント、四十代が八四・五パーセントと高い割合を占めており、五〇代でも六二・六パーセント、低年齢層の六〜十二歳でも六一・九パーセントが利用している。

一方、六十歳以上の利用は二一・六パーセントだが、前年の一六・二パーセントから五ポイント増え、各世代を通じて最も大きな伸びを見せており、高齢層へも急速に浸透しつつあることがうかがえる（次ページのコラム参照）。

こうした急速な普及には、携帯電話端末からのインターネット利用の急増もあずかっている。携帯電話によるインターネット利用は、平成十一年に七百五十万

国民の6割が利用
インターネット利用人口および普及率の伸び

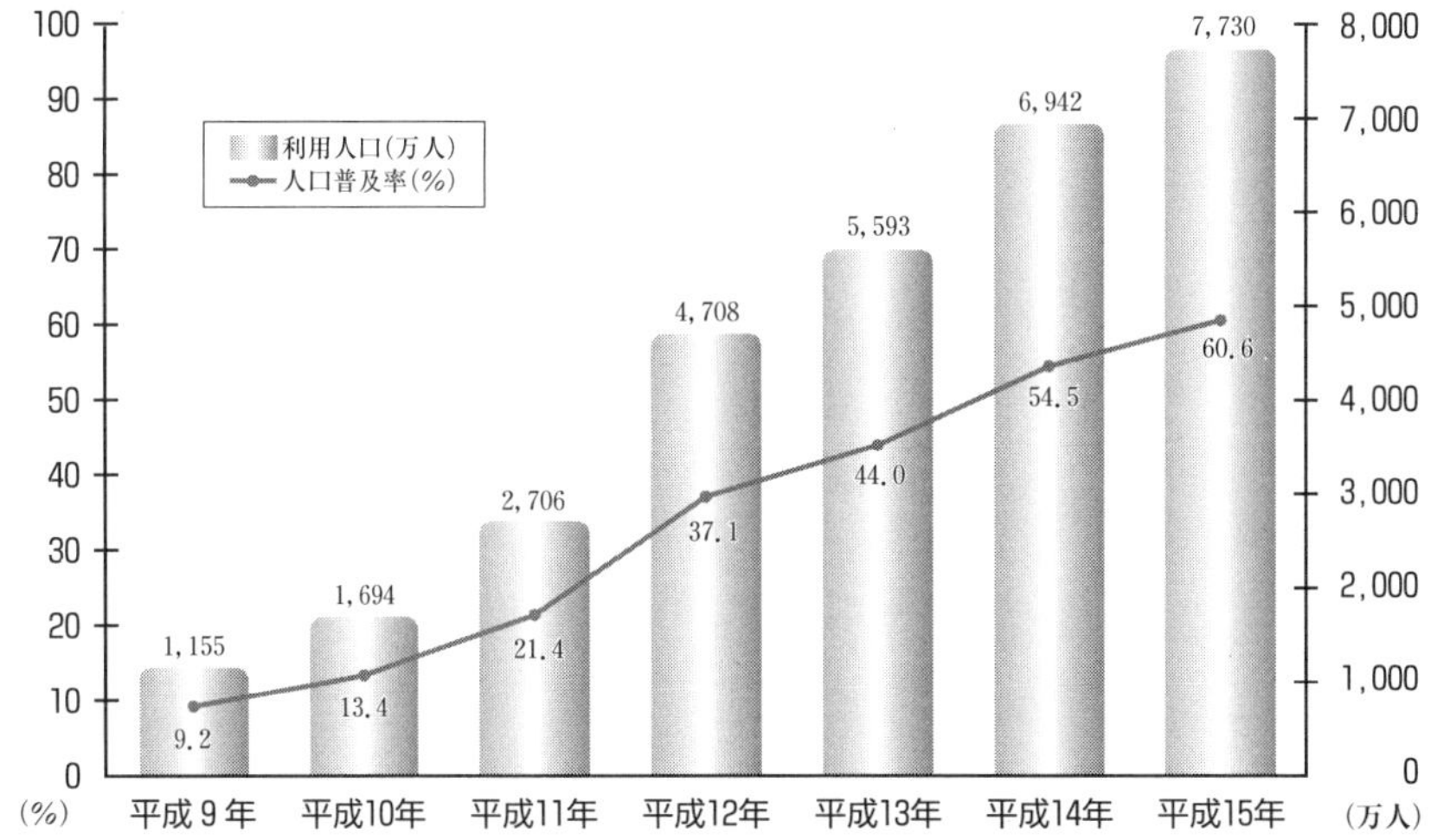

『平成16年版　情報通信白書』から（出典「通信利用動向調査」）

インターネットの驚異的な普及の速さ

この表は、主な情報通信メディアの世帯普及率10%までに要した期間を表したもの。電話は76年、ファクスは19年かけて１割の世帯に普及したが、インターネットは一般利用が可能になってからわずか５年の平成10年に１割を突破。驚異的な速度で広がり続けている。

わが国における主な情報通信メディア世帯普及率10%達成までの所用期間

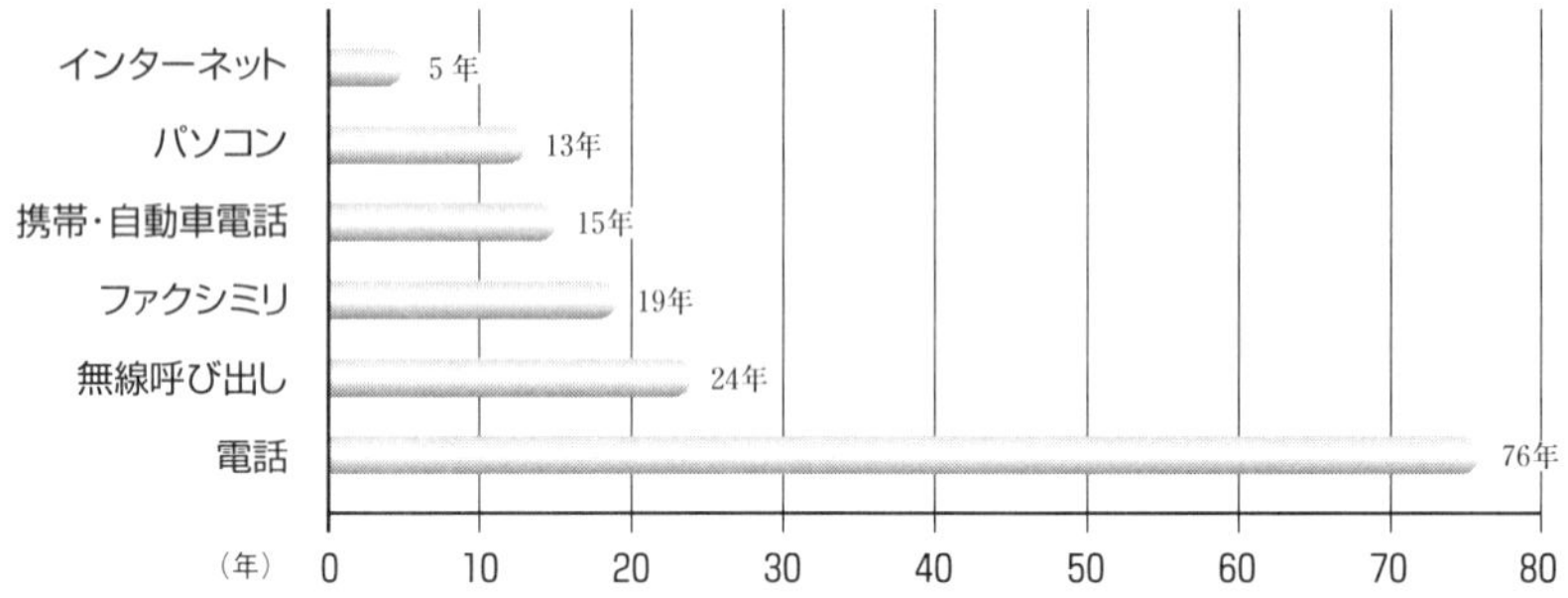

『平成11年版　通信白書』から

高齢者利用も増加
年代別に見たインターネット利用率の変化

	平成14年	平成15年	増加率
6－12歳	52.6	61.9	1.18
13－19歳	88.1	91.6	1.04
20－29歳	89.8	90.1	1.00
30－39歳	85.0	90.4	1.06
40－49歳	75.0	84.5	1.03
50－59歳	53.1	62.6	1.18
60歳以上	16.2	21.6	1.33

『平成16年版　情報通信白書』から
（出典「通信利用動向調査」）

契約だったのが、十五年には六千九百七十三万契約と、わずか四年ほどで十倍近くに増加。街頭や電車の中で携帯電話に向かってメールを送受信している姿は、いつの間にか見慣れた風景の一つとなっている。

しかし、携帯電話等のみの利用は一八・八パーセントで、パソコンのみの利用が四〇・二パーセント、残る三六・七パーセントはパソコンと携帯電話の両方を使っており、インターネット利用の多様化も進んでいるようである。

こうした状況をめぐっては、テクノロジー先導という違和感や、インターネットを使えないことで不利益をこうむることになる〝情報弱者〟の存在を指摘する声もある。

一方で、電話やファクスといった情報通信メディアも、社会に定着するまでにさまざまな軋轢《あつれき》や混乱があったことを指摘する人もいる。かつてはファクスより電話、電話より手紙、手紙より訪問しての対面がより丁寧で礼にかなったものとされた。それは今も変わらない。だが現在では、ファクスを送ることが、以前ほど失礼な行為とは見なされなくなっている。

いま必要なのは、インターネットをめぐる状況を認識し、かつてさまざまな情報通信メディアを取り込み、使いこなしてきたように、あるいは徒歩から自転車、自転車から自動車という移動手段の変化に伴って、行動範囲や活動の幅を広げてきたように、布教伝道という側面からあらためてインターネットを見つめ直し、どう活用できるかを考えてみることだろう。

インターネット世代の登場

いま〝新しい世代〟が誕生しつつあるという。全国の小中学校のほとんどにインターネットに接続したパソコンが配置されており、携帯電話端末での情報交換を当たり前のこととして育っている世代の登場である。

こうした子どもたちが、物事をどう捉《とら》え、どう考えて行動するかは想像だにできない。しかし、少なくとも彼らとコミュニケーションをとり、道を伝えていくうえで、インターネットの活用は、有用な手段の一つになり得るだろうということは容易に想像できる。

一方で、障害をもつ人にとって、インターネットや文字通信のできる携帯電話端末の登場は、さまざまな可能性と活動の世界を広げつつある。

総務省情報通信政策研究所が平成十四年に東京都内の十六歳以上四十九歳以下の障害をもつ男女を対象に調査した結果、インターネットを利用しているのは、視覚障害者で六九・七パーセント、聴覚障害者で八一・一パーセント、肢体《したい》不自由者で四三・六パーセント。

その利用目的としては、「趣味のため」が全体の六一・五パーセント、「障害によるハンディキャップを少なくするため」が一四・五パーセントとなっている。

これを障害別に見ると、聴覚障害者では「仕事のため」が五〇パーセント以上、視覚障害者と肢体不自由者では「障害によるハンディキャップを少なくするため」が三〇パーセント前後となっており、さまざまな活用の仕方が進んでいる。

このように見てくると、インターネットという情報通信手段は、若者や障害をもつ人とのコミュニケーションを密にできる可能性を開いたともいえる。

有効な丹精の手段の一つに

インターネットの特長の一つとして、注目されるのが電子メールである。世界中のコンピューターを結び合わせているインターネットは、文字情報だけでなく、写真や動画といった画像情報もやりとりできる。

海外部では早くから、世界各国の伝道庁や出張所などにパソコンを配置。必要に応じて、電話、ファクス、電子メールを使い分け、通信コストの削減に役立ててきた。

また道友社では、記事原稿や写真が、国内外から電子メールで届いている。特に、海外のニュースなどでは、これまで文字情報がファクスで届いても、写真が航空郵便で届くまで一週間近くも待たざるを得なかったが、現在は、記事と同時に写真も電子メールで届くようになった。

電子メールの利点は、受信側が都合のいい時に、メールボックスを開いて見ることができること。つまり、時差や留守かどうかを気にせずに済み、双方の時間を拘束することがないことである。

インターネットを活用している世代の調査では、半数以上が、疎遠になっていた人や遠くにいる人と連絡をとる回数が増えた、と答えている。このことから、丹精の届きにくい、教会から離れて住む若いようぼく・信者への連絡や相談などに活用できそうだ。同じ文面を同時に複数の相手に送ることもできるから、連絡事項や〝電子教会報〟の送付など、工夫次第で利用価値は高い。

一方、世界中のコンピューターを結び合わせたネットワークだけに、稀《まれ》に届かないこともある。誤って届く可能性と併せて、内容には細心の注意が必要だろう。

顔の見えない会話の危うさ

電子メールを活用する人の多くが指摘する留意点の一つは、同じ「書く」という行為を伴う手紙との相違である。一つには、封筒に入れて切手を張って投函《とうかん》する行為が必要ないだけに、気楽に、頻繁《ひんぱん》に書けるという利点がある。

もう一つは、文章そのものについて。送受信の頻度が高まるほどに文章が簡潔になり、話し言葉のように用件のみを書くようになるという。

このことは、一方で、危《あや》うさも秘めている。簡潔な表現は適切であれば問題は起きないが、顔が見えない文字のやりとりだけに、声の聞こえる電話や対面のコミュニケーションとは異なり、雰囲気や感情が伝わりにくい。それだけに、誤解が生まれると増幅され、攻撃的なやりとりがなされることもままある。

電子メールで的確に思いを伝えるには、文章を書く力、読み取る力が必要とされる。もとより、その前に、電子メールをやりとりする以前の良好な人間関係をつくることが大切になるだろう。

顔が見えず、まして性別や年齢さえも確かではないコミュニケーションでは、にをいがけは難しいという。たとえインターネット上で知り合っても、教えを伝え、導くには、対面でのコミュニケーションが不可欠であることは、『みちのとも』平成十二年十一月号で海外部北米・オセアニア課長（当時）の清水國治《しみずくにはる》氏が指摘しているところである。

新たな広報メディアとして

インターネットの最大の特長はＷＷＷ（World Wide Web）。世界中の無数ともいえるコンピューターをクモの巣のように結び合わせているものだから、それぞれのコンピューター上に公開されているホームページをどこからでも自由に閲覧《えつらん》でき、情報を取ってくることもできる。

情報の送り手側としては、ホームページを作って公開しておけば、利用者が訪問してくるから、可能性としては全世界に開かれた〝新しいマスメディア〟と見ることもできる。しかも、従来の印刷媒体や放送などと比べれば、施設・人材・費用などの面ではるかに手軽で、個人でも開設できる。

また、内容を随時更新することができ、公開する情報量は理論的には無限大である。企業などが新聞広告やテレビCMで「ｈｔｔｐ」から始まるホームページのアドレスを告知しているのも、広告やCMでは伝えきれない大量の自社情報を、通信費は利用者負担で見てもらえるからである。

こうした特色から、わが国でも、すでにほとんどの政府機関や自治体、マスコミ、大学、大手企業などがホームページを開設。宗教についても団体や個人が、大小数千の規模で開設しているといわれている。

本教では、平成八年に、当時の海外布教伝道部がホームページを開設し、翌年、これを母体として教団の「公式ホームページ」を開設した。広く一般に向けて教えの概略や活動などを広報しており、宗教団体のホームページとしては、技術・内容ともに高い評価を得ている。

「公式ホームページ」の位置づけ

ところで、全世界には無数といっていいほどのホームページがある。利用者は、どうして必要なページを見つけ、欲しい情報を得るのだろうか。

インターネットには「検索サイト」というものがあり、膨大《ぼうだい》な量のデータを保持している。利用者は、検索サイトにつないで欲しい情報に関係しそうなキーワードを打ち込み、提示されるリストの中から、あるいはリストに載《の》っているホームページを一つずつ訪問しながら、自分の必要とする情報を探し出す。特に難しい作業ではないから、ちょっと慣れた人なら、分からないことがあると、ちょうど百科事典を繰るようにインターネットで情報を探すようになる。世界中を結ぶ膨大なデータベースだから、大概の情報は見つけることができる。

このような状況が一般化しつつある中で、インターネットで探して見つからなければ、現実には存在しているのに「存在しない」と判断する人さえ出てくる。

たとえば、街角でにをいがけパンフレットを手渡されたり、同僚や同級生からおぢば帰りに誘われたとき、もし本教を知らなければ、インターネットに慣れた人は「天理教」「天理市」「おぢば帰り」といったキーワードで情報を探す。幸い、先述の「公式ホームページ」があるから、情報がないという事態は避けられる。

だが、インターネット上では、「天理教」あるいは「天理」と冠した情報がすべて、公式ホームページと並列で提示される。その中には、教会やよふぼく個人が開設しているホームページもあれば、「天理」という文字をホームページのどこかに記した他の宗教団体のページが見つかる可能性もある。もし「公式ホームページ」がなければ、利用者は、そうしたページから情報を得るしかない。

あくまで〝ショーウインドー〟

「天理教」と冠してあれば、利用者は、そのホームページが教団内でどんな位置にあるのかを判断できないので、すべては「天理教」の情報と見なしてしまう。その意味で、「天理教」に関するホームページを制作・公開するうえでは、ホームページの雰囲気、内容など、天理教を代表しているという自覚と責任が求められる。

近年、インターネットに関連して「メディア・リテラシー（media literacy）」ということがよくいわれる。リテラシーとは本来、読み・書きの能力。そこから転じて、メディアを利用する技術や、伝えられた内容を分析する能力を指す。パソコンが使えるか、インターネットで情報が探せるか、情報の確度を判断できるか、などと幅広い。

また、送り手としては、ホームページを作る知識や技術と同時に、何をどう盛り込むかが問われることになる。

現在、インターネット上で流通している天理教に関する情報を概観すれば、教会のホームページは、屋外に設けた掲示板といった役割にとどまっていると思われる。従来の媒体でいえば、『グラフ天理』や『天理時報特別号』といった、広く教外の人々に向けた、においがけを目的とした内容に近い。

一方で、よふぼく向けの『天理時報』、教会長や布教所長を主な対象とする『みちのとも』といった内容の、いわば教会内に掲示するような情報は、その教会のよふぼく・信者だけが特定のパスワードで入れるような、制限したページに掲示するのが望ましいと思われる。あるいは、ホームページに上げるのではなく、個別に電子メールで配信するのもいいだろう。

いずれにしても、インターネット上で発信する際に参考となるのは、道友社の定期刊行物や書籍、放送・視聴覚媒体（ＣＳ放送の「テレビ天理教の時間」、ビデオ、録音テープなど）、さらに婦人会、青年会、少年会、学生担当委員会などが発行している機関誌である。それらは、いまという時代をどう読み解くか、現代社会の問題点をお道の者としてどう捉《とら》えるか、さらに読者・視聴者の対象に応じてどう伝えるか――と、長年にわたって不断の取り組みを続けている。まずはその膨大な情報の蓄積をどう活用するかを考えたいものである。

参考文献および資料

●マーク・ポスター著、室井尚・吉岡洋訳『情報様式論』岩波書店、１９９１年

●池上良正・中牧弘允編『情報時代は宗教を変えるか　伝統社会からオウム真理教まで』弘文堂、１９９６年

●生駒考彰『インターネットの中の神々　21世紀の宗教空間』平凡社、１９９９年

●国際宗教研究所編、井上順孝責任編集『インターネット時代の宗教』新書館、２０００年

●情報教育学研究会・情報倫理教育研究グループ編『インターネットの光と影　被害者・加害者にならないための情報倫理入門』北大路書房、２０００年

●総務省「情報通信統計データベース　情報通信白書」 http://www.johotsusintokei.soumu.go.jp/whitepaper/ja/cover/index.htm

●独立行政法人情報通信研究機構 http://www.nict.go.jp/overview/index-J.html

●財団法人インターネット協会 http://www.iajapan.org/

高齢社会への対応

二十世紀を振り返れば、医学の目覚ましい進展などにより、先進諸国では平均寿命が大きく伸びた。日本でも、大正十（一九二一）年から十四年にかけて男性四十二・一歳、女性四十三・二歳であった平均寿命が、平成十五（二〇〇三）年には男性七十八・三六歳、女性八十五・三三歳となって、平成五年以降は世界一の長寿国を続けている。

こうした社会の急速な高齢化に伴い、介護・医療、年金制度、高齢者の生きがいなどをめぐって、さまざまな社会問題が起きている。

本教としても、高齢社会の到来は、対応の急がれる重要課題である。それは、にをいがけ・おたすけの対象としての高齢者の増加というだけでなく、教内においても教会長や布教所長、よふぼく・信者の高齢化が顕著に見受けられるからである。

天理やまと文化会議では「高齢社会と天理教」をテーマに、高齢よふぼくの生き方、教内外に向けた教会や教区・支部活動の可能性、および課題と対処法など、さまざまな側面から議論を重ねている。そうした討議の一端を紹介し、教友の参考に供したい。

この問題は、個人や教会にとって極めて身近であると同時に、大きな社会問題であり、国家的にも深刻かつ重大な課題である。すぐに結論が得られるものではないが、今後とも高齢社会の捉《とら》え方、個人や教会としての具体的な対応などについて議論を積み重ねていきたい。

「高齢社会」「高齢者」とは

近年、「少子・高齢化」という言葉をよく耳にする。この「高齢化」とは、「高齢社会」への方向性を示す言葉で、一般的には六十五歳以上の人口が総人口に占める比率、つまり「高齢化率」で表されている。国連では、この比率が七パーセントから一四パーセントにあるものを「高齢化社会」と呼び、これを超えるものを「高齢社会」と定義している。

日本の高齢化率は、昭和二十五（一九五〇）年までは常に五パーセント未満であったが、四十五年に七・一パーセントとなり、二十四年後の平成六年には倍の一四・一パーセントと〝大台〟を超えて「高齢社会」に入り、十五年には一九・〇パーセントとなった。

今後も高齢者人口の増加は続くと見込まれており、高齢者の増加と少子化傾向がともに進み続ければ、二〇一五年には高齢化率が二六・〇パーセント、さらに二〇五〇年には三五・七パーセントとなり、日本人の三人に一人が六十五歳以上という〝超高齢社会〟が到来するものと予測されている。

ところが、日本では高齢化があまりに速く進んでいるために、国民の意識や社会制度が現状に追いつかず、さまざまな問題が生じている。というのも、日本では高齢化率が七パーセントから一四パーセントに達するまでの期間がわずか二十四年であったのに対し、フランスでは百十五年、スウェーデンでは八十五年、イギリスでは四十七年を要している。ちなみに、アメリカはいまだに一四パーセントにも到達していない。同じ先進国とはいえ、欧米諸国では緩やかな時間の流れの中で高齢者自身の生き方がはぐくまれ、社会制度なども実情に合わせて整備されてきたのである。

日本ではいま、こうした急速な高齢化に対応しようと、さまざまな社会基盤の整備を急いでいる。その際、高齢者といえども「個人主義」を大前提とし、親と子の別居を基本としてきた欧米社会の考え方や制度を採り入れつつあるが、一方で「家族主義」的な文化や生活習慣、親子観を踏まえた日本的な考え方も考慮しなければならないため、わが国における高齢化対策は、いまだ試行錯誤のさなかにあるといえよう。

その中で、従来は六十五歳以上をひとくくりにして「高齢者」と呼んでいたのを見直そうという動きが出てきている。背景には、医療・介護などにかかわる深刻な財源不足の問題があり、同時に、かつての高齢者と比べて、十分に元気な〝お年寄り〟が増えてきた現実を踏まえてのことである。

そこで、六十五歳から七十四歳までを前期高齢者（ヤング・オールド）、七十五歳以上を後期高齢者（オールド・オールド）と捉える統計調査や、七十五歳以上を「高齢者」と定義しようという動きもある。

平成十三年に出版された『明るい高齢社会への処方《しょほう》箋《せん》――老人医療の現場から』（ＰＨＰ研究所）の中で、著者の和田秀樹《わだひでき》氏は「老年医学や老年学の世界では、かなり以前から七十五歳までの高齢者と、それより上の人たちとでは質的に違うことが指摘されてきた」ことを踏まえ、「高齢者の定義を七十五歳以上とすることができれば、高齢者数がピークを迎える二〇三〇年でも、現在の高齢者数を超えることはない」と算出している。

そして「定義を変え、年金や雇用のシステムを変えることが可能であるなら、未来永劫《えいごう》にわたって『高齢者』が現在より増えることはないだろう」と、〝七十五歳現役社会〟の可能性を医師の立場から論じている。

迫られる意識の変革

『厚生白書』で初めて高齢者問題が取り上げられたのは、昭和五十二年度版であった。そこでは「厚生行政は『長命』をめざすのではなく、『長寿を喜ぶことのできる社会』を目標とする」と記され、それまでの「老人問題」イコール「寝たきり老人」「痴呆《ちほう》性老人」といった要介護老人中心の政策から、より多様な取り組みに転換した。そして、このころを境に、心身の達者な高齢者の社会参加や生きがいなどが、高齢社会に対応する新たなテーマとして論じられるようになったのである。

現在、インターネット上に公開されている内閣府の『平成十六年版　高齢社会白書』に掲載されている新しい「高齢社会対策大綱」（十三年末決定）によれば、「今後、我が国が本格的な高齢社会に移行する中で、国民の一人一人が長生きして良かったと誇りを持って実感できる、心の通い合う連帯の精神に満ちた豊かで活力のある社会を確立していくことを目的とするものであり、経済社会のシステムがこれからの高齢社会にふさわしいものとなるよう不断に見直し、個人の自立や家庭の役割を支援し、国民の活力を維持・増進するとともに、自助、共助及び公助の適切な組み合わせにより安心できる暮らしを確保するなど、経済社会の健全な発展と国民生活の安定向上を図る必要がある」としている。

つまり、以前の年齢階梯《かいてい》に基づく老人医療費などの〝丸抱え〟型の福祉から、老人医療費の自己負担増、介護保険など、医療や介護を必要とする人であっても、受益者負担を原則として打ち出していることと軌《き》を一《いつ》にしている。「自助と共助と公助の適切な組み合わせ」とは、単に年齢を重ねたから「高齢者」として遇されるというのではなく、健康な人は社会の一員として自立して生き、医療や介護を必要とする人であっても、可能な限り自己負担をしなければならないという〝自己責任の原則〟に基づく厳しい状況が見え始めているのである。

教祖ひながたから「高齢」を見る

しかし、教祖《おやさま》の教えに基づいて生きる私たちようぼくにとっては、これは決して目新しいことではない。道専従で通る人には本来、定年はなく、いまも定年退職後に布教を志す人や、世のため人のために第二の人生を生かそうというようぼくは少なくない。

かしもの・かりものの身体を使わせていただける限りは、陽気ぐらしに向けて歩み続けることが求められており、それこそが生きているということの意義だからであろう。そこには、六十五歳をもって「高齢」とするような発想はない、といってよい。

教祖は、

「わしは、子供の時から、陰気な者やったで、人寄りの中へは一寸《ちょっと》も出る気にならなんだが、七十過ぎてから立って踊るように成りました」

(『稿本天理教教祖伝』第五章「たすけづとめ」)

と仰せになっている。さらに、

しんぢつの心しだいのこのたすけ
やますしなずによハりなきよふ　（三　99）

このたすけ百十五才ぢよみよと
さだめつけたい神の一ぢよ　（三　100）

と、百十五歳が人間の定命《じょうみょう》と教えられ、

そのゝちハやまずしなすによハらすに
心したいにいつまでもいよ　（四　37）

またさきハねんけんたちた事ならば
としをよるめハさらにないぞや　（四　38）

と、実年齢は重ねても、心の治め方によっては、病まず死なず弱らずに、元気で働けるご守護を請け合う旨を仰せられている。

『稿本天理教教祖伝』をひもとくと、教祖が御年《おんとし》六十四、六十五歳の文久《ぶんきゅう》年間に、初めて信者が参詣《さんけい》するようになり、その後、慶応《けいおう》二年、御年六十九歳で「みかぐらうた」の第一節をお教えくだされ、七十二歳で「おふでさき」をご執筆になり、親心のまにまに、つとめの完成を急《せ》き込まれ、八十九歳で櫟本《いちのもと》警察分署に最後の御苦労をされるなど、ご高齢の教祖は、常に世界たすけのうえにお通りくだされた。

この教祖ひながたを拝すれば、「ひながたの道」は、実年齢にとらわれることなく、常に人だすけ、世界たすけに向かって歩むことといえるだろう。

そうしたうえから、近年言われ始めた「社会参加」や「生きがい」は、まさに教会活動や信仰生活と直結し得るものである。

あの世に救いを求めるのではなく、この世での陽気ぐらし建設を目指し、土地所における陽気ぐらしの手本雛型《ひながた》となることを教会の役割と位置づける本教は、要介護老人へのおたすけ活動を視野に入れつつも、高齢者への対応の重点を、ここに置くべきであろう。心身の老化を十分に考慮したうえで、高齢者の前向きに生きる姿勢を積極的に引き出す努力が求められるところである。

〝生涯現役〟の精神で生きる

高齢者の生き方を考えるときには、高齢者の一般的な心理というものを、ある程度把握《はあく》しておかなければならない。

高齢者の特徴的な心理としては、いくつになっても「自分はまだ若い。やれる」との思いがある一方で、身体機能や運動能力の衰え、物忘れや集中力・持続力の低下などから老化を自覚するという、相反した二つの意識のせめぎ合いがある。

そのため「若くありたい」「いままでのようにありたい」という、自分の願望が強ければ強いほど、自分を維持しようとするプライドも高くなり、それゆえに頑固になったり、些細《ささい》なことを曲解してひがんだり、怒りを持ち続けたりすることがある。

それは「失う」ことを受容しなければならない時期であることにも依《よ》っている。高齢者は、こうした感情の中で「退職」や「親しい人の死や子どもの独立」「身体の不自由や障害」という〝三つの喪失〟、すなわち社会的自己の喪失、近親者の喪失、身体的健康の喪失――を体験していくからである。

加えて、科学技術が長足の進歩を遂げ、社会が大きく変容を続ける現代では、かつてあった高齢者の〝社会的役割〟までもが失われつつある。

アメリカの精神分析家E・H・エリクソンは「老人の役割であった語り部《べ》、歴史家、相談役、争いごとの仲裁役としてのアイデンティティーがほとんど消え去ってしまった」「老人たちはこうして哀願者という立場にやむなく追いやられてしまった」と指摘している。

さらに、現代のIT社会が、古い世代の知識や経験を価値あるものと見なしていないことも、高齢者の社会的役割の喪失に拍車をかけている。

このような社会状況を踏まえて、都市社会学・高齢社会論の専門家である金子《かねこ》勇《いさむ》・北海道大学教授は、「高齢者の生きがい」の大切さを強調し、高齢者のさらなる働き場所としての「町内会活動」や、趣味・興味を共有する欧米型の「クラブ活動」への参加促進などを提言している。

また、失われかけている高齢者への「評価と尊敬」を社会的に取り戻すためには、高齢者自身の認識と行動が大切であるとして、次の五つの点を挙げている。

①情報を活用して、社会制度など包括的な資源を利用する能力を持つ
②公私ともに役割を担い続ける意向がある
③自分から見て価値のある活動において責任を取る

④拡大家族が存在すること
⑤社会経済的に見て、その社会全体が同質的であること

これらを教友に当てはめて考えれば、次のようになるだろう。

①高齢の教会長や布教所長、よふぼく・信者が、『天理時報』や教内のさまざまな出版物などのメディアを十分に活用し、お道ならではのものの見方や考え方を身につけ、旬の動きに参画する
②それぞれが公私ともに、世界たすけの教祖の道具衆としての自覚を持ち、行動する
③所属する教会や、教区・支部の活動をよく把握して、自分に与えられた役割を果たす
④縦の伝道を心がけ、さらには教会につながる人々や地域の教友と緊密な交流を保つ
⑤同じ教えに基づいて生きる人々のつながり合いの中で安心感を得る

これらをひと言で言えば、高齢者にも「すべきことがある」「まだ必要とされている」との思いを持ち続けることが、いきいきと生きるうえで不可欠であろう。

支え合いのシステムづくり

とはいえ、一方で、重い身上を抱える高齢者も少なくないのが現状である。

しかし、これまでの教内の諸活動は、身上壮健な人たちを対象としたさまざまな行事の推進・運営に力が注がれ、高齢者に対する視点が置き去りにされてきた感を抱かざるを得ない。そのため、同じ地域に住みながら、教会長や布教所長であっても、系統が異なるとお互いの内情を知らないという状況にあったようである。

今後さらに高齢化が進み、独り暮らしや寝たきりのよふぼくが増えるであろうことを思案すると、ハードとソフトの両面から対応を急ぐ必要がある。

ハード面の一つとしては、教会などの建物のバリアフリー化である。一部では、すでに出入り口の段差を無くしたり、階段に昇降機を設けたり、車いす用のトイレの設置や参拝場にいす席を設けるなど、さまざまな配慮がなされているが、高齢者が気軽に参拝したり、

教会や地域の活動に参加できるような〝環境づくり〟にも意を注ぎたい。

一方のソフト面としては〝親身のたすけ合いのシステム〟の構築を、教区・支部レベルで検討すべき時期が来ていると思われる。そして、そのたすけ合いの延長線上に、未信者をも含めて、高齢者の生きがいをつくり出すような取り組みの模索が求められているのではないだろうか。

現在、本教の中で、高齢者がうまく受け入れられ、若者たちと相和して日々勇んだ生活を送っているモデルとして、おぢばの修養科がある。そこでは老若男女が互いにたすけ合い、一手一つになって神人和楽を求める姿が見られる。これは本来、陽気ぐらしの手本雛型ともいわれるそれぞれの教会で生み出されるべき姿であろうが、少子・高齢化という時代状況を踏まえ、教区や支部などを中心に、土地所において信仰を深め合う教化育成システムなどと組み合わせる形で、具体的な〝たすけ合いのネットワーク〟を充実させることができたなら、今後の教会活動や布教活動を考えるうえで大きな展望が期待できるのではないか。


具体的には、高齢者が、系統を超えて最寄りの教会の朝づとめなどに毎日参拝できるような相互理解の促進や、支部単位で独居老人宅を訪問して何らかの手助けをする、といったところから始められないだろうか。

本教には、すでに少年会や学生会といった世代別の育成システムがあり、それぞれの世代に応じた活動が調査・研究され、活発に進められている。今後は、高齢者層を対象とした活動の研究・開発と、高齢者を支える取り組みの推進が急務となるだろう。

公的サービスの活用を

ところが、これが寝たきり、あるいは老人性痴呆といった状況になれば、困難な問題が山積する。要介護者の入浴、食事、排泄《はいせつ》、衣服の着脱、薬の塗布、投薬管理など生活全般にかかわる介護のすべてを、一日二十四時間、三百六十五日お世話するのは、実に大変なことである。親に対する感謝や尊敬の念があり、親孝行として精いっぱいお世話させてもらいたいと思っていても、実際に続けるのは困難であり、そうした思いが深ければ深いほど、十分にお世話できないことへの申し訳なさや負い目など、精神的な負担も大きい。

ところが、わが国には、伝統的な親孝行への考え方から、公的なサービスを受けることを恥と考えたり、利用する人を親不孝だと非難したりする風潮が一部にある。そのために、すべてを背負い込んで疲れ果て、揚げ句の果てに無理心中を図ったり、お世話を放棄するといった老人虐待《ぎゃくたい》が起きたりしている。

教内でも、そうした公的サービスを利用することへの抵抗感には根強いものがある。

そこで、支部などの地域単位で、公的なサービスに関する情報を収集・蓄積するとともに、それらの情報の提供と啓蒙《けいもう》に努める必要がある。

現在、介護保険関連だけでなく、医療補助や生活保護など、さまざまな公的サービスが用意されている。デイケア、ショートステイといったものも含め、状況に応じて適切なものを活用し、介護する人々が疲弊《ひへい》しないように心を配りたい。

公的サービスをうまく利用することで経済面や身体的負担の軽減をはかる一方で、教会は介護に携わる人々の心の癒《い》やしの場でありたいものである。たとえば、昔の家屋には必ずあった「縁側」の効用である。教会に憩いの場としての縁側、または縁側的なものがあれば、介護に携わる参拝者同士の交流を深めるとともに、精神的なストレス解消にも少なからず寄与するはずである。

心理学者の東山紘久《ひがしやまひろひさ》・京都大学大学院教授は、ひと昔前、主婦たちが洗濯をしながら交わしていた他愛もない「井戸端会議」が、家庭内での日ごろの欲求不満を解消する一番の場であった、と指摘している。何げないふれ合いが、心を癒やすのである。まして、親神を中心とする教会という空間で、同じ信仰につながる者なら、なおさらである。その意味で、縁側的なものが果たす役割は大きい。

日本人の多くに共通する願い

平成四年、表統領室調査課（現・調査情報課）が「教会長及び家族の健康、老後の生活実態調査」を行った。その中の教会長の「老後の生活に対する意識」についての質問では、八割以上が「施設に入りたいとは思わない」と答え、地元で「子どもに面倒を見てもらいたい」が八割前後を占めた。生まれ育った土地、活躍してきた場で老後を過ごしたいという願いは、日本人の多くに共通するものであろう。

すでに高齢者となっている人、親が高齢となっている人にとって、高齢社会は身近で、切実な、そして待ったなしの〃いま〃の問題である。教会本部としてはもちろんのこと、教区・支部、それぞれの教会でも議論を深めつつ、取り組みを進めなければならない課題である。

ちなみに、平成十四年七月現在のデータによると、六十五歳以上の教会長は全教会長の四六・四パーセント、布教所長は六九・四パーセント、教人は四六・三パーセント、教人を除くよふぼくは四二パーセントとなっている。

参考文献および資料

●今堀和友『老化とは何か』岩波書店、１９９３年

●青木みか『寝たきり老人の周辺』あけび書房、１９９３年

●山本武生『老いも天の恵み』善本社、１９９４年

●金子勇『高齢社会　何がどう変わるか』講談社、１９９５年

●『岩波講座現代社会学13　成熟と老いの社会学』岩波書店、１９９７年

●天理教東京教区21世紀委員会編『老人問題とその周辺　老人と性』善本社、１９９７年

●ビヤネール多美子『スウェーデン・超高齢社会への試み』ミネルヴァ書房、１９９８年

●武田竜夫『福祉国家の闘い　スウェーデンからの教訓』中央公論新社、２００１年

●東山紘久『プロカウンセラーの聞く技術』創元社、２０００年

●和田秀樹『明るい高齢社会への処方箋　老人医療の現場から』ＰＨＰ研究所、２００１年

●杉本貴代栄編『日本人と高齢化』人間の科学新社、２００１年

●北田信一『図解雑学　介護保険』ナツメ社、２００１年

●多々良紀夫編『高齢者虐待　日本の現状と課題』中央法規出版、２００１年

●『第5回天理教統計年鑑別冊「教会長及び家族の健康、老後の生活実態調査」』天理教表統領室調査課、１９９２年

●岸義治「海外派遣教師研修課程での講話原稿　高齢者問題」おやさと研究所研究報告会、１９８８年

●内閣府共生社会政策統括官「少子化対策・高齢社会対策」http://www 8.cao.go.jp/kourei/index.html

夫婦別姓（氏）をめぐって

『諭達第一号』では、よふぼくが取り組まなければならない現代社会の問題として、紛争や環境汚染、「我《われ》さえ良くば今さえ良くばの風潮」に加え、「夫婦、親子の絆《きずな》の弱まりは社会の基盤を揺るがしている」と、家族のあり方についても警鐘を鳴らしている。

諭達ご発布の翌年、平成十一（一九九九）年に設置された天理やまと文化会議では、当初から「家族」の問題を主要議題の一つに設定した。なかでも夫婦別姓をめぐる問題は、最初のテーマに挙げられ、十一年六月から断続的に討議を重ねた。これは当時、夫婦別姓制度導入のための法案が国会に上程され、社会問題となっていたためである。

政府の法制審議会は平成八年、別姓（法律用語としては「氏」）制度導入の答申を出したが、自民党の反対で法案として国会に提出されず、翌年には野党などから三法案が提出されたものの廃案となった。

十年には、超党派の議員立法として提出されたが、翌十一年の通常国会で廃案に。その後も毎年さまざまな法案が提出されたが、大きな進展はなく、現在も賛否入り乱れての動きが繰り広げられている。

それでは、私たちお道の者は、この「夫婦別姓」についてどう考えたらいいのだろうか。天理やまと文化会議における討議の概要を紹介して、教友が「夫婦」「親子」、あるいは「家族」について思案を深めるうえでの参考に供したい。

選択的夫婦別姓制度

わが国の現行の民法では、婚姻届け出の際に「夫の姓」か「妻の姓」のどちらか一方を「夫婦の姓」として選ぶ〝同姓制度〟がとられている。

数年来、議論されているのは、これに加えて夫婦が婚姻前のそれぞれの姓を名乗ることができるという〝夫婦別姓制度〟を導入しようというものである。

それぞれの夫婦が、「夫の姓」「妻の姓」「それぞれの姓」の中から希望する姓を選べるようにしようということから、「選択的夫婦別姓制度」と呼ばれている。

精神的苦痛と社会的不利益

夫婦別姓制度導入を求める人々が挙げる問題点は「夫婦同姓」そのものではなく、「夫婦同姓」でなければ婚姻が認められない〝夫婦同姓強制制度〟であるという。この同姓を強制されること、つまり改姓に伴う精神的苦痛や社会的な不利益としては、大きく分けて次の六つがある。

①自分が自分でなくなったような自己喪失感・違和感が生じる

姓名は人格の重要な一部であり、改姓することによって、それまでの自分ではなくなったような大きな精神的苦痛を感じる人がいる。

②女性の側がほとんど改姓している現状では、夫と妻の間の不平等感が付きまとう

現行法では「夫」または「妻」の姓のいずれかを選ぶとなっているが、約九八パーセントは女性が改姓しているという実情があり、これは社会の仕組みや意識が決して男女平等ではないことの現れであるとする。別姓制度導入は、いまなお根強く残る家制度から女性を解放することにもなる。

③その人が積み上げてきた社会的実績や信用の断絶

女性の社会進出が著しい中、学者や研究者ならば、以前に発表した著書や論文などにおける執筆名との継続性、経済人ならば取引先との関係など、社会的に名前が知られていればいるほど、改姓による不利益も大きくなる。

④改姓に伴う手続きの煩雑さ

議員やマスコミ関係などで結婚後も〝通称〟を使用している例はあるが、パスポートや健康保険証、住民票、不動産登記、会社の代表取締役名、さらに弁護士

海外における婚姻中の妻の姓について

結婚した女性の姓は、国によってさまざま。儒教などの文化的背景によって、歴史的に女性が夫の姓を称することができなかったところもあれば、「ファミリーネーム」として夫の姓を称するのが慣習だったアメリカ合衆国では、州ごとに規定が異なり、姓の多様化が進んでいる。

国　名	婚姻中の妻の姓名
日　本	夫婦の一方の姓＋自己の名
中　国	①自己の姓＋自己の名 ②夫の姓＋自己の姓＋自己の名
台　湾	夫の姓＋自己の姓＋自己の名
韓　国	自己の姓＋自己の名
フィリピン	①自己の姓＋自己の名＋夫の姓 ②自己の名＋夫の姓 ③ミセス＋夫の名＋夫の姓
シンガポール	自己の名＋自己の姓
タ　イ	自己の名＋夫の姓
オーストラリア	①自己の名＋夫婦の一方の姓 ②自己の名＋自己の姓 ③自己の名＋自己の姓＋配偶者の姓 ④自己の名＋配偶者の姓＋自己の姓
ブラジル	①自己の名＋自己の姓＋夫の姓 ②自己の名＋自己の姓
アメリカ合衆国	規定する法律は特になく、婚姻時に夫の姓を称するのは慣習によるもの。州法によってさまざま。
イギリス	規定する法律は特にない。自己の名＋自己の姓
フランス	規定する法律は特にない。
ド イ ツ	婚姻時に共通の姓（婚姻姓）を決める。 決めない場合は婚姻前に称していた姓を称する。
イタリア	自己の名＋自己の姓＋夫の姓
スペイン	婚姻によって姓は変わらず父母からの姓を称する。 自己の名＋父親の最初の姓＋母親の最初の姓

〈参照文献〉

「諸外国における氏制度の調査結果について」…………南野聡
『民事月報』46（12）　91.12
「各国の夫婦の姓についての法」…………柳下み咲・山田敏之
『外国の立法』31（4）　92.9
「各国の個の姓についての法」…………岸美雪・蛭田顕子・山田敏之
『外国の立法』33（4・5・6）　95.4

や医師、看護師、薬剤師といった国家資格に合格したときの資格名などは戸籍名でなければならない。

⑤結婚・離婚・再婚などのプライバシーの公表をいや応なく強制される

⑥夫の「家」に吸収される感が否めない

人権擁護の観点から

一方で、平成八（一九九六）年に政府の法制審議会が答申をまとめるに当たって意見を求められた団体の一つ、日本弁護士連合会では、人権擁護《ようご》の観点から別姓制度導入を求めた。その概要は、次の通りである。

①民法七五〇条の規定による改氏では、平成三年の調査で九七・七パーセントが妻すなわち女性であり、同氏強制による不利益はほとんどの場合、女性が受けることになる。

②氏名は個の表象であり、個人の人格の重要な一部であって、憲法一三条で保障する人格権の一内容を構成する。そのため「氏名をその意に反して奪われない権利」「その意に反して氏名を変更することを強制されない権利」も人格権たる氏名権として保障された権利であるといえる。

③同氏強制制度は形式的には両性平等であるが、改氏の実態から見て、憲法一四条、二四条で保障する実質的両性の平等に反する。

④女子差別撤廃条約一六条一項は、姓および職業選択を含めて、夫および妻の同一の個人的権利を保障している。また国際人権規約二三条について、一九九〇年に採択された国際人権委員会の一般意見では「各々の配偶者が各家の原家族名（姓）を使用する権利（使用し続ける権利）を保留する権利、または平等な立場で新しい家族名（姓）を両配偶者が共同で選択するという権利が各国政府により保障されるべきものである」と述べられている。

⑤改氏した者に自己喪失感、不平等感、屈辱《くつじょく》感を与える場合がある。夫の氏を称すると「夫の家に入った」と観念されるのが一般的であり、「家」意識の温存につながっていること、改氏を余儀なくされた者は個人としての信用、実績を断絶される支障が生じるといった問題点が挙げられる。

⑥婚姻の成立要件として、夫婦の一方が氏を捨て去ることを強制するのは、世界的に見ても稀《まれ》な制度である。

⑦選択的夫婦別氏を認める法改正をした場合、子の氏、戸籍などをどのように解決すべきか議論のあるところである。戸籍制度を見直す場合には、個人の尊厳と両性の平等の観点から検討すべきであり、個人籍等を含めて十分検討されるべきである。

夫婦別姓制度への懸念

一方、夫婦別姓制度導入に関して根強い反対論もある。

主婦やOLなどで構成される「日本の教育を考える母親の会」では、「夫婦別姓だと、子どもは父か母かどちらかの親と姓が違うことになる。つまり『親子別姓』『家族別姓』であり、これを認めれば同姓家族、別姓家族が入り乱れて、家族の絆《きずな》が失われる。日本の血縁共同体の崩壊につながる」として反対している。

また、宗教界でも、神道など導入反対の意思を表明しているところがあるが、その理由は大要、次の通りである。

①親子の別姓化が最大の問題

別姓論者は個人主義の見地から夫婦間の平等のみを論じているが、子どもへの心理的影響、子の人権、親の子に対する責任と道徳的義務についても論じるべきである。

もし母子の姓が違う夫婦が離婚した場合、その母が子と別姓のままで子連れで再婚すると、父・母・子の三者の姓が皆違うという家族さえ出てくることになる。

②憂慮される非法律婚と離婚の増加

同姓制度は第三者に対し、夫婦・親子・家族であることを示すのが容易になるという利点がある。同時に、安易な離婚を許さず、社会的に個人の責任を自覚させるという側面もある。しかし、別姓制度が導入されれば、同棲《どうせい》しているのか届け出をした婚姻夫婦なのか外見からは区別できない。

そのため、世界で最も離婚が容易であるという日本の実情を併せ考えると、ますます離婚が増加するのではないか。また、外見上区別がつかないのをよいことに、同棲や内縁関係といった非法律婚、事実婚が増加していくことも憂慮される。

そうしたケースが増えれば、届け出のない事実婚にも、法的な夫婦と同じような法律効果を認める要求が出てくることも予想される。そうなると、法律上の婚姻制度そのものが破綻《はたん》するのではないか。

③**社会的混乱**

電話帳、住宅地図なども別姓の同居人として別々に氏名を掲載する必要がある。夫名義の預金を引き出す際、別姓婚姻夫婦であることを証明する必要も出てくると思われる。こういった事例のほか、結婚しているのかどうか外見から分からないために、さまざまな混乱が引き起こされ得る。

④**過度の個人主義が蔓延する恐れ**

欧米では過度の個人主義が蔓延《まんえん》して利己主義化し、人々はそれぞれ孤立化して、家庭や社会に深刻な問題が生じた。いまは、その反省期に入っていると思われる。

欧米は、個人を超越した絶対的な「神」との契約という厳しい宗教倫理を社会や個人の内面規範とする国々である。そうした信仰に基づく個人道徳を持たない多くの日本人にとっては、個人主義が容易に利己主義に転化する恐れと危険性が大きい。同じく「個人の尊厳」といっても、欧米と日本では根本的に事情が違うのである。

いま生きている一代限りの自由と欲望の充足を第一とする利己主義が広がれば、性道徳の問題や父母・祖父母の扶養の問題、先祖の祭祀《さいし》の継承など、これまで醇風《じゅんぷう》美俗とされてきた精神文化伝統の崩壊に拍車がかかるのではないか。

また、日本人はこれまで信頼性の高い人間関係を保持し、安全で安定した社会基盤を築き上げてきたが、個人主義や利己主義が蔓延すると、一人ひとりの間に不信と対立が増幅され、さまざまな争いや訴訟事件が多発していく恐れがある。

庶民の「姓」は明治から

歴史的に見れば、江戸時代には武士階級などが身分的特権として「苗字《みょうじ》（名字）帯刀」を許されていたが、それは人口の六パーセント程度であった。それ以外は苗字はなく、名前だけの〝無姓制〟が長く続いた。

明治三（一八七〇）年になって「平民苗字許容令」が出されて庶民の苗字公称が許され、八年に「苗字必称令」が出て、国民全員が姓を持つことになった。その後、民法典が施行されて、家族が同じ姓を称することや、婚姻によって妻が夫の家に入ると規定されたのは、明治三十一年のことであった。

たとえば、教祖《おやさま》の生家、前川《まえがわ》家は苗字帯刀を許された家柄であり、中山家もそうであった。また、当時の多くの信者にとっては、それまで持てなかった苗字を「名乗ることができるようになった」のは喜ばしいことであっても、なんら不都合はなかったはずである。

また、家族そろって農業や商業を営むことの多かった当時にあっては、婚姻によって同姓となることは自然の流れであり、別姓は考えもしない事態であっただろうと推測される。

そこで、姓の問題そのものを考える前に、夫婦のあり方についてどう考えるべきかを探り、そこから思案する必要がある。

夫婦の心を一つに治める

私たち人間は、親神のご守護の世界において生かされて生きている。そうした中にあって、人間がそれぞれ夫婦となるのも、親神のご守護に基づいている。

おふでさきに「せんしよのいんねんよせてしうごふする」（一 74）と示され、おさしづで「夫婦の中と言うてある。夫婦皆いんねんを以《もっ》て夫婦という」（明治24・11・21）と諭されるように、夫婦は前生までのいんねんと、今生の心遣いに基づいて、親神によって結ばれたものであり、「兄弟の中の兄弟」（明治28・7・23）として互いにたすけ合い、補い合って成人するように、と組み合わされたものである。

みかぐらうた第二節には、

このよのぢいとてんとをかたどりて
ふうふをこしらへきたるでな
これハこのよのはじめだし

と示されるように、夫婦は社会を構成する最小単位である。

このような夫婦のあり方としては、

ふたりのこゝろをさめいよ
なにかのことをもあらはれる　（四下り目　2）

と教えられ、おさしづでは、

夫婦の中たんのう一つの理、互い〳〵とも言う。さあこれより一つしっかり治めるなら、いかなる事も皆《み》んなこれ思うように事情成って来るという。
（明治30・7・19）

と諭されている。

こうした教えに照らしてみるとき、親神の望まれる陽気ぐらし世界の実現のためには、まず家族（社会の基本的単位）の核である夫婦が、お互いの心を一つに「しっかり治める」ことが最も重要なのである。

信仰上のさまざまな思案

では、「夫婦別姓」に関して、信仰者として具体的な見解を求められたとき、どう答えられるだろうか。考え方は、およそ四つに大別できよう。

①現行の「夫婦同姓」を肯定する考え方

道の先人たちは、結婚とは「いんねんある家へ戻ってくること」と言い伝えてきた。いんねんのある者同士が寄って夫婦となり、子を産み育てることで、生命は連綿とつながってきた。親子となるのもいんねんによるもの、つまり親神のおはからいである。

そのはからいの中にある自分自身や家族のことを思案するときには、自分たちの世代だけでなく、両親、祖父母、曾《そう》祖父母と代をさかのぼって考えることが必要な場合もあり、一方で子、孫、ひ孫と代を重ねた先を視野に入れて、現在のあり方を考えることもある。

そうした夫婦・親子・兄弟姉妹が、親神のご守護で組み合わされた家族であることを自覚し、心をそろえ、絆を深めていくためには、姓は〝家族の名前〟として同一であることが望ましい。

②同姓を原則とし「通称」を取り入れる考え方

現代社会における男女平等の浸透や女性の社会進出という動向を考慮し、現行の夫婦同姓のうえに立って、いわゆる「通称」を認めるという見解が考えられる。ただし、日常生活において、通称が用いられるようになると、制度的に大変煩雑《はんざつ》になり、同じ家族が二つ存在するようなことにもなりかねない。このような問題点をはらんでいることにも留意すべきであろう。

③「選択的夫婦別姓」もしくは第三の姓を導入する考え方

「選択的夫婦別姓」を容認し、さらに諸外国の事例に見られるような両方の姓を二つ並べて用いるといった〝第三の姓〟を考慮するという見解がある。ただし、その場合には、夫婦別姓論を支持する人々も認めているように、別姓あるいは第三の姓を持つ夫婦が、子の姓をどうするのかということが、最も大きな問題点となっている。

④同姓か別姓かは本質的な問題ではないとの考え方

夫婦の心が真に治まっていれば、夫婦同姓か夫婦別姓かという問題は、あくまで二次的、形式的な事柄である。同姓であっても、真に二人の心が治まっていなければ意味がなく、別姓であっても心が治まっているなら夫婦である。社会・文化などに応じて多様であってもよい、との見解である。

言うまでもなく、本教は世界のどの社会や文化にも妥当する世界宗教である。その教えによれば、夫婦の心が真に治まるとき、それが家族の治まりへとつながっていくのである。基本的に、夫婦同姓であるべきとか夫婦別姓であるべきという形式にこだわることなく、それぞれの社会や文化の状況に応じて対処していくという姿勢が妥当であろう。

◇

以上、四つの選択肢を挙げたが、たとえどの立場を採るにしても、銘記すべき点は、夫婦の姓そのものについて、三原典の中には教示されていないということである。また、時代背景もあるだろうが、教祖はそのひながたにおいて、おぢばに引き寄せられた人々に対し、多くは姓ではなく、子供に接するように親しく、それぞれの個人名で語りかけられている。こうしたことから、教祖は人類の親として、人間が形に左右されることなく、親子・夫婦・家族の一人ひとりが、それぞれの心を治めることを第一に促されているのだと悟ることもできる。

また、「夫婦別姓」の問題は、現代社会において家族が抱えている他の深刻な諸問題とも有機的に連関している。表に現れた「同姓か別姓か」ということだけでなく、家族の諸問題の中に位置づけつつ、慎重に考える必要がある。

夫婦が同姓、別姓のいずれを選ぶにせよ、その判断の根底や背景にある、夫婦それぞれのものの見方や考え方に目を向け、談じ合い、思案を深める必要があるだろう。

参考文献および資料

- 加地伸行『家族の思想　儒教的死生観の果実』ＰＨＰ研究所、１９９８年
- 増本敏子、久武綾子・井戸田博史『氏と家族　氏（姓）とは何か』大蔵省印刷局、１９９９年
- 神社と神道「夫婦別氏制問題」http：//www.jinja.or.jp/jikyoku/bessei/bessei1.html
- 日本弁護士連合会「選択的夫婦別氏制導入及び離婚給付制度見直しに関する決議」http：//www.nichibenren.or.jp/jp/katsudo/sytyou/jinken/90/1993_1.html

あとがき

冒頭の「おたすけの一助に――『まえがき』に代えて」に記されているように、本書は天理やまと文化会議における討議の一端を公表した教団機関誌『みちのとも』連載の「道と社会――現代の事情への思案」から二十のテーマを選び出し、掲載後の事態の推移や政府の施策等を考慮して、加筆ならびに訂正を加えたものである。

これに伴って、法令および各種統計データ等の多くは、平成十六（二〇〇四）年七月現在のものに書き改めたが、各テーマに関する天理やまと文化会議における討議経過・結果については、全く変更・訂正はなされていない。つまり、初出から最長四年を経過しながら、それぞれの問題に対する見解に関しては、手を加える必要がないと判断したからである。このことは、当会議における討議が、少なくとも数年先の事態までを見越してなされていた証左であろう、と思われる。

と同時に、「だめの教え」たるこの道の教えに基づくものの見方・考え方が、時代が多少移り変わろうとも左右されない、普遍性を持つものである――ということを示している、とも思われる。

そのことを読者諸兄にも確認していただくべく、各テーマの初出一覧を以下に掲げる。

なお、いずれのテーマに関しても、天理やまと文化会議における『中間報告』に基づくものであり、結論ではない。時々刻々と移ろう現代社会のありさま、教内の動きなどを見据えつつ、討議を重ねていることを付記して「あとがき」に代えたい。

平成十六年九月

天理やまと文化会議事務局

「道と社会」初出一覧

※『みちのとも』における「道と社会――現代の事情への思案」の連載回数。掲載年・号の順に表記。

第一章　夫婦の問題とおたすけ
DV――夫婦および親密な男女間における暴力――第2回：2000年6月号
アルコール依存症のおたすけ――第20・21回：2002年3・4月号
「離婚」の増加をめぐって――第5回：2000年10月号
激増する中高年の自殺――第13回：2001年6月号

第2章　親子の問題とおたすけ
子どもへの虐待――第1回：2000年5月号

不登校とおたすけ――第9回：2001年2月号
「ひきこもり」をめぐって――第18・19回：2002年1・2月号
青少年の性をめぐる諸問題――第37・38回：2003年10・11月号
しつけ・家庭教育について――第14回：2001年7月号

第3章　生命倫理への教理的視座

「脳死」をめぐって――第6回：2000年11月号
「移植医療」を考える――第7回：2000年12月号
安楽死・尊厳死について――第10回：2001年3月号
「出生前診断」をめぐって――第31回：2003年3月号
生殖医療が提起するもの――第32・34回：2003年4・6月号

第4章　環境問題と天理教

「環境ホルモン」が指し示すもの――第3回：2000年7月号
地球環境問題をめぐって――第4回：2000年8月号
「ゴミ問題」について――第22回：2002年5月号

第5章　社会問題への取り組み

インターネットと教会活動――第8回：2001年1月号
高齢社会への対応――第25回：2002年8月号
夫婦別姓(氏)をめぐって――第26回：2002年9月号

道と社会　　現代〝事情〟を思案する

立教167年（2004年）10月１日　初版第１刷発行

編　者　天理やまと文化会議

発行所　天理教道友社
〠632-8686　奈良県天理市三島町271
電話　0743(62)5388
振替　00900-7-10367

TENRIKYO DOYUSHA

印刷所　株式会社 天理時報社
〠632-0083　奈良県天理市稲葉町80

ISBN4-8073-0496-8　　定価はカバーに表示